教育部人文社会科学研究青年基金项目
"工作场所学习视角下的高校教师教学知识生成机制研究"
（19YJC880129）研究成果

◎现代教育治理丛书

质变之迷思
高校青年教师教学实践性知识建构研究

张国平 —— 著

The Myth of Transformative Change
Research on the Construction of Teaching Practical Knowledge of Young Teachers in Colleges and Universities

浙江大学出版社
·杭州·

图书在版编目（CIP）数据

质变之迷思：高校青年教师教学实践性知识建构研究 / 张国平著. -- 杭州：浙江大学出版社，2024.8.
ISBN 978-7-308-25417-5

I. G645.12

中国国家版本馆 CIP 数据核字第 20247SQ774 号

质变之迷思：高校青年教师教学实践性知识建构研究
ZHIBIAN ZHI MISI: GAOXIAO QINGNIAN JIAOSHI JIAOXUE SHIJIANXING ZHISHI JIANGOU YANJIU

张国平　著

策划编辑	吴伟伟
责任编辑	
文字编辑	梅　雪
责任校对	陈逸行
封面设计	雷建军
出版发行	浙江大学出版社
	（杭州天目山路148号　邮政编码310007）
	（网址：http://www.zjupress.com）
排　　版	浙江大千时代文化传媒有限公司
印　　刷	杭州高腾印务有限公司
开　　本	710mm×1000mm　1/16
印　　张	15.5
字　　数	206 千
版 印 次	2024 年 8 月第 1 版　2024 年 8 月第 1 次印刷
书　　号	ISBN 978-7-308-25417-5
定　　价	78.00 元

版权所有　侵权必究　印装差错　负责调换

浙江大学出版社市场运营中心联系方式：(0571)88925591；http://zjdxcbs.tmall.com

前　言

　　教学实践性知识是高校教师建构于自身与真实环境互动中,在课程教学实践与专业发展实践中信奉、使用并认为适用于所处情境的有关教学理念和教学行为的个人知识。教学实践性知识建构是高校青年教师发展教学能力和提升教学学术水平的基本途径。随着我国高等教育迈入普及化阶段,建设一流本科教育已成为高校教学改革与发展的优先事项。青年教师是高校教学的主要力量,探索他们的教学实践性知识建构过程与特征,有助于他们的教学能力发展,从而为一流本科教育建设奠定坚实的基础。

　　本书聚焦高校青年教师如何建构其教学实践性知识,具体问题包括:高校青年教师教学实践性知识建构受哪些因素影响?这些因素在高校青年教师教学实践性知识建构中发挥怎样的作用?高校青年教师建构教学实践性知识的过程有何特点,他们具体采取了怎样的教学改进行动?高校青年教师教学实践性知识建构有哪些类型?教学实践性知识质变为何如此之难?本书通过对上海市18所高校的32位青年教师的访谈,辅之以相关高校政策制度等文档资料收集,借鉴程序化扎根理论中开放性编码、主轴编码、选择性编码三级编码程序的资料分析方法,尝试对上述问题做初步回答。

　　研究发现,高校青年教师实践性知识从建构的程度和意愿两个维度划分,可以分为自主优化建构、适应调整建构、自我超越建构、逆压重塑建构四种类型;高校青年教师的职业储备、制度背景下的岗位基本要求、在高等教育场域中的教学经历及工作关系、教师专业发展项目，这四方面是影响高校青年教师教学实践性知识建构的结构性因素，具体发挥着预判作用、规范作用、导向作用、反馈作用、诊断作用、激励作用及制约作用等。处于相似的制度结构环境下，高校青年教师却受各类因素的不同影响，建构着与所处教学情境相适应的教学实践性知识；研究从情感体验、核心动机、教学改进行动三个维度，分析了教学实践性知识建构过程中的主体特征。分析显示，教学实践性知识建构的核心在于由教学目标、教学取向、教学价值三个维度构成的教学改进动机；教学实践性知识建构的关键在于教学改进行动中的反思检验；基于结构性因素与主体能动性分析，研究进一步对自主优化建构、适应调整建构、自我超越建构、逆压重塑建构四种教学实践性知识建构类型的发展逻辑进行探究，发现了两种变化，即教师主体间存在教学实践性知识建构的不均衡以及教师个体教学实践性知识不同维度间的不均衡。基于研究发现，本书从"能动"与"结构"双重维度建构了教学实践性知识质变框架，并提出了高校青年教师教学实践性知识建构机制模型。

在全球高等教育发生巨大变革的今天，仅仅停留在高校教师教学实践性知识日常性的自然演进显然无法满足高等教育高质量发展的时代诉求，亟须传统教学实践性知识的突破与质变。因此，不仅需要研判当前高校教师"以教为中心"教学实践逻辑得以维持的主体能动因素，还需要从历史发展与矛盾冲突的视角对此类教师所处的组织环境结构进行分析。启动国家级教师教学发展示范中心、举办全国高校教师教学创新大赛、成立教育部虚拟教研室等举措都是国家应对高等教育转型建设与现代化治理迈出的重要步伐，在一定程度上为促发教师教学实践性知识的质变提供了可能。然而，真正实现对传统教学范式的本质性超越不能只是局部技术性优化，高校教师教学实践性知识能否发生质变归根到底取决于结构系统干预下的能动性激发与能动性促进下的结构系统更新。本书从教师主体微观视角探寻教学实践性知识建构的现实困境，可用于理解专题培训转化应用率不高、教研成果影响力不大、教学创新活力不强等问题,有助于辩证分析教学反思与教学实践、个体发展与组织改革的内在逻辑,从而为高校教师专业发展提供一个重构思路与质变导向的指导方案。

目 录
CONTENTS

第一章 绪 论 …… 1

　第一节 问题缘起 …… 1

　第二节 文献回顾与理论框架 …… 11

　第三节 研究设计与资料收集 …… 64

　第四节 资料整理与行文结构 …… 74

第二章 教学实践性知识建构的环境分析 …… 81

　第一节 高校青年教师的职业储备 …… 81

　第二节 制度背景下的岗位角色要求 …… 87

　第三节 高校青年教师的教学经历及工作关系 …… 98

　第四节 政策引导中的教师专业发展项目 …… 105

第三章 教学实践性知识建构的主体分析 …… 118

　第一节 不同层面的情感体验 …… 119

　第二节 核心动机:教学实践标准 …… 123

　第三节 差异化的教学改进行动 …… 131

第四章 教学实践性知识建构的类型分析 …… 146

　第一节 自主优化建构:不辜负"教学良心"而尽责 …… 147

第二节　适应调整建构：循迹于底线标准与常态 ················ 159

第三节　自我超越建构：以追求卓越教学为志向 ················ 167

第四节　逆压重塑建构：脱胎换骨逆行力证自我 ················ 178

第五章　教学实践性知识建构的质变分析 ················ 189

第一节　教学实践性知识建构走向的可能性 ················ 189

第二节　教学实践性知识建构中的"能动—结构" ················ 191

第三节　教学实践性知识质变框架的建构 ················ 195

第六章　结　语 ················ 200

第一节　研究结论 ················ 201

第二节　研究启示 ················ 209

第三节　研究反思 ················ 214

参考文献 ················ 219

附　录 ················ 233

第一章 绪 论

强教必先强师。在全球高等教育发生巨大变革的今天,仅仅停留在高校教师教学实践性知识日常性的自然演进显然无法满足高等教育高质量发展的时代诉求,亟须传统教学实践性知识的突破与质变。

本章共四节,先明确研究问题,再界定核心概念、回顾既有文献,明晰研究着力方向与重点,尔后构建研究高校青年教师教学实践性知识建构的理论框架,并详细阐述研究设计中的资料收集与整理方法、呈现本书行文的框架结构。

第一节 问题缘起

本节以本科教育改革、教学学术、教师专业发展为切入点,阐述探究高校青年教师教学实践性知识建构的研究背景、研究目的与研究意义,并明确研究的主要问题与子问题。

一、研究背景

2021年,《教育部等六部门关于加强新时代高校教师队伍建设改革的指导意见》强调,要"全力支持青年教师成长,培育高等教育事业生力军"[①]。对

---

① 教育部等六部门关于加强新时代高校教师队伍建设改革的指导意见[EB/OL]. (2021-01-04)[2023-04-22]. http://www.moe.gov.cn/srcsite/A10/s7151/202101/t20210108_509152.html.

高校青年教师教学实践性知识建构进行研究,具有很强的现实意义。进一步而言,本科教育改革、教学学术、教师专业发展等方面的实践与现状,阐明了探讨高校青年教师教学实践性知识建构的必要性与重要性。

(一)教学实践性知识建构是本科教育改革的关键

20世纪末21世纪初的全球高等教育变革是巨大而深刻的,这可与19世纪研究型大学的出现、扩展并根本性重塑大学本质这一进程相提并论,其中,在教学方面的变革主要是指对"教学质量提升"的日益关注①。机会问题与质量问题是现代高等教育的两大核心问题,机会问题属于外部问题,质量问题属于内部问题②。全球在1960年掀起高等教育扩招风潮,一些工业发达国家在进入21世纪时,其高等教育入学率已经突破50%,甚至高达80%③。其中,美国于1975年高等教育毛入学率突破50%,率先步入高等教育普及化阶段④,而早期对高校教师教学发展的关注也源于美国。20世纪70年代初,区别于围绕学科专业知识的教师专业发展,强调"教学角色"的高校教师专业发展作为新的形式在美国高校兴起⑤。可见,高等教育规模扩招使机会问题逐步得到改善,但要实现机会与质量的协调发展,必须以高校组织和教师个体的合力为基础。

相较于发达国家的自然演变、主动型的高等教育大众化模式,20世纪末21世纪初的我国高等教育大众化为追赶型、被动型的规模扩招,以2010年为发展拐点,由外延式扩张走向质量提升的内涵式发展道路⑥。根据全国教

---

① 比格斯,唐.卓越的大学教学——建构教与学的一致性[M].王颖,丁妍,高洁,译.上海:复旦大学出版社,2019:3.
② 戴维斯.教学方法手册[M].严慧仙,译.杭州:浙江大学出版社,2006:Ⅲ.
③ Schofer E., Meyer J. W. The worldwide expansion of higher education in the twentieth century[J]. American Sociological Review,2005(6):898-920.
④ 别敦荣,易梦春.普及化趋势与世界高等教育发展格局——基于联合国教科文组织统计研究所相关数据的分析[J].教育研究,2018(4):135-143,149.
⑤ Gaff J. G., Simpson R. D. Faculty development in the United States[J]. Innovative Higher Education,1994(3):167-176.
⑥ 李立国.中国高等教育大众化发展模式的转变[J].清华大学教育研究,2014(1):17-27.

育事业发展统计公报,2010—2019年,我国高等教育毛入学率从26.5%上升到51.6%,增幅近翻一番,标志着我国高等教育进入普及化阶段①。随着我国高等教育机会的持续释放,如何解决机会问题背后的质量"稀释"问题成为高等教育发展的关键,如何围绕新时期人才培养目标开展优质有效教学是高校教师面临的重要挑战。"以本为本""教室革命""课堂教学改革""金课"等一系列以"本科教育课堂教学质量"为焦点的政策文件颁布实施,唱响了振兴本科教育改革的战歌。然而,目前高校课堂教学中依旧存在"教法"与"学法"、"学科"与"学生"、"条件"与"资源"、"教学"与"教研"四种不匹配的困境,尚未转向"以学为中心"的教学范式②。优质有效教学的达成显然不是靠抓学生的考勤率、抬头率、挂科率、就业率等,也不是靠抓教师的教学课时达标、教学档案规范、教学成绩提交等,而是强调高校教师从传统教学转向创新的、综合的、"以学生为中心"的教学实践。要从根本上实现"以学生为中心"的高等教育改革,就要回归高校教师教学实践真实逻辑,捕捉教学实践性知识的建构与变化,为加快建设一流本科教育、推进高校课堂教学改革开拓新的路径。

(二)教学实践性知识建构是教学学术理念的核心

"教学学术"的概念于1990年由时任美国卡内基教学促进基金会(Carnegie Foundation for the Advancement of Teaching)主席博耶(Boyer)提出。针对学界如何理解高校教授的学术内涵与学术评价,他将高校教授学术活动分为四个维度,即发现的学术、整合的学术、应用的学术和教学的

---

① 2010年全国教育事业发展统计公报[EB/OL].(2012-03-21)[2020-10-10].http://www.moe.gov.cn/srcsite/A03/s180/moe_633/201203/t20120321_132634.html;2019年全国教育事业发展统计公报[EB/OL].(2020-05-20)[2021-09-20].http://www.moe.gov.cn/jyb_sjzl/sjzl_fztjgb/202005/t20200520_456751.html.

② 刘振天,李森,张铭凯,等.笔谈:高等教育高质量发展的系统思考与分类推进[J].大学教育科学,2021(6):4-19.

学术①，这一理念对重新审视与思考高校教师的教学职能具有重要意义。虽其未明确定义"教学学术"，但后继学者以此为起点，主张将教学视为高校教师学术职责的内容之一，并从不同视角对教学学术内涵进行了丰富的拓展与延伸。在教学学术理念的发展初期，学界对其理解主要分为三类：一是以传统的学术概念衡量教学学术，重在学术成果的产出；二是以卓越教学的教学成效衡量教学学术，重在教学效果的评价；三是以学术性的教学实践衡量教学学术，重在教育理论与研究的实践应用②。前两类强调教学学术的成果或产品，相对忽略教学学术的发展过程，第三类强调对教育领域既有研究成果的实践应用，但缺乏对教师通过反思自身实践和研究建构教学知识过程的考量。总体而言，这一时期的三类阐释视角均未强调在教学学术发展与教师教学实践之间建立起紧密而充分的联结。

近20年以来，教学学术术语已从"教的学术"（the scholarship of teaching）演变为"教与学的学术"（the scholarship of teaching and learning），其"实践意涵"越发得到关注，即教学学术要与学生学习建立联结并对教学实践产生影响。仔细对比教学学术与教育研究即可明证，虽两者探究对象均以学生学习为主，但目的不同，前者为行动理论，旨在改变和影响教学实践，后者聚焦证实和生产理论③。哈钦斯（Hutchings）等认为，对教学学术的最好理解是将学术探究与教学实践结合起来，包括课程设计、促进课堂活动、尝试新的教学理念、提供建议、撰写学生学习成果、学业评估等④。虽然不同学者对教学学术的概念界定及关注重点存在差异，但综合上述视

---

① Boyer E. L. Scholarship Reconsidered: Priorities of the Professoriate[M]. San Francisco: Jossey-Bass Inc., 1990: xii.

② Kreber C., Cranton P. A. Exploring the scholarship of teaching[J]. The Journal of Higher Education, 2000(4): 476-495.

③ Larsson M., Mårtensson K., Price L., et al. Constructive friction? Charting the relation between educational research and the scholarship of teaching and learning[J]. Teaching & Learning Inquiry, 2020(1): 61-75.

④ Hutchings P., Huber M. T., Ciccone A. The Scholarship of Teaching and Learning Reconsidered: Institutional Integration and Impact[M]. San Francisco: John Wiley & Sons, 2011.

角,可将教学学术理念的基本逻辑进一步表述为"高校教师对自身教学进行研究,进而将研究成果应用于教学实践,由此改善教学效果并对学生学习产生影响",其核心本质在于高校教师采取批判性反思与学术性态度开展日常教学并持续改进教学实践。换言之,教学学术的发展可呈现为研究性学术成果,即知识的生产与传播,但更为根本的是与教师自身教学实践相结合的教学实践性知识建构过程。克雷伯(Kreber)基于认知发展视角,指出高校教师教学学术发展是对教学经验和教育理论进行反思以形成实践智慧的知识建构过程[①];特里格维尔(Trigwell)和谢尔(Shale)认为,教学学术的关键核心在于"以学生为中心"的教学实践,并主张教学知识通过教师的反思、交流、评价、教学等实践活动,与学生学习形成教学共振[②]。可见,高校教师教学实践性知识建构是教学学术的内在价值体现,也是其外在价值得以彰显的前提保障。近年来,我国学界开始引入教学学术,但无论是理论层面还是实践层面都进展缓慢[③]。剖析教学实践性知识建构过程有利于阐释教学学术推进现状,并有助于增强教学学术在我国高等教育领域的张力与生命力。

(三) 教学实践性知识建构是教师专业发展的需求

为实现高等教育扩招的规模成效,大批新教师入职高校以满足大学生学业发展的需求。全国教育事业发展统计公报显示,2010—2020 年,我国普通高等学校专任教师从 134.31 万人增至 183.30 万人,增加 48.99 万人,总增长 36.5%[④]。为应对高等教育大众化进程所产生的复杂教学情境,2012 年 7 月,教育部启动国家级教师教学发展示范中心建设工作,各高校纷纷响

---

① Kreber C. Developing the scholarship of teaching through transformative learning[J]. Journal of Scholarship of Teaching and Learning, 2006(1): 88-109.
② Trigwell K., Shale S. Student learning and the scholarship of university teaching[J]. Studies in Higher Education, 2004(4): 523-536.
③ 朱炎军. 大学教学学术的理论审视:价值、困境与走向[J]. 高校教育管理, 2021(1): 107-116.
④ 2010 年全国教育事业发展统计公报[EB/OL]. (2012-03-21)[2020-10-10]. http://www.moe.gov.cn/srcsite/A03/s180/moe_633/201203/t20120321_132634.html;2020 年全国教育事业发展统计公报[EB/OL]. (2021-08-27)[2021-09-20]. http://www.moe.gov.cn/jyh_sjzl/sjzl_fztjgb/202108/t20210827_555004.html.

应成立教学发展中心或教师发展中心等组织机构，专门开展教师培训、教学咨询、教改研究等工作。2018年，《中共中央、国务院关于全面深化新时代教师队伍建设改革的意见》进一步明确指出，要"全面开展高等学校教师教学能力提升培训，重点面向新入职教师和青年教师"①。显然，青年教师专业发展已成为高校师资队伍建设的重中之重，究其原因，高校教师在入职前往往未接受过系统的教学训练，作为教师的职业准备相对欠缺。即使有部分高校教师曾有过研究生助教经历，但由于助教岗位培训与教师职业发展规划匹配度不高、教学师徒制中导师带教不到位等问题②，其较难具备作为教师的专业知识与能力，大力推进高校青年教师专业发展有其必要性与现实性。

然而，现阶段的高校青年教师专业发展存在一定的局限性。许多高校仍缺乏提供教学培训的资源，而高校新任教师在没有经过任何教学培训的情况下开展教学在某种程度已成为传统惯例③。在我国，高校初任教师岗前培训仍以考取高校教师资格证为目的，培训主要开设高等教育学、高等教育心理学、高等教育法概论等理论类课程，实则对促进高校青年教师专业发展的影响较小。从高校组织看，青年教师专业发展面临"短期培训与长期培养缺乏整体性、生涯发展能力培养缺乏持续性、高校培养措施与青年教师需求缺乏一致性等诸多挑战"④。从教师专业发展中心看，中心工作多以承接新教师培训或教学竞赛为主，提供专业性服务的能力非常有限，对更为广泛的教师专业发展需求的关注与重视均不够⑤。综合上述分析，当前我国已关注为高校青年教师专业发展提供支持，但多为补缺式，其主要模式为"按照事

---

① 中共中央、国务院关于全面深化新时代教师队伍建设改革的意见[EB/OL].（2018-01-31）[2020-10-25].http://www.gov.cn/zhengce/2018-01/31/content_5262659.htm.
② 李礼.从"助学"到"培养"看我国高校研究生助教制度的转变[J].大学教育，2020（9）：176-178.
③ Vilppu H., Södervik I., Postareff L., et al. The effect of short online pedagogical training on university teachers' interpretations of teaching-learning situations[J]. Instructional Science, 2019(6): 679-709.
④ 唐玉生.高校青年教师培养：挑战、任务与策略[J].现代教育管理，2020（1）：101-106.
⑤ 杨洁.我国高校教师教学发展中心：现状、问题与突破[J].教育发展研究，2018（9）：23-27.

先制定的标准,通过集中培训的方式,将固定不变的知识传授给教师"[①],而并未注重从教师主体真实的学习教学与改善教学的体验出发,并未结合教师需求,针对其具体的教学情境问题进行解疑。此类补缺式教师专业发展培训模式虽承担了一定的阶段性任务,但对青年教师日常教学工作实况"不求甚解";虽有助于青年教师处理特定的常见教学问题,却很难帮助其应对更多的具有不确定性、独特性、不稳定性或两难性的教学情境。高校教学是一项高度复杂的工作,仅凭既有的高等教育学相关理论,或仅凭良好的教学意愿,均不一定能成为一名优秀的高校教师,关键在于教师持续、自主地学习与发展教学,并能够得到有力的专业发展支持。成功的教师专业发展计划应是协作的、反思的与长期的,其课程不是孤立的工作坊,而是与高校教师的日常教学实践紧密结合。

高校教师并非被动地直接运用教育专家提供的理论知识,而是通过不断与工作环境进行互动,反思日常教学实践、建构教学实践性知识,进而实现其教师专业发展。本书认同"补缺式"教师专业发展模式的存在价值,但更主张从青年教师的日常教学实践入手,探究其教学实践性知识的现实建构机制,以此调整教师专业发展的传统思路,使之切实契合教师专业成长的真实路径。

二、研究目的与研究问题

高等教育领域改革已经成为全球性潮流,新时代我国高等教育内涵式发展需要高素质专业化创新型高校教师队伍予以保障,尤其是迫切需要加强青年教师专业发展这一基础性工作。虽然既有研究围绕高校青年教师专业发展从不同路径进行探索,但多聚焦现状水平考察与对策建议探讨,较少从微观层面对高校青年教师专业发展的真实动态过程进行捕捉与深描。教

---

① 陈向明.从教师"专业发展"到教师"专业学习"[J].教育发展研究,2013(8):1-7.

师教学实践性知识已被证明对促进教师专业发展与提高教学质量具有积极影响,然而高校教师如何建构与发展其教学实践性知识的复杂机制仍不清晰。本书以我国本科教育改革为背景,通过对高校青年教师的深度访谈,揭示青年教师教学实践性知识建构的影响因素、过程特点及典型类型,以此增进对如何促进其教学实践性知识质变的理解,加深对教学学术本土推进的思考,重新审视高校教师教学发展中心工作重心与建设方向,进而加快高校内涵式建设与发展、保障本科教育改革的实效落地。

追求科学与学术是现代大学的基本职能,区别于基础教育阶段的教师,高校教师群体具有以学术为职业的特点。2002—2020年,全国已组织开展了五轮学科评估,在第五轮学科评估中,"人才培养质量"首次前置为首要一级指标,这凸显了人才培养作为高校根本任务的本质意义。2020年,《教育部等六部门关于加强新时代高校教师队伍建设改革的指导意见》指出,要健全高校教师发展制度、夯实高校教师发展支持服务体系、强化高校教师教育教学管理、深化高校教师考核评价制度改革等。该文件进一步强调了人才培养质量提高的前提是坚强的师资保障。

国家政策制度的完善是逐渐演变发展的过程,回顾我国高校教师教学实践逻辑可以发现历史性阶段问题。为追逐快速实现高等教育大众化的进程,传统的、行之有效的本科教学体系被"自我抛弃",传统的师生交流与互动模式"不复存在",关注科研成效所带来的声誉被"不断强化"[①]。在这样的阶段发展进程中,高校教师开始出现重视科研不重视教学、偏重知识灌输的单向教学模式、过分关注教师在教学中的主导作用等问题,且直到今日仍不乏存在。这显然与当前本科教育教学改革方向存在偏差,但现实中的高校青年教师正是接受此阶段的本科教育而成长起来的。在访谈调研中,有老师提到"我觉得从我做学生起就存在这个问题,我们老师上课会问:'听懂没

---

① 马廷奇.关于大学本科教学改革的理性思考[J].中国高教研究,2016(1):55-56.

有?'没人吱声,老师再说,'听懂的请举手',结果没人举手,'没听懂的请举手',也没人举手"(睿渊)。如果用昨天的方式教今天的学生,我们就毁了他们的明天①。那么,高校教师在学生时期接受的教学模式是否仍然延续在其现在的教学实践中?有哪些因素影响高校青年教师教学实践性知识的建构?高校青年教师又是如何建构其教学实践性知识的?这些问题正是本书要深入探究的主题。

本书研究的核心问题是在我国本科教育改革背景之下,高校青年教师如何建构其教学实践性知识,具体四个子问题阐释如下:

第一,高校青年教师教学实践性知识建构受哪些因素影响?这些因素在高校青年教师教学实践性知识建构中发挥怎样的作用?

第二,高校青年教师建构教学实践性知识的过程有何特点?他们具体采取了怎样的教学改进行动?

第三,高校青年教师教学实践性知识建构有哪些类型?不同类型各自的发展逻辑是怎样的?

第四,高校青年教师教学实践性知识建构走向如何?教学实践性知识质变为何如此之难?

三、研究意义

本书探究高校青年教师教学实践性知识建构,从理论意义上有助于丰富有关高校青年教师专业发展的研究,甚至可能间接促进高校青年教师产出教学学术成果;从实践意义上强调了在本科教育改革与教师专业发展中对教学实践性知识建构的关注。

(一)为推进本科教育改革提供现实思考

传统的讲座式教学方式将简化为信息的传递,在书籍还不是大众商品

---

① 赵炬明.以学生为中心:当代本科教育改革之道[M].北京:北京大学出版社,2023:10.

的工业革命之前的时期,这是将信息一代代传递的唯一方式[①];但在全球化高等教育教学改革轰轰烈烈的今天,在教育数字化战略驶入快车道的今天,"教学"内涵已然发生了巨大变化。本科教育改革显然不是教育理念的传播与宣传,也不是简单的形式上的目标达成度,而需要更多关注高校教师主体当前具有的教学实践性知识。更精确地识别高校教师教学实践性知识,不仅有助于加深对高校教师教学工作的理解,还能为本科教育改革提供重要的见解;而厘清高校教师教学实践性知识建构的动态过程,有助于探寻某些教学理念或教学方法推行缓慢的背后原因,为本科教育改革推进积蓄前行力量。两者相较,本书认为,重要的不是探究高校教师在教学实践中知道什么,而是揭示这样的教学实践性知识是如何建构而成的。随着我国高等教育迈入普及化阶段,建设一流本科教育已成为高校教学改革与发展的优先事项,但依旧任重道远。突如其来的新冠疫情更是在一定程度上放大了既有课堂教学中的固存问题,将改革推向了深处。促成高校教师传统教学实践性知识的质变能为高等教育教学改革和高质量发展奠定基础性前提。

(二)为高等教育理论生成提供双重支持

高等教育研究的理论构建历来为学界所关注,但进展仍不尽如人意,其构建路径可分为经验生成与逻辑推演两类[②]。高校教师教学实践性知识建构过程可理解为高校教师教学学术发展的过程,虽然教学学术理念越发强调"实践意涵",但不可否认公开发表的教学学术成果对高等教育教学研究做出的知识贡献,该类理论主要由高校一线教师基于自身教学实践中问题情境的经验而生成。本书的研究为高等教育理论生成提供双重支持:一是研究本身的问题及设计来自高校教师专业发展促进者兼研究者对高校教育教学的思考,有利于增进对教师主体、组织环境与教学实践性知识之间关系

---

① Mazur E. Farewell, lecture? [J]. Science, 2009(5910):50-51.
② 谢喆平,刘惠琴. 经验生成与逻辑推演:高等教育理论的两种构建路径[J]. 清华大学教育研究,2020(6):18-24.

的理解,进而揭示高校青年教师专业发展的复杂进程;二是基于研究结论促进高校教师教学实践性知识的有效建构,有利于教学学术理念的推进及其作为成果的高等教育理论产生。

(三)为教师专业发展提供建设性的路径

在高等教育领域,当提及高校教师如何教学这一问题时,常见的回答是"高校教师以他们被教导的方式教学"[①],但显然高校教师教学实践受复杂的多方面因素影响。当前高校关于青年教师专业发展问题的应对方式多采用自上而下的补缺式培训,较少关注高校青年教师作为教学主体在日常工作情境中的专业成长,且未能很好地尊重其现有的教学实践性知识。这也在一定程度上反映了高校教师教学发展中心建设中存在的盲点问题,仅限于研究者或设计者的应然视角,而缺乏对高校教师作为专业教育者成长的持续支持。本书的研究回归实然,将高校青年教师在工作环境中如何建构其教学实践性知识作为探究的核心内容,将视角从"被动培训"转向"开发生成",其结果有望为高校促进青年教师专业发展项目的重新构思提供启示与建议,以全力支持高校青年教师队伍的高素质、专业化、创新型发展。

第二节 文献回顾与理论框架

本节首先将厘清高校教师教学实践性知识这一核心概念,并对国内外关于高校教师教学实践性知识建构的既有研究成果进行述评,再基于此构建探究高校青年教师教学实践性知识建构的理论框架。

---

① Oleson A., Hora M. T. Teaching the way they were taught? Revisiting the sources of teaching knowledge and the role of prior experience in shaping faculty teaching practices[J]. Higher Education,2013(1):29-45.

一、概念界定

在对核心概念"教学实践性知识"进行界定之前,有必要先简要回顾知识与知识论的演进,再对"教学实践性知识"这一先行概念进行剖析,从而避免对"教学实践性知识"定义、特性与构成的分析缺乏根基与传承。

(一)知识与知识论

对"知识"这一核心概念的理解是探讨"教学实践性知识"的根基。对此,本书从传统的知识三元定义出发,阐释近代哲学中对理性知识的批判,再专门就实践脉络中的知识特性进行剖析。

1. 传统的知识三元定义

"知识"是常用之词,也是众多哲学家终其一生致力探究、学界仍争议不断的相当古老的问题。在《美诺篇》中,苏格拉底(Socrates)指出,知识与真实的信念之间存在本质区别,后者需要以人的理性加以"捆绑"才能成为知识[1],强调要通过每个人认识自己而达到一种普遍性的道德本质。之后,柏拉图(Plato)进一步发展了苏格拉底对智者派的批评,提出理念论,将人类发现真知的过程按级别从低到高划分为想象、信念、思想和完善的理智(知识)四个阶段,其中前两阶段为意见,后两阶段为知识[2]。柏拉图将苏格拉底限于道德本质的知识泛化为关于世界普遍本质的知识,且强调彻底摆脱感性事物束缚的、与实在之整体具有统一性的客观本质。可见西方先哲对知识的理解中已蕴含了"真实""信念""理性"等基本元素,基于此,知识的传统定义得以形成,即"知识是有证成的真信念"[3]。具体而言,知识是认识主体对客观事物有充分把握后形成的信念;如果某物为假,则永远不可能知道;如

---

[1] 柏拉图.柏拉图全集(第二卷)[M].王晓朝,译.北京:人民出版社,2018:517.
[2] 斯通普夫,菲泽.西方哲学史——从苏格拉底到萨特及其后[M].匡宏,邓晓芒,等译.北京:世界图书出版公司,2009:44.
[3] 费尔德曼.知识论[M].文学平,盈俐,译.北京:中国人民大学出版社,2019:26.

果知道某物,则具有某种确定性的信念;如果要表明信念为真,则须以充分的理由加以证成。该传统知识定义在1963年遭到来自盖梯尔(Gettier)的致命攻击,他列举了三种表述方式略有差异的传统知识定义,并例证论述了"证实为真的信念并不一定构成知识"[①]。这一攻击揭示了知识传统定义中的逻辑漏洞,也反映了传统知识定义的立场出发点是"知识不可错",而并不涵盖具有不确定性特征的经验知识。

2. 对理性知识的突破

本书研究的"高校教师教学实践性知识"显然与教师主体经验联系密切,不可能具有"逻辑性知识"的客观性与一致性,而"经验构成了近代哲学何以能够出发的历史起点"[②],故须先以近代西方哲学经验论与唯理论的思想分歧为切入点探寻"非命题型知识"的定义方式。在康德生活的18世纪,在当时处于思想大变革与科技大发展的欧洲,经验论与唯理论两大哲学体系已开展了长达百年的争论,前者认为真理性知识是通过人的感觉经验而获取的知识,后者认为真理性知识是通过人的理性推理而获取的知识。对此,康德(Kant)突破原有认知视角,认为人的思维具有主动性,知识不是主体对客体的反映,而是客体在主体认识中构造而成的。克尔恺郭尔(Kierkegaard)更是强调从作为行动者的存在角度对个人处境进行思考,明确指出"理性知识不能提供关于我们个人自我的全部真理"[③],进而提出在生活境况中,人类关系与主观性具有决定性,即表现为"主观真理"。此处"主观真理"并不意味着不真实或错误的真理,而是强调个体通过体验绝望与有罪而产生的对人存在性质的认识,如主观态度与价值,尤其体现在伦理问题和宗教问题上。

---

① 胡军.知识论[M].北京:北京大学出版社,2006:69.
② 赵林.西方哲学史讲演录[M].北京:高等教育出版社,2009:221.
③ 斯通普夫,菲泽.西方哲学史——从苏格拉底到萨特及其后[M].匡宏,邓晓芒,等译.北京:世界图书出版公司,2009:336.

3. 实践脉络中的知识特性

出现于19世纪末的实用主义同样否认存在外在于人客观独立的理性知识,但其强调个体根据自身实践经验或实验来理解事物。这使知识与实践在此交汇而发生"化学反应",并进一步为真理的把握提供了全新的转向。古老的真理符合论者主张真理是绝对的,观念与实在相符则为真,而在詹姆斯(James)看来,"没有绝对的真理,有多少具体的成功行动就有多少真理"①。进一步而言,这种真理不是确定性和绝对性的,当不同观点均自视为真时,判别关键在于对现实生活产生了怎样的影响以及哪一种更适合现实生活。实用主义代表人物杜威(Dewey)认为,无论是经验论还是唯理论,均将人的心灵视为思考自然界永恒不变之物的工具,而并未注意到作为生物机体的人及其与环境的动态关系。根据其工具主义思想,知识产生于"问题情境"中,且其解决问题的有效性是检验真理是否为真的方式。

正如波伊曼(Pojman)所言:"真理的论证概念必须从单纯演绎和严格归纳扩宽以至包括非规则支配的判断。"②这种"非规则支配的判断"并非真的无规则,或许只因人不自知。波兰尼(Polanyi)基于"个人知识"(personal knowledge)知识论纲领对客观主义的知识论进行了全面批判,他拒绝知识的超然性或中立性,而是将知识的个人性与知识的客观性、普遍性及可靠性进行了调和融贯。他认为"任何认知都涉及特定而具体的认知个体""个人知识由于与实在世界的真实接触,因而具有客观知识的地位""人类可以通过满怀热情的努力,在普遍标准之下完成他的个人义务,从而超越自身的主观性""知识是一种个人的信托或寄托行为"③。区别于波兰尼知识论的个人视角,伯格(Berger)和卢克曼(Luckmann)则从人与社会的关系视角,探讨了

---

① 斯通普夫,菲泽.西方哲学史——从苏格拉底到萨特及其后[M].匡宏,邓晓芒,等译.北京:世界图书出版公司,2009:365.
② 波伊曼.知识论导论——我们能知道什么[M].洪汉鼎,译.北京:中国人民大学出版社,2008:374.
③ 波兰尼.个人知识——朝向后批判哲学[M].徐陶,译.上海:上海人民出版社,2017:3-8.

日常活动中的常识性知识是通过外化、客体化与内化得以建构的[①]。不过在舍恩(Schön)看来,默会知识与常识性知识讨论关注的主要是"行动中认识"(knowing-in-action),其虽然是日常实践知识的特有形式,但对于行动发展而言更为关键的是"行动中反映"(reflecting-in-action),即在行动中不断思考以形成自己的行动理论。针对科技理性模式下严谨的专业知识无法应对不确定、独特性、不稳定性及价值冲突性的特定专业实践情境,舍恩认为,实践工作者应当通过"实践中反映"(reflecting-in-practice)重新框定问题,而不依赖现有理论去实践,从而形成对特定实践情境产生新理解的实践性知识[②]。

(二)教师实践性知识

通过对知识及知识论演进的文献梳理,我们初步厘清与辨析了"知识"这一基础性概念,现将进一步结合教师知识研究领域既有成果,探析对"教师实践性知识"的理解。芬斯特马赫(Fenstermacher)根据"由谁占有和生产教师知识"的立场,将日益增多的教师知识研究中"教师知识"这一核心概念区分为"为教师设定的正式知识"(formal knowledge)和"教师自身的实践性知识"(practical knowledge)[③]。前者为政策制定者与专家学者为教师设定的关于教师应该知道什么和能够做什么的知识,后者为教师作为教学主体在教学实践中体验并建构形成的知识。纵观国内外有关"教师自身的实践性知识"的研究,其主要分为三类研究取向,即"生活—经验""实践—反思""情境—机智"。

1."生活—经验"取向

1981年,艾尔巴茨(Elbaz)拒绝接受"教师被排斥在课程开发之外而仅

[①] 伯格,卢克曼.现实的社会建构——知识社会学论纲[M].吴肃然,译.北京:北京大学出版社,2019:4.

[②] 舍恩.反映的实践者——专业工作者如何在行动中思考[M].夏林清,译.北京:北京师范大学出版社,2018:37-57.

[③] Fenstermacher G. D. The knower and the known: The nature of knowledge in research on teaching[J]. Review of Research in Education,1994(1):3-56.

作为知识被动传播者"这一当时的主流观点,受波兰尼的个人知识等理论启发,她首次提出"教师实践性知识"(teacher's practical knowledge)这一概念以主张充分理解教师角色。她认为,教师实践性知识是教师以独特方式信奉和使用的知识(the knowledge held and used),来自经常令人沮丧的特定的具体经验①。康奈利(Connelly)等更强调实践性知识的"个人"特点,提出"教师个人实践性知识"(teachers' personal practical knowledge)不是某种客观的和独立于教师之外的被习得或传递的东西,而是教师经验的全部,它有助于教师重构过去与未来以把握现在②。此类"生活—经验"研究取向注重以叙事的研究方法,捕捉教师在日常生活实践及专业实践中使用的知识,强调教师实践性知识的缄默性、模糊性、个人性与情境性,但较难呈现教师实践性知识的实践理性与普遍共性。

2."实践—反思"取向

舍恩则从专业知识的视角入手,认为当所处专业情境超出一般实践知识的范畴,呈现出不确定、独特性、不稳定性及价值冲突性等特征时,教育者需要通过"实践中反映"(reflecting-in-practice)揭露并批判其对现象的最初理解从而建构起新理论③。其中,"一般实践知识"即重复性经验的默会知识,而"新理论"即通过特定情境实践中反思而获得的实践性知识。"实践—反思"研究取向将行动、实践、反思等核心概念融入教师实践性知识,明显体现出解决问题导向的实用主义,超越了技术理性的传统实践模式限制,但在某种程度上过于强化技术理性与实践理性的二元对立,否定了现有理论在实践反思中可能发挥的作用。陈向明也从"实践—反思"视角出发,对"教师实践性知识"做出定义,即教师对自己的教育教学经验进行反思和提炼后形

---

① Elbaz F. The teacher's "practical knowledge": Report of a case study[J]. Curriculum Inquiry,1981(1):43-71.
② Connelly F. M., Clandinin D. J., He M. Teachers' personal practical knowledge on the professional knowledge landscape[J]. Teaching and Teacher Education,1997(7):665-674.
③ 舍恩.反映的实践者——专业工作者如何在行动中思考[M].夏林清,译.北京:北京师范大学出版社,2018:53.

成的,并通过自己的行动做出来的,对教育教学的认识①。

3."情境—机智"取向

范梅南非常认同教学反思的实践意义,但其认为在日常教学课堂中的"教育情境通常不允许教师停下来进行反思与分析情况"②。对此,他从现象学视角入手,将时间维度融入反思,提出在行动前反思、行动中反思、对行动反思三种反思形式之外的,以教师全身心投入为特征的"智慧性行动"。这种全身心的行为能力即机智,而"机智是一种实践性知识,在其真正的实践中表现为一种知识、一种实践的信心"③。在范梅南看来,这种教师实践性知识获益于反思,是在瞬间的、即时的教育情境中呈现的且拥有自身整体性的知识形态,具有"他者性""打动他人"等富有教育智慧的特征。"情境—机智"研究取向对传统"理论—实践"的区分模糊化,跳离技术理性与实践理性之间的对立纷争,而从教育学的理念和性质出发,对教育情境中教师瞬间行动给予道德关注,凸显了教师实践性知识的"善的规范性"。

(三)教学实践性知识

基于上述核心概念的界定,下文将对教学实践性知识的定义、特性及构成三个部分进行研究。尽管本书所指"教学实践性知识"是针对高校教师而言的,但其依然需要从既有的相关概念中寻觅养分。

1.教学实践性知识的定义

当前国内外关于教师实践性知识的研究主要集中于基础教育领域,但对教师实践性知识的概念界定尚未达成共识。故在进一步界定高校教师教学实践性知识的核心概念之前,还需就"教师实践性知识"研究中的三个问题加以明晰:其一,教师实践性知识不必然具有积极正面性。按照波兰尼的

---

① 陈向明.教师实践性知识再审视——对若干疑问的回应[J].北京大学教育评论,2018(4):19-33,184.
② 范梅南.教育机智——教育智慧的意蕴[M].李树英,译.北京:教育科学出版社,2014:104.
③ 范梅南.教育敏感性和教师行动中的实践性知识[J].北京大学教育评论,2008(1):2-20,188.

个人知识观点,教师在"探寻真理"的实践过程中,教师实践性知识与实在的教学情境相关联并"朝向实在"。但任何知识都不可能是客观、不变与永恒的,教师实践性知识会在"实在指引下"发展与获得,这也就表明对此类知识的阶段性认识是有限的,甚至是可错的,需要认识主体不断地补充与更新。在此问题上,学界也存在争议,如陈向明等认为,教师实践性知识与中立的工具性知识不同,必然价值有涉,具有"好"的教育性价值[1];而吴义昌和魏戈则持相反观点,认为"教师实践性知识具有双重性,落后的实践性知识只会导致'蹩脚'的教学实践"[2],"教师实践性知识不都是'好'的,否则就不存在优化和改进的可能"[3]。笔者认为,即使教师作为专业实践者努力重新框定其所处的问题情境,并形成新的实践理论,其实践性知识可能不断逼近"真理",但也未必都是积极正面的。其二,教师实践性知识必然建构于实践之中。艾尔巴茨在对教师实践性知识进行概念界定时,特别注明其内涵超越教师所知多源于实践这个事实本身,进一步而言,理论可能渗透在其实践性知识之中[4]。笔者赞成教师实践性知识的来源可能多元,但需要注意的是,其建构必然根植于真实的情境、真实的学生、真实的教师,这一理解与率先在课程与教学研究中使用"实践"(practical)一词的施瓦布(Schwab)所持观点较为一致,其认为"在真实的教学世界中,纯粹地应用理论是错误的"[5]。其三,教师实践性知识兼具明言与默会成分。申继亮将教师知识划分为本体性知识(学科知识)、条件性知识(教育学、心理学)、实践性知识及一般文

---

[1] Chen X., Wei G., Jiang S. The ethical dimension of teacher practical knowledge: A narrative inquiry into Chinese teachers' thinking and actions in dilemmatic spaces[J]. Journal of Curriculum Studies, 2017(4):518-541.

[2] 吴义昌.国内教师实践性知识研究综述[J].上海教育科研,2007(11):15-19.

[3] 魏戈.教师实践性知识的生成[M].北京:教育科学出版社,2020:202.

[4] Elbaz F. The teacher's "practical knowledge": Report of a case study[J]. Curriculum Inquiry, 1981(1):43-71.

[5] Chaharbashloo H., Gholami K., Aliasgari M., et al. Analytical reflection on teachers' practical knowledge: A case study of exemplary teachers in an educational reform context[J]. Teaching and Teacher Education, 2020, 87:102931.

化知识[1],对此,陈向明认为,实践性知识并非知识分类中的单独种类,而每类教师知识兼有理论性知识与实践性知识的形态,每种形态也同时具有明言和默会的成分[2]。笔者认同陈向明对教师实践性知识形态多样性的理解,认为实践性知识虽大多处于内隐状态,但并不意味着其无法被表达。

基于上述分析,"教师实践性知识"这一概念并非从传统知识三元定义出发,而更关注教师作为教学主体的角色,且与其教学实践相融合。其定义可阐述为:教师建构于自身与真实环境互动中的,在教育教学实践中信奉、使用并认为适用于所处情境的关于理念和行动的个人知识。鉴于高校教师的实践活动范围与中小学校教师相比较广,除教育教学实践外,还涉及科学研究实践、社会服务实践等,故本书的研究以"教学实践性知识"为核心概念,而非"教师实践性知识"。进一步而言,高校教师的教育教学实践是一种"专业实践"。"专业实践"可从两个层面进行理解:一是指在专业情境中的表现;二是指为专业表现而做的准备[3]。基于此,高校教师的教育教学实践包括高校教师在课堂教学情境中的实践与为促进教师专业发展的实践两个方面。综合上述分析,高校教师的"教学实践性知识"是高校教师建构于自身与真实环境互动中的,在课程教学实践与专业发展实践中信奉、使用并认为适用于所处情境的有关教学理念和教学行为的个人知识。

2. 教学实践性知识的特性

教学实践性知识建构是高校教师发展教学能力和提升教学学术水平的基本途径,具有情境适用性、转化流动性与时间演变性三大特征。

---

[1] 转引自陈向明.实践性知识:教师专业发展的知识基础[J].北京大学教育评论,2003(1):104-112.

[2] 陈向明.教师实践性知识再审视——对若干疑问的回应[J].北京大学教育评论,2018(4):19-33,184.

[3] 舍恩.反映的实践者——专业工作者如何在行动中思考[M].夏林清,译.北京:北京师范大学出版社,2018:51.

(1)情境适用性

20世纪90年代初,芬斯特马赫根据"由谁占有和生产教师知识"的立场,将教师知识研究中"教师知识"这一核心概念区分为"为教师设定的正式知识"和"教师自身的实践性知识"[①]。前者指向政策制定者与专家学者为教师设定的关于教师应该知道什么和能够做什么的知识,后者关注教师在教学实践中体验并建构的知识,尤其强调教师的主体能动性。虽然作为有效教学研究成果的"正式知识"具有一定价值,但其并非适用于教师所处的所有微观情境。以高校初任教师岗前培训项目参训教师的真实感受为例,虽项目围绕"以学为中心"的新理念与新技能展开,当初任教师走进教学工作场所应用所学的"正式知识"时却反馈称"岗前培训中有很多先进的教育教学理念及做法,但在实际教学中是不需要的,只要学生评教达标就可以,大家其实也不太关注教学"(博文)。此类反馈令人啼笑皆非。显然,教学实践性知识建构于教师与真实环境的互动中,并非被赋予的某种知识结构。实践共同体创造潜在"课程",初任者则通过"合法的边缘性参与"学习此类课程,从而把"实践文化"纳为己有[②]。基于此分析,该初任教师所持有的教学实践性知识是其与环境交互建构而成的,并被其认为是适应所处情境且最能够有效解决问题的选择。

在专业实践的不同地形中,既有"干爽高地",也有"低洼湿地",实践者可以在前处有效使用研究产生的理论与技术,而这些理论与技术在后处却是行之无效的[③]。科技理性中依据实验研究而生产的知识具有理论性与工具性色彩,但现实的情境是充满复杂性、不确定性和独特性的。面对教学实践中的"多样"情境,教师需要探索符合真实世界的实践认识论。教学实践

[①] Fenstermacher G.D. The knower and the known: The nature of knowledge in research on teaching[J]. Review of Research in Education, 1994(1):3-56.

[②] 莱夫,温格.情景学习:合法的边缘性参与[M].王文静,译.上海:华东师范大学出版社,2004:41-43.

[③] 舍恩.反映的实践者——专业工作者如何在行动中思考[M].夏林清,译.北京:北京师范大学出版社,2018:37.

性知识对生产和占有其的教师主体而言被检验为"真",即高校教师在开展课程教学实践与专业发展实践中所信奉与使用的教学实践性知识是其认为解决具体问题情境的适用方案。正如杜威所指出的:"用来解决问题情境的不同操作有多少,就有多少关于知识的概念。"①教学实践性知识生产、占有及使用的主体均为教师自身,且适用于教师所处的教学情境。

(2)转化流动性

作为教学主体的教师是能动与受动的统一,"是受动制约下的能动,是对其受动条件的能动改造"②。教学实践性知识是对教师教学主体地位的肯定、对其自身专业知识的赋权,而教学实践性知识建构所处的情境却是"被提供"的。实践性知识作为与理论性知识相对应的知识形态,同时具有明言和默会成分,且大多处于内隐状态③。教学实践性知识的外显状态虽不明显,但可以在特定情境中从默会转化为明言,并在教师个体、教学团队、学校组织的不同时空下进行转化与流动。日常教学工作情境不仅分布着教学经验分享、优质课程观摩、教学创新比赛等各类教师专业发展活动,还蕴含着其学校既有的教学管理文化,如课程教学文档撰写方式、教师教学评价体系等。在此情境中,高校教师通过"内隐架构""对话传播""迁移吸纳""练习创生"实现教学实践性知识的"社会化""表征化""联结化""内在化"④。

教师专业身份形成是实践性知识建构的过程,在该过程中,实践性知识在"公共性—集体性""私人性—集体性""私人性—个人性""公共性—个人性"之间流动⑤。教学实践性知识通过转化不同的表现状态,在教师个体与

---

① 杜威.确定性的寻求——关于知行关系的研究[M].傅统先,译.上海:华东师范大学出版社,2019:207.
② 王南湜.追寻哲学的精神:走向实践哲学之路[M].北京:北京师范大学出版社,2006:74.
③ 陈向明.教师实践性知识再审视——对若干疑问的回应[J].北京大学教育评论,2018(4):19-33,184.
④ 肖立,黄嘉莉."知识创生的双层螺旋":一项美国高校教师实践性知识发展的叙事研究[J].人大教育科学,2020(1):66-72.
⑤ Beijaard D., Meijer P. C., Verloop N. Reconsidering research on teachers' professional identity[J]. Teaching and Teacher Education,2004(2):107-128.

教师集体中流动。教学实践性知识可通过行为表达,且更容易在教师解释与阐明自身行为及决策理由等讨论中被观察到①。当教师在公开场合交流或发表教学观点时,其教学实践性知识可能会传递延伸到教学团队或学校组织中,也可能会通过多种形式转化为身处同一共享环境其他教师的教学实践性知识。集体智力与成员个体的平均智力没有很强的关联性,与成员个体的平均社会敏感度与对话交流分配的平等性等相关②。教学实践性知识具有转化流动性,但流动对集体发展的实际贡献度受教师所在团队或组织内部互动质量的影响。当一线高校教师对所在团队或组织高度信任时,成员间容易形成彼此理解、彼此鼓励、彼此支持的互动关系,从而自由平等愉悦地分享各自的教学实践性知识,这有利于集体产生新的共同体实践模式。

(3)时间演变性

"教师实践性知识具有双重性,落后的实践性知识只会导致'蹩脚'的教学实践。"③"教师实践性知识不都是'好'的,否则就不存在优化和改进的可能。"④教学实践性知识虽符合教师当下教学情境,但伴随着其与所在集体环境的动态交互,教学实践性知识不断被补充与修改。在此过程中,教学实践性知识可能不断逼近"真理",呈现出不同阶段的演变,却未必都是积极正面的。进化视角下的理性具有对当前环境的各种局部适应性,且向着本身也在不断移动的目标进行持续的变动⑤。高校教师在教学职业生涯特定阶段,其关于课程教学实践与专业发展实践的认知存在特定的有限性。对教学实践性知识的建构并非一蹴而就的,而是需要基于真实环境中的批判与否定

---

① Grimmett P. P., MacKinnon A. M. Craft knowledge and the education of teachers[J]. Review of Research in Education,1992(1):385-456.
② Woolley A. W., Chabris C. F., Pentland A., et al. Evidence for a collective intelligence factor in the performance of human groups[J]. Science, 2010(6004):686-688.
③ 吴义昌.国内教师实践性知识研究综述[J].上海教育科研,2007(11):15-19.
④ 魏戈.教师实践性知识的生成[M].北京:教育科学出版社,2020:202.
⑤ 西蒙.人类活动中的理性[M].胡怀国,冯科,译.桂林:广西师范大学出版社,2021:85.

进行持续性反思与改进,且这类变化的程度是不确定的。

当前我国高校课堂教学还是传统的,其主要方式仍然为教师讲解教材内容,课堂是沉默而乏味的,且教师自我革命意识不强①。大多数高校教师教学实践性知识集中表现为将自身视作课堂的主宰,注重知识讲授式教学,将教学问题的解决关键归于学生转变学习方法或态度而非教师本身的专业发展。从教师主体分析,处于此类归因模式中的高校教师,其教学实践性知识受过往教育经历影响,阶段性特征明显,且在不受干预的情况下很可能会长时间发展缓慢。从高等教育发展历程分析,步入大众化、普及化教育阶段的高等教育,其性质已相较于精英教育阶段发生了巨大的变化。为应对学生的多样性,高校比以往更重视教学质量与教学改进,这也使精英教育阶段以传统讲授式教学为特征的教学实践性知识难以应对社会发展提出的新要求。"知识真正是,并永远是不确定的。"②正是由于作为认知对象的课程教学实践与专业发展实践具有复杂性和不确定性,高校教师教学实践性知识在历史长河中不断发生演变且需要不断演变。

3. 教学实践性知识的构成

教学实践性知识建构是高校教师在课程教学实践与专业发展实践中信奉、使用并认为适用于所处情境的有关教学理念和教学行为的个人知识,具体涵盖关于教师自我的知识、关于课程教学的知识与关于教学发展的知识。

(1)关于教师自我的知识

艾尔巴茨将教师实践性知识的内容分为五类,包括学科知识(knowledge of subject matter)、课程知识(knowledge of curriculum)、教学知识(knowledge of instruction)、自我知识(knowledge of self)及学校环境知识(knowledge of the milieu of schooling)③。陈向明等在"关于教师自我

---

① 别敦荣.大学课堂革命的主要任务、重点、难点和突破口[J].中国高教研究,2019(6):1-7.
② 沃勒斯坦.知识的不确定性[M].王晨,等译.济南:山东大学出版社,2006:2.
③ Elbaz F. The teacher's "practical knowledge", Report of a case study[J]. Curriculum Inquiry,1981(1):43-71.

的知识"的论述中指出,教育工作需要教师将自己整个人投入其中,包括自我认同、自我理解、自我效能感、价值观与教育理念等①。

无论是开展课程教学实践还是专业发展实践,都是高校教师选择自身立场以适应环境或改造环境的有意行为,其如何认识"自我"以及如何运用"自我"进行教学尤为重要。帕尔默(Palmer)在谈教学勇气时指出,"真正好的教学不能降低到技术层面,真正好的教学来自教师的自身认同与完整"②。高校教师成就好的教学,极为重要的是其对自身作为教师的真实"自我"的理解和重塑。在传统观念中,"高校教师如何教学依据其如何被教"③,然而在现实中,当初任高校教师尝试模仿其导师或受教育经历中好教师的教学模式或方式时,其结果可能是糟糕的甚至是灾难性的。可以说,此类高校教师迷恋外在技术或被告知有效的知识,却迷失了对自己内心世界的认识与把握,未能真正探寻契合"自我"的教学实践方式。高校教师若不能了解自我,就无法了解教学与科研作为职业整体的统一;高校教师若不能了解自我,就无法了解学生与既定设想中的差异和变化;高校教师若不能了解自我,就无法了解教学现状与教学期待之间的距离。

高校教师教学实践性知识中关于教师自我的知识主要围绕"我能做什么""我为什么这么做""我是谁"三个方面展开,具体涉及教学效能与教学目标的关系、外在规范与内在标准的关系、教学与科研的关系等。"我能做什么"主要是指高校教师在职业发展中从初任教师走向有经验教师、资深教师、专家型教师的过程中,对当下自我教学能力的判断以及对教学目标的反思。这种判断与反思需要高校教师不把"自我"局限于狭小透镜下的空间,以敞开"自我"代之,纳入更为创新而多元的教学目标,从而提起探索教学的

---

① 陈向明,等.搭建实践与理论之桥——教师实践性知识研究[M].北京:教育科学出版社,2011:77.
② 帕尔默.教学勇气:漫步教师心灵[M].吴国珍,等译.上海:华东师范大学出版社,2014:2.
③ Oleson A., Hora M. T. Teaching the way they were taught? Revisiting the sources of teaching knowledge and the role of prior experience in shaping faculty teaching practices[J]. Higher Education,2013(1):29-45.

勇气，承担起提高高等教育人才培养质量的时代责任。"我为什么这么做"主要是指高校教师的教学标准，即自身教学实践所遵循的标准。在当前制度背景下，对于高校教师关心学生、投入教学的行为解释，往往指向教师的教学热情与"教学良心"，反而较少提及岗位角色的规范性要求。教学实践的标准主要反映为"外在权威标准"或"内在自我标准"，教师在由两者构成的连续体中进行定位，并以此指导自身对教学模式与教学方法的选择。"我是谁"主要是指高校教师的职业角色认同，高校教师所关联的角色是丰富立体的，其需要思考自身教学与学术研究、跨学科领域探究等可能的联系，以及所处工作环境中关系网络的生存状态，从而深刻理解在教学中其角色所赋予的价值。高校教师身份的角色认同是由教师主体与环境之间相互形塑的，若所就职高校过于强调以学术研究者定位与考核高校教师，其学术身份就在很大程度上得以加强。

(2) 关于课程教学的知识

梳理西方教师知识研究思想，无论是教师实践性知识分类，还是基于教师学科教学知识(pedagogical content knowledge)视角的内容分类，最终的教师知识类别基本归于舒尔曼(Shulman)的七类教师知识基础：内容知识(content knowledge)，一般教学法知识(general pedagogical knowledge)，课程知识(curriculum knowledge)，学科教学知识(pedagogical content knowledge)，关于学习者及其特征的知识(knowledge of learner and their characteristics)，教育环境知识(knowledge of educational context)，教育目的、目标、价值及其哲学历史背景知识(knowledge of educational ends and so on)[①]。上述分类方式虽然较清晰地将知识类型化，但在实践性知识实际表征的背后，较难简单地将其归属于某一子类别。

波伊曼认为，知识可分为三类，即熟悉型知识(knowledge by

---

① Shulman L. S. Knowledge and teaching: Foundations of the new reform[J]. Harvard Educational Review,1987(1):1-23.

acquaintance)、能力型知识(competence knowledge)与命题型知识(propositional knowledge),其中能力型知识是关于技术诀窍(know-how)的知识[①]。根据其观点,高校教师教学实践性知识主要表现为能力型知识,辅之以熟悉型知识与命题型知识。课程教学知识作为高校教师教学实践性知识的重要组成部分,依据高校教师日常教学实践中的主要任务进行细分,更能清晰呈现其能力型知识的特性,且更容易识别。在针对高校教学有效性的开创性著作中,奇克林(Chickering)和加姆森(Gamson)提出了高等教育中有助于改善教学的七种特定行为,包括鼓励师生交流、鼓励学生间合作、鼓励主动学习、提供教师即时反馈、强调任务截止时间、表达高期望、尊重学生多元化的才能与学习方式[②]。永(Young)和肖(Shaw)通过大规模的学生评教数据,发现有效高校教学涉及课程价值、激励学生、融洽的学习氛围、课程组织、有效沟通以及对学生学习的关注等六个方面[③]。范迪克(Van Dijk)等通过筛选、分析及综合在研究和实践背景中生成的46个高校教师专业知识框架,发现高等教育中的教师任务主要包括六个方面,即教学与支持学习、教学设计、评估与反馈、教育领导与管理、教育学术与研究、教师专业发展,前五个方面可以概括为学科领域专业知识和个人特质(涉及研究的课程教学知识),专业发展涉及研究的教学发展知识,可以延伸为"产生更好的效果""承担更多的任务""形成更大的影响",并基于此构建了高校教师专业知识集成模型(见图1-1)[④]。

[①] 波伊曼.知识论导论——我们能知道什么[M].洪汉鼎,译.北京:中国人民大学出版社,2008:4.

[②] Chickering A. W., Gamson Z. F. Seven principles for good practice in undergraduate education[J]. AAHE Bulletin, 1987:3-7.

[③] Young S., Shaw D. G. Profiles of effective college and university teachers[J]. The Journal of Higher Education, 1999(6):670-686.

[④] Van Dijk E. E., Van Tartwijk J., Van der Schaaf M. F., et al. What makes an expert university teacher? A systematic review and synthesis of frameworks for teacher expertise in higher education[J]. Educational Research Review, 2020, 31:100365.

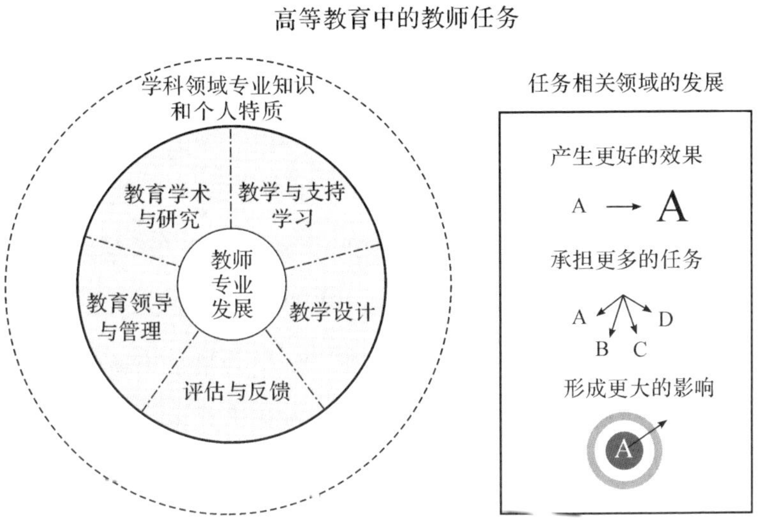

第一章 绪 论

高等教育中的教师任务

（图：左侧为圆形图，外圈"学科领域专业知识和个人特质"，内圈分为"教育学术与研究""教学与支持学习""教学设计""评估与反馈""教育领导与管理"，中心为"教师专业发展"；右侧为"任务相关领域的发展"，包括"产生更好的效果 A→A""承担更多的任务 A、B、C、D""形成更大的影响"）

图 1-1 高校教师专业知识集成结果的可视化

综合上述分析，本书研究的课程教学知识是有关开展课程教学实践活动的知识，由高校教师的具体教学任务决定，主要包括六个方面，即了解学生、规划课程、设计教学活动、使用教学策略激励学生学习、评估学生学业情况、提供学习反馈。其中，"了解学生"是指高校教师了解所教授学生的学情、兴趣等特点，"规划课程"是指高校教师依据人才培养目标确定课程教学目标、规划课程大纲目录并划定课程重难点；"设计教学活动"是指高校教师设计符合课程教学目标与学生群体特点的或特定教学主题的教学活动；"使用教学策略激励学生学习"是指高校教师通过师生与生生的互动合作，创设与延伸有利于学生主动学习的情境；"评估学生学业情况"是指高校教师设计、使用评估并发挥评估的功能；"提供学习反馈"是指高校教师适时有效地提供学习反馈。需要注意的是，本书所指的课程教学并不仅限于课堂教学，而是泛指以课程为载体的、致力于大学生学业发展的教学实践活动。

（3）关于教学发展的知识

自中世纪起，教学职责已是大学教师的角色任务，但当时的教学仅被视为对教师最高学术水平的证明。教（teaching）与学（learning）是一个统一整体,博士(doctor)和硕士(master)在词义上都有教师(teacher)的含义。在中世纪的大学,博士或硕士完成学位毕业口试答辩展示其教授该学科的能力后,教师生涯随即正式启航①。19世纪末,因德国模式在现代大学迅速推广,科研及社会服务等职能逐渐凸显而教学职能日益走向边缘。直到20世纪70年代,随着高等教育大众化进程的推进,区别于围绕学科专业知识的教师专业发展,强调"教学角色"的大学教师专业发展作为新的形式在美国开始兴起②。伯奎斯特(Bergquist)和菲利普斯(Phillips)最早论述此类高校教师发展,并提出组织层面和个人层面的发展业已成为高校教师专业发展的必要条件③。尤其在1990年博耶提出"教学学术"理念之后,西方高校中的教与学中心等专门机构得到进一步合法化与功能化,同时随着相关专业协会及国际组织的不断建立与扩大,形成了高校教师专业发展的世界性热潮。

而今,教师专业发展或教学学术发展已成为大学教师教学实践的重要且必要的组成部分。《英国高等教育教学与支持学习的专业标准框架(2011版)》提出,"教学学术与专业实践是教师的核心知识"④。该标准要求所有教师参与与教学、学习和评价相关的专业发展活动,开展学科与教学法研究,且根据教师职称有所差异,如针对首席研究员(principal fellow),特别提出促进教学制度建设、有效支持其他教师发展教学、开展系统的教学学术实践等要求。2016年印发的《教育部关于深化高校教师考核评价制度改革的指导意见》明确要求"增设教师专业发展考评指标""确立教学学术理念"。2020年,中共中央、国务院印发《深化新时代教育评价改革总体方案》,进一

---

① Shulman L. S. Those who understand: Knowledge growth in teaching[J]. Educational Researcher,1986(2):4-14.
② Gaff J. G., Simpson R. D. Faculty development in the United States[J]. Innovative Higher Education,1994(3):167-176.
③ Bergquist W. H., Phillips S. R. Components of an effective faculty development program[J]. The Journal of Higher Education,1975(2):177-211.
④ The Higher Education Academy. UK Professional Standards Framework(PFS)[EB/OL]. (2021-02-20)[2021-02-20]. https://www.advance-he.ac.uk/fellowship#categories.

步细化指出要"支持建设高质量教学研究类学术期刊"。

关于教学发展的知识集中体现为高校教师为使自己成为教师而做出的努力与成果,与教师自我知识及课程教学知识都密切相关,具体包括反思教学实践、寻求教学支持、开展教学学术、参与教育管理四个方面。"反思教学实践"是指高校教师对日常教学进行"实践中的反映",促使"实践中的认识"转化为"实践中的知识";"寻求教学支持"是指高校教师通过各种途径寻求并有效利用利益相关者的教学支持,以便利用更广泛意义上的教育资源以发展"自我",如自主选择切合自身教师专业发展的活动或项目;"开展教学学术"是指高校教师在积累教学实践性知识的同时,注重知识的公共化,并通过特定领域或主题的教学类研究反哺自身的教学实践;"参与教育管理"是指高校教师通过与其他教师或教学组织建立正式或非正式的关系,对所在学校或相关机构的教学质量提升产生正向影响。

以上对高校教师教学实践性知识的内容构成进行了大类划分,这对于进一步分析建构而言是有必要和有价值的。虽然在教师教学工作中,基于分析理性设定的教学实践性知识类别之间具有复杂而动态的内在关联,教学实践性知识往往以整体的形式呈现,且并不处于完全静止的状态,但不可否定类别划分对于深层次探讨不同教学实践性知识建构机制的价值。高校教师教学实践性知识的概念界定并非本书研究的重点,但这一部分的辨析是探究教学实践性知识建构的影响因素、过程及类型的前提和基础。

二、文献综述

本书从主要研究问题出发,对有关高校教师教学实践性知识建构的影响因素及过程机制的既有文献进行梳理。虽然高校青年教师的教师专业发展日益受到关注,但研究成果极为有限,故以高校教师群体为对象进行相关文献的述评。

(一)关于高校教师教学实践性知识建构的影响因素研究

在基础教育阶段,中小学教师往往通过长期而系统的教师教育专业学习逐步积累其教学实践性知识,而大多数高校教师不曾接受过系统的教育专业学习并为教师职业角色做充足准备,但这不意味着高校教师在其教学实践开展中不具备教学实践性知识。教师专业促进者和决策者不应该假设高校教师缺乏有关教学与学习的知识,而应该承认其作为专业教师已具有的技艺知识(craft knowledge)①。那么哪些因素影响高校教师建构与发展其教学实践性知识?既有研究做出如下回应。

1. 受教育经历

哈蒂瓦(Hativa)调研发现,约一半受访教师认为,其以前的教师所树立的榜样对他们现在的教学有很大或非常大的贡献②。内斯珀(Nespor)指出,学生很少需要通过观察教学去反思和系统学习教学,更多的可能是一些重要的经历或一些特别有影响力的教师带来的情景记忆,尔后成为该学生开展教学实践的灵感来源与参照模板③。奥利森(Oleson)和霍拉(Hora)认为,"高校教师根据其被教的方式来教学"这一观点具有局限性,即该观点本身缺乏实证证据,且假定过去经验与教学行为之间存在因果和线性关系,这忽略了其他影响高校教师教学专业知识建构的因素④。即便如此,他们的调研结果表明,高校教师确实存在"根据其被教的方式来教学"的情况,如因作为学生时的上课睡着经历,使其更关注使用点击器和实例以保持学生的课堂参与度。这一观点在马霍尔(Major)和帕尔默的研究中也得到证实,高校教师对如何教授某一门课的决定在很大程度上受其如何被教的影响,如有受

---

① Oleson A., Hora M. T. Teaching the way they were taught? Revisiting the sources of teaching knowledge and the role of prior experience in shaping faculty teaching practices[J]. Higher Education,2013(1):29-45.

② Hativa N. Teaching in a research university: Professors' conceptions, practices, and disciplinary differences[C]. Annual Meeting of the American Educational Research Association,1997:13.

③ Nespor J. The role of beliefs in the practice of teaching[J]. Journal of Curriculum Studies,1987(4):317-328.

④ Oleson A., Hora M. T. Teaching the way they were taught? Revisiting the sources of teaching knowledge and the role of prior experience in shaping faculty teaching practices[J]. Higher Education,2013(1):29-45.

访教师提到,最初教学时总是以模仿最喜欢的教师为出发点①。厄尔曼(Oermann)以护理学专业教师为对象进行研究,指出其往往根据传统的方式、被教的方式或专家观点来决定教什么和怎么教,而不考虑是否有证据可以指导其教学实践②。除了在受教育阶段作为学生的经历,哈蒂瓦还提及研究生的助教工作经历。该研究发现,大多数教授并不认为其助教经历对当前的教学有实质性的贡献,对此他认为可能是因为助教缺乏对教学的系统准备,或助教工作与课堂教学工作存在差异,比如助教更多地承担实验室向导、个性化帮助或批改作业等辅助性教学任务,而并非真正意义上的课堂教学③。

2. 教学经历

哈蒂瓦指出,教授在本科课程教学中的教学知识主要源自其自身的课堂教学经验,而在其成为教学专家之前,一届又一届学生都遭受着该教师反复试错中"错误"的折磨④。奥利森和霍拉针对53位高校教师的教学知识来源进行调研,其中42位受访教师表示,课堂教学实践帮助其积累了丰富的知识,如针对特定的学科与学生群体,明晰了何种方法有效或无效;课堂实验或反复试错是其深入理解教学与学习的主要方式⑤。但同时,他们的研究也发现,课堂教学经验并非都有助于教学实践性知识的建构与发展,如有位地质学专业教师提到,他在教学中从不寻求他人的建议或帮助,因为他教授大

---

① Major C. H., Palmer B. Reshaping teaching and learning: The transformation of faculty pedagogical content knowledge[J]. Higher Education,2006(4):619-647.

② Oermann M. H. Approaches to gathering evidence for educational practices in nursing[J]. The Journal of Continuing Education in Nursing,2007(6):250-255.

③ Hativa N. Teaching in a research university: Professors' conceptions, practices, and disciplinary differences[C]. Annual Meeting of the American Educational Research Association,1997:13.

④ Hativa N. Teaching in a research university: Professors' conceptions, practices, and disciplinary differences[C]. Annual Meeting of the American Educational Research Association,1997:14.

⑤ Oleson A., Hora M. T. Teaching the way they were taught? Revisiting the sources of teaching knowledge and the role of prior experience in shaping faculty teaching practices[J]. Higher Education,2013(1):29-45.

部分课程已经 20 多年了,且并无新建课程或进一步开发现有课程的需要①。库耶(Culyer)等的研究也证实,多年的教学经历并未产生显著的变化,并建议由具有丰富教学策略使用经验的教师担任初任教师的教学导师,而并非教龄最长的教师②。本博(Benbow)和李(Lee)对高校教师教学经验与其教学讨论之间的关系进行探究,发现教学经验丰富的高校教师往往表示对教学讨论不感兴趣,其研究结果基本验证了教学经验与社交网络规模呈负相关,这似乎进一步诠释了课堂教学经验具有"双刃剑"的性质③。

3. 研究经历

奥利森和霍拉在其调研中发现,约 15% 的受访教师认为其作为研究者的经历在其作为教师的发展中发挥了重要作用。如有受访教师强调要将自己在科研项目中所用的技术教授给学生,这些技术反映了"真正从事科学研究"的方式,也意味着其是有效的教学工具④。除学科专业学术研究外,教学学术作为与高校教师专业发展密切相关的实践方式受学界广泛关注。拉索(Larsso)等指出,教育研究与教学学术存在交叉重叠,但越发呈现出差异,前者更关注解释性理论以间接增加研究成果,而后者的间接目的在于促进学生学习,其所关注的是行动理论⑤。希利(Healey)等通过对教学学术领域的期刊论文进行梳理,将其分为实证研究、反思研究、概念研究、观点研究四

---

① Oleson A., Hora M. T. Teaching the way they were taught? Revisiting the sources of teaching knowledge and the role of prior experience in shaping faculty teaching practices[J]. Higher Education,2013(1):29-45.

② Culyer L. M., Jatulis L. L., Cannistraci P., et al. Evidenced-based teaching strategies that facilitate transfer of knowledge between theory and practice: What are nursing faculty using? [J]. Teaching and Learning in Nursing,2018(3):174-179.

③ Benbow R. J., Lee C. Teaching-focused social networks among college faculty: Exploring conditions for the development of social capital[J]. Higher Education,2018(1):67-89.

④ Oleson A., Hora M. T. Teaching the way they were taught? Revisiting the sources of teaching knowledge and the role of prior experience in shaping faculty teaching practices[J]. Higher Education,2013(1):29-45.

⑤ Larsson M., Mårtensson K., Price L., et al. Constructive friction? Charting the relation between educational research and the scholarship of teaching and learning[J]. Teaching & Learning Inquiry,2020(1):61-75.

类。其中,实证研究通常以真实特定的课堂教学实践为案例收集数据进行分析,反思研究重在阐释对高等教育领域日常教学工作的见解,概念研究旨在提供新视角或重构框架以推进教学学术对话,观点研究意在通过阐明差距、矛盾、机会等立场以激发思考,并认为高校教师在开展教学学术的同时,也在塑造自己教学学者的身份①。虽然教学学术研究可分为多种类型,但其终极目标无疑为改进教学效果、促进学生学习,无论是撰写教学学术论文还是开展教学学术实践,均为高校教师教学实践性知识建构的重要方式。正如克雷伯所言,教学学术是教师教学知识建构过程,即通过对教学经验与教育理论的反思来检验其知识②。

4. 组织制度

黑本施特赖特(Hebenstreit)认为,高校组织结构性赋权与教师创新行为之间存在显著正相关,倘若教师在组织中感到被赋予了权力,其教学行为与态度则受积极影响③,可见具有较大结构性赋权的工作环境更有利于教师建构其教学实践性知识。曾(Zeng)指出,在美国和英国,致力于促进教师专业发展的教学同行评议(peer review of teaching)已越来越多地应用于高等教育领域,其能够帮助被评议教师理解自身的教学有效性、发展教学策略、做出教学判断并重视教师专业发展④。然而弗莱彻(Fletcher)认为,对大多数院系而言,教学同行评议并非选择问题,而是所在学校是否提出明确要求⑤。更进一步分析,教学同行评议起初并未受到重视,直到哈钦斯和舒尔

---

① Healey M., Matthews K. E., Cook-Sather A. Writing scholarship of teaching and learning articles for peer reviewed journals[J]. Teaching & Learning Inquiry, 2019(2): 28-50.

② Kreber C. Developing the scholarship of teaching through transformative learning[J]. Journal of Scholarship of Teaching and Learning, 2006(1): 88-109.

③ Hebenstreit J. J. Nurse educator perceptions of structural empowerment and innovative behavior[J]. Nursing Education Perspectives, 2012(5): 297-301.

④ Zeng L M. Peer review of teaching in higher education: A systematic review of its impact on the professional development of university teachers from the teaching expertise perspective[J]. Educational Research Review, 2020, 31: 1-16.

⑤ Fletcher J. A. Peer observation of teaching: A practical tool in higher education[J]. The Journal of Faculty Development, 2018(1): 51-64.

曼注意到高校教师并不存在可以交流教学观点与经验的共同体,并建议将教学学术的评价标准设定为公开发表、评议、使用交流[①]。随着教学学术运动的推进,许多大学调整终身教职及职称评聘系统以扩大对大学教师工作的定义,将教学学术列入其职业发展的考核标准。例如,澳大利亚昆士兰大学(The University of Queensland)将教师分为教学科研型(teaching and research academic staff)、教学型(teaching focused academic staff)、研究型(research focused academic staff)、临床型(clinical academic staff)。其中,教学型教师即旨在为教学学术做出贡献的教师,要求其坚持开展学科或专业实践以及社会服务,该校具体就教学型职称从A到E五个级别明确了教学学术等考核标准[②]。又如,美国宾夕法尼亚州立大学(The Pennsylvania State University)将教学学术作为所有教师职称晋升与任职的三大主要标准之一,并将学生对教学效果的评价、参与研讨会或工作坊、同行课堂评价、学院主管的课堂评价和学生意见总结等视为教师教学评价的具体内容[③]。尽管同行评议可作为绩效评估与任职档案的一部分,但其本质是通过基于知识和理解的专家输入促进教师专业发展[④]。

5. 教师专业发展项目

格罗斯曼(Grossman)指出,学校组织的或专业的支持对于防止教师从课堂经验中错误学习具有重要影响[⑤]。奈特(Knight)指出,组织层面的教学支持旨在发展高校教师"教师身份",并防止高校教师在缺乏提高教学技能

---

① Hutchings P., Shulman L. S. The scholarship of teaching: New elaborations, new developments[J]. Change: The Magazine of Higher Learning,1999(5):10-15.

② Criteria for Academic Performance Policy[EB/OL]. (2019-08-26)[2021-03-29]. https://ppl.app.uq.edu.au/content/5.70.17-criteria-academic-performance.

③ Promotion and Tenure Criteria for Penn State Harrisburg, The Capital College[EB/OL]. (2019-09-21)[2021-03-29]. https://harrisburg.psu.edu/policy/promotion-tenure-capital-college.

④ Kohut G. F., Burnap C., Yon M. G. Peer observation of teaching: Perceptions of the observer and the observed[J]. College Teaching,2007(1):19-25.

⑤ Grossman P. L. Learning to teach without teacher education[J]. Teachers College Record,1989(2):191-208.

意识的情况下采取其被教的教学方式①。但哈蒂瓦调研发现，大多数教师表示曾参加学校或学院组织的听课反馈、跟岗实习、工作坊等教学改善项目，并认为这些举措对其目前的教学工作所起的作用不大②。按其观点，学校或院系为提高教学质量而采取的举措在高校教师建构其教学实践性知识方面基本是不成功的。然而，这里可能存在的情况是高校教师未明确意识到这些举措对其理解教学或反思教学所起到的微妙作用，有待进一步深入探讨。与之相对的，以下几项研究均对组织所提供的专业支持做出了积极回应。马霍尔和帕尔默以美国一所自1998—1999学年开始实施为期三年的基于问题学习导向(problem-based learning)的重大课程改革项目的私立大学为案例，研究通过对参与该改革项目的31位教师的访谈发现，广泛而长期的组织干预可以作为大学教师获取学科教学知识的催化剂(见图1-2)③。江(Jang)等从学生视角研发了大学生对大学教师学科教学知识的评价量表，涵盖学科知识、教学表达与策略、教学目标与教学环境、学情分析四个维度，以帮助大学教师理解教学的实际效果④。运用该量表，江对参与学科教学知识工作坊活动的初任教师授课班级学生进行期中与期末调研发现，以初任教师与资深教师讨论教学问题、分享教学经验为主要形式的工作坊可以帮助大学教师更好地理解学生学情及学业困难，从而更好地调整教学策略⑤。奥利森和霍拉调研中近34%的受访教师表示，工作坊、探究小组、个性化反馈或阅

---

① Knight P. Being a Teacher in Higher Education [M] Philadelphia: SRHE and Open University Press, 2002:14.

② Hativa N. Teaching in a research university: Professors' conceptions, practices, and disciplinary differences[C]. Annual Meeting of the American Educational Research Association, 1997:14.

③ Major C. H., Palmer B. Reshaping teaching and learning: The transformation of faculty pedagogical content knowledge[J]. Higher Education, 2006(4):619-647.

④ Jang S. J., Guan S. Y., Hsieh H. F. Developing an instrument for assessing college students' perceptions of teachers' pedagogical content knowledge[J]. Procedia-Social and Behavioral Sciences, 2009(1):596-606.

⑤ Jang S. J. Assessing college students' perceptions of a case teacher's pedagogical content knowledge using a newly developed instrument[J]. Higher Education, 2011(6):663-678.

读教育学研究成果等各类教师专业发展活动为其教学提供了丰富的知识基础①。帕特森(Patterson)和克莱因(Klein)通过对 295 位护理专业教师教学实践的证据进行研究,发现约 93.7% 的教师认为定性研究与定量研究是其教学实践中最常见的证据来源②。兰普利(Lampley)等应用马格努森(Magnusson)等的学科教学知识转化模型③,通过分析反思日志、半结构访谈、课堂观察等资料,对助教的学科教学知识习得水平进行检验,发现参与教师专业发展项目课例研究(lesson study)有助于调整助教教学信念并部分修正其学科教学知识,具体涉及共同设定学习目标及课程计划、实施课堂教学(其余教师观察并记录)、课程调整修订、更换授课教师再次实施课堂教学及总结形成案例等步骤④。维尔普(Vilppu)等通过分析 66 位高校教师在参加在线教学培训项目前后对"以内容为中心"与"以学习为中心"两个教学短片的解释,证实了该培训成功将参训教师教学取向从"知识传递"转向"促进学习"⑤。

---

① Oleson A., Hora M. T. Teaching the way they were taught? Revisiting the sources of teaching knowledge and the role of prior experience in shaping faculty teaching practices[J]. Higher Education,2013(1):29-45.

② Patterson B. J., Klein J. M. Evidence for teaching: What are faculty using? [J]. Nursing Education Perspectives,2012(4):240-245.

③ Magnusson S., Krajcik J., Borko H. S. Nature, sources, and development of pedagogical knowledge for science teaching[M]//Gess-Newsome J., Lederman N. G. Examining Pedagogical Content Knowledge. Dordrecht:Springer, 1999:95-132.

④ Lampley S. A., Gardner G. E., Barlow A. T. Exploring pedagogical content knowledge of biology graduate teaching assistants through their participation in lesson study[J]. Teaching in Higher Education,2018(4):468-487.

⑤ Vilppu H., Södervik I., Postareff L., et al. The effect of short online pedagogical training on university teachers' interpretations of teaching-learning situations[J]. Instructional Science,2019(6):679-709.

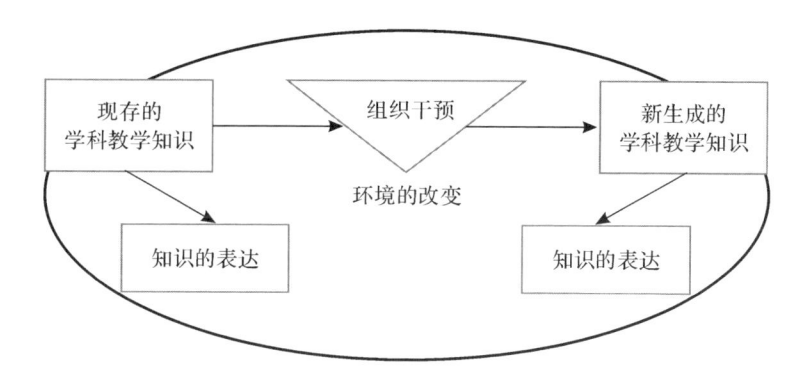

图 1-2　学科教学知识的改变过程

6. 工作环境中的网络关系

斯蒂格勒(Stigler)和米勒(Miller)认为,教学实践所涉及的专业知识具有适应性,比如要应对学生提出的挑战,但在某种程度上而言,教学嵌套于某种文化信念之中,教师可能的探索策略受限于某一范围[①]。在当代,越来越多作为工作实践一部分的技术符号和概念的知识(如实践原则),并不总是容易经历或学习[②]。对此,比利特(Billett)等指出,获取和学习这类知识需要通过与更有经验的实践者的互动来支持和增强,即通过与同事、利益相关者或工作环境中教练导师(coach)的互动和合作,可以更好地发展与保持专业知识[③]。奥利森和霍拉的研究也证实了这一观点,约 13% 的受访教师列举了非正式对话、课堂观察等与其他教师的互动形式,认为这使他们有机会借用其他教师的好做法,从而对自身教学产生影响。此外,该研究还指出,这类互动并不局限于所在的院系,还包括学校内的其他同事、学科协会及其他

---

① Stigler J. W., Miller K. F. Expertise and expert performance in teaching[M]// Ericsson K. A., Hoffman R. R., Kozbelt A., et al. The Cambridge Handbook of Expertise and Expert Performance. 2nd ed. New York:Cambridge University Press,2018:413-430.

② Martin L. M., Scribner S. Laboratory for cognitive studies of work: A case study of the intellectual implications of a new technology[J]. Teachers College Record,1991(4):582-602.

③ Billett S., Harteis C., Gruber H. Developing occupational expertise through everyday work activities and interactions[M]//Ericsson K. A., Hoffman R. R., Kozbelt A., et al. The Cambridge Handbook of Expertise and Expert Performance. 2nd ed. New York: Cambridge University Press,2018:105-126.

实践社群①。根据对 109 位高校教师参与社会性学习讨论(social learning discussions)的数据分析,罗克塞(Roxå)和默滕松(Mårtensson)指出,当高校教师建构、维持或改变其对教学现实的理解时,往往依赖一些重要他人所构成的网络②。他们认为,通过这样的讨论,高校教师能够进行反思性交流,为其专业发展提供知识和支持,尤其是当所在学院与机构文化具有支持性时。克泽尔(Kezar)指出,如果高校教师之间无法有效地相互联结,或者其所处的社交网络无法促进交流或支持教学,那么教育改革将难以启动与落地③。莱恩(Lane)等指出,同伴影响的具体类型是复杂的,高校教师不会调整其知识和采取循证教学实践(evidence-based instructional practices)以匹配与其讨论的同伴,而仅当同伴的观点渊博有见地,或真正投入这样的实践时,其才会做出相应的调整④。我国学者周杨指出,当前高校专家型教师与新任教师在教学经验交流方面存在较大障碍,如专家型教师的分享意愿、语言表达能力、经验抽象和系统化能力等,这些直接影响新任教师教学实践性知识的建构发展⑤。

(二)关于高校教师教学实践性知识建构的过程机制研究

既有研究中关于高校教师教学实践性知识建构的过程机制分析,主要从日常教学实践、教学学术发展及转化创生三个视角进行分析。

---

① Oleson A., Hora M. T. Teaching the way they were taught? Revisiting the sources of teaching knowledge and the role of prior experience in shaping faculty teaching practices[J]. Higher Education,2013(1):29-45.

② Roxå T., Mårtensson K. Significant conversations and significant networks-Exploring the backstage of the teaching arena[J]. Studies in Higher Education,2009(5):547-559.

③ Kezar A. Higher education change and social networks:A review of research[J]. The Journal of Higher Education,2014(1):91-125.

④ Lane A. K., Skvoretz J., Ziker J. P., et al. Investigating how faculty social networks and peer influence relate to knowledge and use of evidence-based teaching practices[J]. International Journal of STEM Education,2019(1):1-14.

⑤ 周杨.高校教师专业发展中的实践性知识传承——以"精品课程师资培训"项目为例[J]. 中国高教研究,2010(2):86-87.

1. 日常教学实践中的知识建构机制

教师专业知识需要长时间的教学实践,但教学经验本身并不能保证教学专业知识的发展[①]。哈蒂瓦认为,自我反思在教师学习教学与改善教学中起到积极作用,并指出基于内部反馈(针对试错过程的自我评价)及外部评价(学生评分与互动)的反思是高校教师学习教学并建构其教学知识的主要方式[②]。麦卡尔平(McAlpine)和韦斯顿(Weston)对反思在高校教师建构其教师知识中的作用进行了阐述探究。他们通过对六位教学卓越的教授进行课堂教学观察与课后访谈,指出反思是一种从经验中建构知识的机制,并认为将教学视为内容传递的教师侧重反思绩效目标及教师本身的行为,而将教学视为促进学生学习的教师特别关注对学生理解和学生参与的反思[③]。

厄尔曼将循证教学实践模式(evidence-based practice models)分为三个主要阶段,即反思教学实践或"不确定方面"(areas of uncertainty)以提出问题,查找、批判、综合现有证据,以及确定该证据与自身教学、所教对象、所处环境的相关性,若要发展这种循证教学方式,教师首先要反思自身教学实践,并质疑是否存在更好的方式以帮助学生学习[④]。帕特森与克莱因发现,高校教师采用循证教学实践的一般步骤包括以下七个环节:实施前的反思、调查策略、试验策略、制订计划、实施策略、评估成效以及实施后的修订改进[⑤]。他们的研究结果也同样表明所有步骤以反思为起点,可见反思与教师

---

① Stigler J. W., Miller K. F. Expertise and expert performance in teaching[M]// Ericsson K. A., Hoffman R. R., Kozbelt A., et al. The Cambridge Handbook of Expertise and Expert Performance. 2nd ed. New York:Cambridge University Press,2018:413-430.

② Hativa N. Teaching in a research university: Professors' conceptions, practices, and disciplinary differences[C]. Annual Meeting of the American Educational Research Association,1997:14.

③ McAlpine L., Weston C. Reflection: Issues related to improving professors'teaching and students' learning[J]. Instructional Science,2000(5-6):363-385.

④ Oermann M. H. Approaches to gathering evidence for educational practices in nursing[J]. The Journal of Continuing Education in Nursing,2007(6):250-255.

⑤ Patterson B. J., Klein J. M. Evidence for teaching: What are faculty using? [J]. Nursing Education Perspectives,2012(4):240-245.

当前所具有的教学实践性知识密切相关。正如厄尔曼所言,高等教育教学改革需要更多高质量的研究,需要教师有意愿质疑其当前的教学实践,需要教师质疑是否有更好的方式促进学生学业表现与发展[①]。刘旭东和吴永胜指出,高校教师教学实践性知识建构的关键环节是教学反思,即对其开展教学实践活动的价值理念这个前提进行不间断的澄清与审视[②]。裴光钢和颜奕借用恩格斯特伦(Engeström)活动理论模型(见图1-3)来阐释高校教师教学实践性知识建构机制,他们认为,日常教学工作中的高校教师始终面临着各种系统内的矛盾及系统间的矛盾,而这些矛盾表现为教学中的不同问题情境,其推动着教师教学实践性知识的建构[③]。他们注意到了触发教师教学反思的环境因素,并引入了活动理论,但未应用该理论详细阐述教学实践性知识的建构过程。

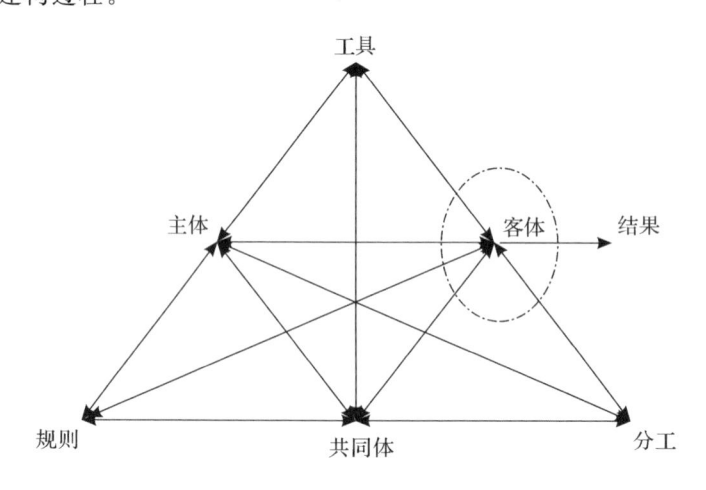

图1-3 活动理论模型

---

① Oermann M. H. Approaches to gathering evidence for educational practices in nursing[J]. The Journal of Continuing Education in Nursing,2007(6):250-255.
② 刘旭东,吴永胜.论大学教师实践性知识的结构与提升途径[J].大学教育科学,2014(1):68-72.
③ 裴光钢,颜奕.中国大学外语教师实践性知识元表征探究[J].广西师范大学学报(哲学社会科学版),2015(3):159-164.

2. 教学学术发展中的知识建构机制

格拉西克(Glassick)等将反思性批判(reflective critique)作为判断教学学术的六大标准之一提出①,这一观点在以下研究论述中得以体现。克雷伯等认为,教学学术的评判标准不可局限于公开发表教学类研究成果,而更应关注教师对教学的经验性知识和研究性知识进行反思检验形成实践智慧的过程,他以麦基罗(Mezirow)质变学习理论(transformative learning)中的内容反思(content reflection)、过程反思(process reflection)、前提反思(premise reflection)为理论框架,先将大学教师教学实践性知识分为教学知识(instructional knowledge,IK)、教育学知识(pedagogical knowledge,PK)、课程知识(curricular knowledge,CK)三类,再结合麦基罗基于哈贝马斯(Habermas)"知识构成的兴趣"(或称"认知兴趣")所提出的工具性学习(instrumental learning)、沟通性学习(communicative learning)、解放性学习(emancipatory learning),认为三类反思均可应用于三类知识的建构过程中,并以3×3矩阵示意教学学术的发展模型(见图1-4)②。

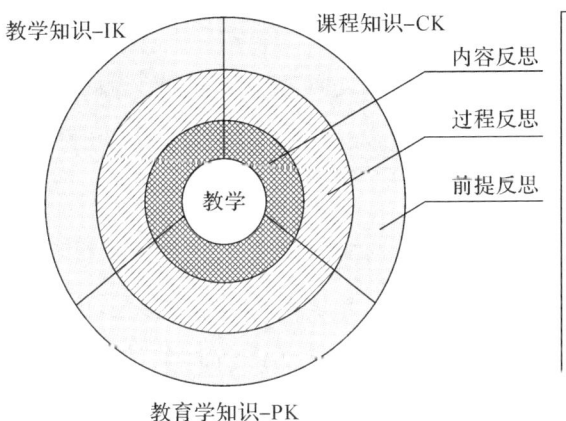

图 1-4 教学学术的发展模型

---

① Glassick C. E., Huber M. T., Maeroff G. I. Scholarship Assessed: Evaluation of the Professoriate[M]. San Francisco:Jossey-Bass Inc., 1997:44.
② Kreber C., Cranton P. A. Exploring the scholarship of teaching[J]. The Journal of Higher Education,2000(4):476-495.

他们指出，当高校教师反思教育研究结果及其教学经验以建构适应特定情境的有效的教学知识时，这整个过程就是一项严格的活动，即教师通过课堂或行动研究对教学知识、教育学知识及课程知识进行内容反思、过程反思与前提反思的这一过程可被视为学术活动。其中，内容反思指利用现有知识阐述要解决的问题，过程反思关注解决问题策略本身的有效性，前提反思指对当前所持知识的前提提出批判。关于教学学术九个组成部分的指标，他们以教师在使用自身教学经验及教育研究成果以建构教学知识时可能采取的具体行动来表示。确切地说，该教学学术模型将高校教师教学实践性知识分为三类，每类知识涉及三类反思，当教师提出关于某类知识的某种反思时，其会采取不同的学习行动以检验知识的有效性，以此建构起教学实践性知识。当进行工具性学习时，教师通过收集数据以实证分析方式验证其信念或假设；当进行沟通性学习时，教师通过与他人交流达成共识的方式检验其知识；但沟通性学习并不关注规范共识是如何产生的问题，即"为什么我们会得出这样的结论"，这就需要教师进行解放性学习，对习以为常的规范或结论的演变过程与产生条件进行批判性分析[①]。教师反思过程可能发现假设得以证实，其教学实践性知识进而建构发展；或其假设未得到验证，从而导致其参考框架(frame of reference)产生剧烈转变，此时质变学习可能随之发生。

韦斯顿与麦卡尔平针对教学学术与学科及院系主要工作相隔离的问题，指出通过教师个人教学知识的发展与教学交流活动的参与，可减少孤立感并提高融合度。他们将教学学术发展概括为连续的三个阶段：第一阶段为教师个人的教学发展，即教师通过定期参与教师专业发展活动、参与教学创新、反思教学等方式建构起关于自身教学的知识及学生学习的知识；第二阶段为教师超越个人反思，关注与同事进行有关教学的对话交流，以共同建

---

① Kreber C. Developing the scholarship of teaching through transformative learning[J]. Journal of Scholarship of Teaching and Learning, 2006(1):88-109.

构起针对本学科的学科教学知识与跨学科教学的一般教学知识；第三阶段为教师发展关于教学的学术性知识，并对所在机构和研究领域产生重大影响①。基于此教学学术发展三阶段，他们对教师专业发展促进者提出了相应要求，即不局限于帮助教师个体的教学成长，还要促进同事间的对话交流，并支持教师逐步发展为教学学者。

特里格维尔与谢尔认同教学学术发展三阶段所强调的观点，即高校教学共同体需要创设交流环境和惯例以加深教师对教学的理解，但也提出异议，认为卓越的教学话语与促进学生学习的卓越教学实践两者并不等同。他们认为，既有教学学术模型关注对教学知识的建构与批判性反思，但其往往以学术而非教学为出发点，对此，他们强调教学实践导向的教学学术，并构建了高校教师教学知识与学生学习之间形成教学共振（pedagogical resonance）的教学学术模型（见图1-5）。该模型基于舒尔曼的学科教学知识概念，将学科知识（knowledge of discipline）、教与学的知识（knowledge of teaching/learning）及环境知识（knowledge of context）纳入知识的内涵，并结合其他教学学术模型要素加入教与学的概念（conception of teaching/learning）以表示教师基于教学经验或研究成果而具备的知识。该教学学术模型反对过度强调教学研究的教学学术概念，更关注"以学生为中心"的教学实践，强调教师教学知识建构并非基于单纯的对话交流，而在于教师促使学生学习的教学行为、反思及交流②。

---

① Weston C. B., McAlpine L. Making explicit the development toward the scholarship of teaching[J]. New Directions for Teaching and Learning, 2001(86):89-97.
② Trigwell K., Shale S. Student learning and the scholarship of university teaching[J]. Studies in Higher Education, 2004(4):523-536.

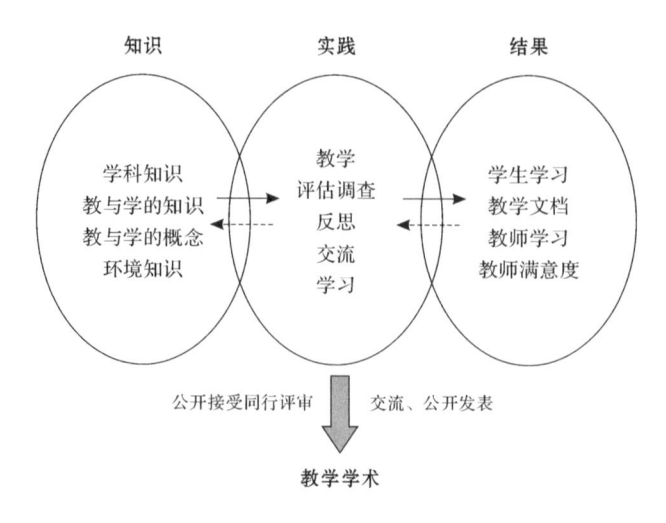

```
         知识              实践              结果

      ┌─────────┐     ┌─────────┐      ┌─────────┐
      │ 学科知识  │     │  教学   │      │ 学生学习 │
      │教与学的知识│ →  │ 评估调查 │ ←   │ 教学文档 │
      │教与学的概念│     │  反思   │      │ 教师学习 │
      │ 环境知识  │     │  交流   │      │教师满意度│
      │          │     │  学习   │      │          │
      └─────────┘     └─────────┘      └─────────┘

       公开接受同行评审    交流、公开发表
                           ↓
                        教学学术
```

图 1-5　教学学术模型

3. 转化创生中的知识建构机制

教师专业身份形成是实践性知识生成的过程,该过程以持续整合与教学相关的个人性知识和集体性知识为特征[①]。詹茨(Jansz)对教师知识视角下专业身份形成的表征研究详细地反映与阐述了这一观点(见图 1-6)。图 1-6 不仅被用以呈现教师专业身份的形成过程,而且也被视为高校教师建构教学实践性知识的过程,即以第一象限的研究型教学知识为起点,依次经过第二象限、第三象限和第四象限,分别转化为缄默的、有意识的及公开的个人实践性知识,再回到第一象限重新出发[②]。然而,现实中的知识转化显然并不完全遵循实践循环过程,同时可能涵盖了图 1-6 虚线部分所表现的过程。

---

① Beijaard D., Meijer P. C., Verloop N. Reconsidering research on teachers' professional identity[J]. Teaching and Teacher Education,2004(2):107-128.

② Jansz J. Person, Self, and Moral Demands: Individualism Contested by Collectivism[M]. Leiden:DSWO Press,1991:44.

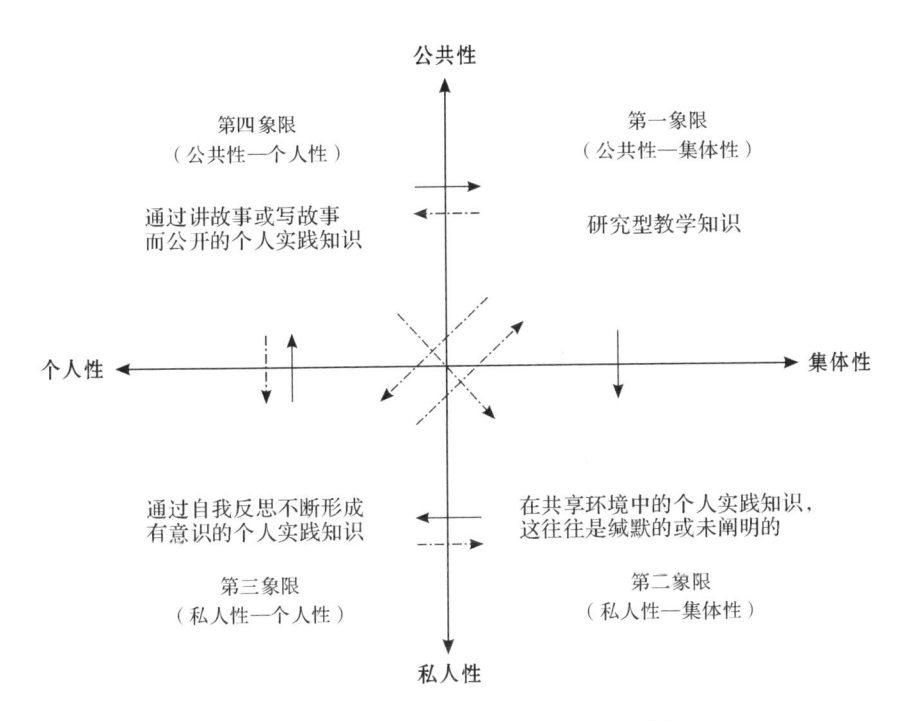

```
                    公共性
                     ↑
  第四象限            |            第一象限
（公共性—个人性）      |          （公共性—集体性）
                     |
 通过讲故事或写故事    |            研究型教学知识
 而公开的个人实践知识   |
                     |
                     |
个人性 ←─────────────┼─────────────→ 集体性
                     |
                     |
 通过自我反思不断形成   |   在共享环境中的个人实践知识，
 有意识的个人实践知识   |   这往往是缄默的或未阐明的
                     |
  第三象限            |            第二象限
（私人性—个人性）      |          （私人性—集体性）
                     ↓
                    私人性
```

图 1-6　教师知识视角下的职业认同形成表征

肖立和黄嘉莉借助日本学者野中郁次郎的"知识创生螺旋"（SECI）模型，对六位美国北科罗拉多大学曾参与"翻转课堂教学改革工作坊"的教师展开叙事研究，发现在两两相邻的"社会化""表征化""联结化""内在化"知识状态中，分别嵌入"内隐架构""对话传播""迁移吸纳""练习创生"的"量子跃进"过程，可构成"内外双层螺旋"共同驱动的实践性知识发展机制（见图1-7）。该建构模型强调高校教师教学实践性知识在"默会知识"与"明言知识"两种知识样态相互形塑中得以建构，且关注教师个体、教学团队、学校组织三者在不同时空情境中教学实践性知识的转化与延伸[①]。其中"内螺旋"所涉及的教师专业实践活动按"内隐架构"顺时针走，分别包括"向院系教师请教""工作坊或研讨中的对话传播""真切反思""改进教学实践"等行动策略。

---

① 肖立，黄嘉莉."知识创生的双层螺旋"：一项美国高校教师实践性知识发展的叙事研究[J].大学教育科学，2020(1)：66-72.

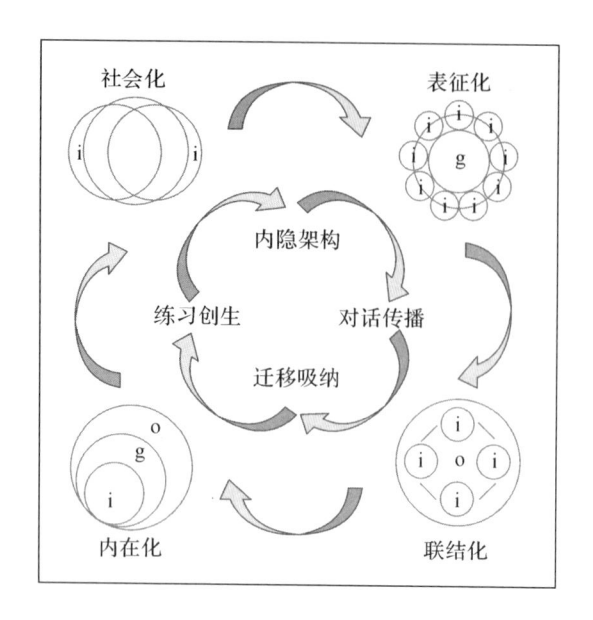

图 1-7　实践性知识发展机制

注：i 代表教师个体，g 代表教学团队，o 代表学校组织。

（三）文献综述总结与进一步研究的方向

综合上述分析，外在社会结构与教师主体行动的相互作用共同塑造着高校教师开展课堂教学实践与专业发展实践，即不存在单一因素可以完全解释高校教师在工作实践中的实际行为，影响高校教师教学实践性知识建构的因素是复杂而多样的。关于教学实践性知识建构机制的研究表明，无论是个人内部获得维度还是个人与组织互动发展维度，均尤为强调反思在教学实践性知识建构机制中的核心地位，具体涵盖了引起反思的问题情境（系统内或系统间的矛盾）、反思的目的（促进学生学业发展）、反思的类型（内容反思、过程反思、前提反思）、反思的对象（经验性知识、研究性知识）、反思的检验（工具性学习、沟通性学习、解放性学习）、反思的结果（适应特定情境的教学实践性知识的建构）等内容，其基本逻辑可总结为"问题情境—以反思为核心的教学改进行动—问题解决—教学实践性知识建构"，这为探究我国高校青年教师的教学实践性知识建构机制提供了思考线索：一是不能忽视高校教师教学实践性知识建构机制的关键特征——反思,倘若高校教师针对教学实践中的矛盾情境缺乏反思性认识,则再多的教学经验也只能是重复的教学经历,再好的教学环境支持也无法顺利促进教师教学实践性知识的"转型";二是明确高校教师教学实践性知识建构成果呈现为教学实践的改变,反思并非止步于提出假设,而是涵盖了教师在一系列教学改进行动中对假设进行的审视,即有效性检验。当该假设融合且适应实践时,教学实践性知识得以进一步建构与发展。

此外,上述研究多以国外研究为主,虽广泛地阐述了高校教师教学实践性知识建构的影响因素及过程形式,但显然不能直接套用到我国本土情境之中。原因主要有以下两方面:一是国内外高校教师专业发展的组织环境存在差异。全球首个关注高校教师专业发展的机构"密歇根大学学习与教学研究中心"(Center for Research on Learning and Teaching at the University of Michigan)成立于1962年。随后,基于一系列政策颁布及基金会资助,教师发展中心等专门机构在美国迅速发展并于20世纪90年代基本得到普及[1]。我国对高校教师教学发展中心的明确要求首见于2011年出台的《教育部、财政部关于"十二五"期间实施"高等学校本科教学质量与教学改革工程"的意见》,这直接反映了我国高校教师专业发展的组织支持晚于西方发达国家,且支持体系化程度可能相对较低。二是国内外高校教师对教学学术的认识程度不同。虽然学界针对教学学术运动成效评述的争议较大,但不可否认的是,越来越多的西方高校教师了解并参与教学学术实践,旨在改进自身教学实践并促进对大学教学的理解。而在我国,有关教学学术的理念近年来才受到关注,并总体倾向于将教学学术简化为教学科研量化指标,使高校教师眼中的"教学学术"异化为狭隘的"学术观"[2],且推进形

---

[1] 康世宁.中美高校教师发展中心建设的比较研究——以美国密歇根大学学习与教学研究中心为例[J].现代教育技术,2019(11):60-66.
[2] 孙元涛,李伟.走出"教学科研化"陷阱——兼论"教学学术"的本义与异化[J].教育发展研究,2020(5):62-68.

式多依托教改项目及课程建设项目,并未形成"教学学术文化"。上述两方面说明我国高校青年教师教学实践性知识建构的影响因素、过程及类型势必具有其在本土情境之中的特点。

1. 文献综述总结

从上述分析可知,既有关于高校教师教学实践性知识建构的研究大多从反思角度切入,但并未尝试将反思放置于真实工作情境中予以考量,且未针对高校青年教师这一特定群体展开研究。下面主要从以往研究默认教学实践性知识的积极正面性、忽视高校教师反思的真实工作环境、将高校教师的教学改进行动理想化、模糊处理教学实践性知识建构中的变化四个方面分析既有文献的局限性。

(1) 默认教学实践性知识的积极正面性

既有研究关注的教学实践性知识局限于积极正面的类型,如肖立和黄嘉莉在其研究方法设计中仅关注受访教师认为有助于其积累和增加教学实践性知识的事件[1],特里格维尔和谢尔强调教学实践性知识建构于促使大学生学习的教学行为、反思及交流之中[2]。这说明此类研究并未考虑较为传统甚至错误的教学实践性知识是如何形成的。笔者认为,教学实践性知识作为指导高校教师实践的关键要素,对其自身而言都是适用于其所处情境的,并非完全根据外界环境的正面引导而转向。显然,已有研究并没有注意到这一方面,这亦是本书在概念界定部分专门强调的观点,即教学实践性知识作为高校青年教师个人知识的一部分,始终处于"探寻真理"的实践建构之中。具体而言,其对教学实践与专业发展实践的理解不可能是绝对中立的,而是不可避免地渗透着个体的预设与理解,其教学实践性知识虽不是真理符合论意义上的对教学情境的"镜面反映",但是高校青年教师对其情境"朝

---

[1] 肖立,黄嘉莉."知识创生的双层螺旋":一项美国高校教师实践性知识发展的叙事研究[J]. 大学教育科学,2020(1):66-72.

[2] Trigwell K., Shale S. Student learning and the scholarship of university teaching[J]. Studies in Higher Education,2004(4):523-536.

向实在"的最佳实践。换言之,高校青年教师教学实践性知识始终处于不断发展与变化的动态建构过程中,可能会存在阶段内的局限性,并不总是表现出积极正面性。

(2)忽视高校教师反思的真实工作环境

在关于教学实践性知识建构过程分析方面,大部分研究都带有理想预设,即高校教师具有自我导向学习的能力,当其遇到问题情境时,即可通过反思的路径改进教学实践。笔者认为,既有文献强调反思在教师教学实践性知识中的核心作用,并大都从理想化视角阐述教学改进行动,而未关注真正促成高校教师反思的现实因素。当前,高校教师建构教学实践性知识的实际意愿较低,且教学实践性知识难以通过简单形式的发展质变。例如,俞福丽和凌云志指出,仍有部分教师以熟悉的传统授课方式教学,而初任教师接受相关培训的效果并不乐观[①]。此外,既有研究主要从单一因素视角或特定因素视角出发论述对高校教师教学实践性知识建构的影响,如探究在教学工作坊学习或教学改革项目后的高校教师教学实践性知识水平,这就人为地割裂了教师工作环境的整体性与复杂性,且难以厘清不同因素在教学实践性知识建构中发挥的作用。

(3)将高校教师的教学改进行动理想化

高校教师教学实践性知识建构于教师与真实环境的互动中,这势必涉及一系列的教学改进行动。无论是在教学学术发展中还是在知识转化创生中,都呈现了不同层面多样化的教学实践性知识建构路径与方式,但这显然与青年教师教学实践性知识的实际建构过程差距较远。以知识创生双层螺旋的教学实践性知识建构过程为例[②],内隐架构、对话传播、迁移吸纳、练习创生这四个环节是不是每位高校青年教师建构教学实践性知识会经历的,

---

① 俞福丽,凌云志.如何从实践层面提升高校教师的教学能力[J].中国高等教育,2018(24):50-51.

② 肖立,黄嘉莉."知识创生的双层螺旋":一项美国高校教师实践性知识发展的叙事研究[J].大学教育科学,2020(1):66-72.

不同高校青年教师在各自建构过程所涉及的教学改进行动又存在怎样的差异等问题都值得进一步探究。这也意味着可能存在有些青年教师极少与同事或他人交流教学,仅仅以日常教学经历为基础自我摸索式地建构教学实践性知识,而这类教师的教学实践性知识建构方式显然就难以简单套用该闭合圈的四环节。

(4)模糊处理教学实践性知识建构中的变化

既有研究关于高校教师教学实践性知识建构的论述,多数停留在对整体分析视角下的建构过程描述或主要环节的概念化,而对教学实践性知识建构的变化程度进行了模糊处理。虽有涉及教学实践性知识的修正调整,但其主要意图在于判断某类影响因素是否有助于教学实践性知识的建构,并非以"变化"作为切口探究教学实践性知识建构的主体差异性。此外,尽管有学者运用质变学习理论分析教学实践性知识的内涵及建构过程中的反思类型,但并未进一步关注建构中所呈现的变化。正如研究背景开篇所言,高校青年教师教学实践性知识的改变对于本科教学改革的有效落地具有重要作用,本书相信捕捉这种"变化"具有重要意义,并且将着力对不同类型的教学实践性知识建构类型展开更为深入的探讨。

2.进一步研究的方向

既有关于教学实践性知识建构的影响因素与过程机制的研究,虽各自从不同视角进行了阐述,但并未很好地诠释结构和能动性在高校教师教学实践性知识建构中相互交织的张力以及差异性的建构结果,且并不试图将青年教师从高校教师群体中剥离作为重点进行关注。

顺应时代背景的高校教师教学实践性知识研究,不能忽视高校教师教学实践性知识建构中的变化,但似乎教学学术发展或知识转化创生等理论视角只能解释教学实践性知识建构的过程,无法解释高校教师在真实建构过程中陷入怎样的两难处境以及如何解决各类教学问题或冲突。这也意味着并未有研究专门对高校青年教师教学实践性知识建构的因素、过程及变化结果进行更详细的论述,也缺乏系统的理论框架对此进行指导。结合前面的文献综述,本书希望以高校青年教师为研究对象,深入考察高等教育改革宏观环境及真实工作微观情境中影响其建构教学实践性知识的因素,揭示其教学改进行动过程中的实际挑战与障碍,并以此为基础,探究高校青年教师教学实践性知识建构的不同类型及其发展逻辑与结果。

三、理论框架

在既有研究中,"反思"作为关键词将教学实践性知识研究带入教师教学的微观世界,但并未仔细考量"反思"所处的真实社会结构。本部分尝试梳理质变学习理论,为高校青年教师教学实践性知识的建构所用,并且从知识社会学的外化、客体化及内化审视教学实践性知识建构中社会结构与主体能动之间的互动关系,进而提出本书的理论框架。

(一)理论基础:质变学习理论

麦基罗在 1991 年出版的《成人学习的质变维度》(*Transformative Dimensions of Adult Learning*)开篇就以"知识社会学"(sociology of knowledge)切入,指出个体在社会化过程中往往涉及固有的不平等而内化了各种由社会环境定义的概念、假设及角色等[①]。由此,他进一步指出,在变化剧烈的现代社会中,个体学会批判性反思地与他人进行沟通已变得至关重要,而不是被动不加思考地接受由他人定义的社会现实。对于高校青年教师而言,所处环境的社会化过程反映了社会结构中的影响因素对教学实践性知识建构的作用,而其质变学习过程则为社会化过程提供了主体能动的解放维度。因此,有关社会化、质变学习、意义视角与意义图式、学习与反思的类型等概念是分析高校青年教师教学实践性知识建构的重要工具。下面将逐一阐释这些概念及其应用。

---

① Mezirow J. Transformative Dimensions of Adult Learning[M]. San Francisco:Jossey-Bass Inc.,1991:1.

1. 知识社会学中的社会化

"知识社会学"这一术语产生于20世纪20年代,由德国著名现象学哲学家舍勒(Scheler)创造,马克思主义、尼采哲学和历史主义是该学科的思想根源。舍勒认为,"现实因素"不能影响"理念因素"的内容,只能调节其出现的条件,而曼海姆(Mannheim)则显得相对"激进",他认为,"所有知识都必须来自某一特定角度"①。曼海姆提出了"意识形态"(ideology)与"乌托邦"(utopia)两种思想体系,意识形态思想是指以过去的观点解释现实以隐藏和保护现实,而乌托邦思想则聚焦未来以超越现实②。

区别于主流的围绕认识论与思想问题的知识社会学研究,伯格和卢克曼的知识社会学观点对常识性知识进行考察,使知识社会学研究回归日常生活,并认为"社会是人的产物(外化)""社会是客观现实(客观化)""人是社会的产物(内化)",人与社会是相互建构的③。他们指出,内化的过程是通过社会化实现的,具体包括初级社会化(primary solialization)、次级社会化(secondary solialization)、再社会化(re-solialization)等类型。这些不同阶段都呈现出根据社会条件使主观现实发生转变的可能性,涵盖从小幅度的修正到较为彻底的整体转变。具体而言,初级社会化是指个体在儿童时期经历的第一次社会化,发生在富有强烈情感的环境中;次级社会化是指个体进入具有一定劳动分工情境的第二次社会化,相较于初级社会化,更具脆弱性和可替代性;再社会化则特指个体瓦解和拆除原有的主观认知,并与重要他人之间存在强烈的情感认同。伯格和卢克曼的知识社会学开创了社会建构主义视角,为本研究的前行探究注入了活力。高校青年教师教学实践性知识建构并不限于个体层面,而必须关注教师主体与所处真实环境之间的互

---

① 伯格,卢克曼.现实的社会建构——知识社会学论纲[M].吴肃然,译.北京:北京大学出版社,2019:11-13.
② 瑞泽尔.现代社会学理论(双语第7版)[M].北京:北京联合出版公司,2018:74-75.
③ 伯格,卢克曼.现实的社会建构——知识社会学论纲[M].吴肃然,译.北京:北京大学出版社,2019:4.

动方式,即同时注重个体维度与社会维度的影响因素在知识建构中的价值诠释。进一步而言,高校青年教师教学实践性知识建构的研究要尤为关注高校青年教师所处的社会条件中是否存在"有效的可行结构"①,这是其再社会化的重要社会基础。

2. 同化学习、顺应学习与质变学习

确切地说,高校青年教师教学实践性知识的建构过程有着诸多不同的影响因素,而针对不同教师又存在各自关键的影响因素,该因素作为主要驱动力或不同影响因素的组合形态促进着教学实践性知识进行同化、顺应或质变重构等不同程度的建构。当然,质变学习不是常见或容易发生的,麦基罗认为:"并非所有的学习都属于质变,学习可以只是为了在意义图式添加新识或学习新的意义图式……对学习者而言,这也是至关重要的经验。"② "学习新的意义图式"被伊列雷斯(Illeris)称为累积学习(cumulative learning),即学习者并不拥有任何已发展的心智图式可对来自环境的印象加以关联,或者是同化学习(assimilative learning),即来自环境的印象作为增加物进入业已建立的心智图式并加以发展③。质变学习是指学习者通过改变重构意义图式或意义视角而产生更为真实或公正地引导行为的信念与想法,这在某种程度上涵盖顺应学习(accommodative learning),即来自环境的刺激因某种不一致或其他不匹配的原因而不能立即与现有心智图式相关联,需要进行整体或部分重构。故质变学习与顺应学习之间存在相似性,并没有清晰的标准划分两类学习类型的边界,但质变学习更直接地强调批判性反思,其学习发生的要求条件极高,且在程度及影响方面均超越了顺应学习。

---

① 伯格,卢克曼. 现实的社会建构——知识社会学论纲[M]. 吴肃然,译. 北京:北京大学出版社,2019:194.
② Cranton P. Understanding and Promoting Transformative Learning: A Guide to Theory and Practice[M]. San Francisco: Jossey-Bass Inc., 1994.
③ 伊列雷斯. 我们如何学习——全视角学习理论[M]. 孙玫璐,译. 北京:教育科学出版社,2014:40-42.

3. 意义视角与意义图式

质变学习理论从 20 世纪 80 年代以来开始居于成人学习理论的核心地位,以建构主义与批判理论为思想基础。虽然不同学者对质变学习的解释有所差异,但其本质都强调学习者不是不加批判地同化他人的观点或做法,而是作为有社会责任感、思维清晰的决策者,通过某种方式和途径审查、反思和修正其原有的意义视角,从而适应新情境与产生新变化的过程。质变学习理论主张成人拥有由种种意义视角(meaning perspective)构成的意义系统(meaning system),该意义系统源自其过往的生活经验及当下的环境,成人以此对事物做出诠释。麦基罗指出,为了避免焦虑,成人会允许其意义系统削弱对事物真相的认识,故对成人期的发展而言,通过对过去不加批判而接受的假设进行反思,并克服有限的、扭曲的和任意选择的感知与认知模式是至关重要的[①]。"透过反思,验证先前学习的能力会逐渐增强,且根据所获得之领悟而采取行动的能力亦有所增强,并且其意义视角会更具包容性、差异性、开放性及整合性。"[②]麦基罗将意义视角区分为以下三种类型:认识(epistemic)的意义视角,即对知识及其使用方式的认识;社会语言(sociolinguistic)的意义视角,即对社会规范、文化背景及语言的认识;心理(psychological)的意义视角,即对个体自身的认识。意义图式(meaning schemes)是意义视角的具体表现形式,每个意义视角由一套套的意义图式构成,包括具体的知识、信念、价值判断及假设等[③]。当高校青年教师的意义图式被扭曲时,潜藏在其价值、信仰与假设之下的意义视角也可能被扭曲,或者说,当不加批判地接受与同化他人观点或做法时,可能会扭曲高校青年教师对教学的理解,包括认知方式、信仰方式及自我感受方式。

---

① Mezirow J. Transformative Dimensions of Adult Learning[M]. San Francisco:Jossey-Bass Inc.,1991:18.

② Cranton P. Understanding and Promoting Transformative Learning: A Guide to Theory and Practice[M]. San Francisco:Jossey-Bass Inc.,1994.

③ Mezirow J. Transformative Dimensions of Adult Learning[M]. San Francisco:Jossey-Bass Inc.,1991:44.

4. 学习与反思的类型

麦基罗认为,不同的学习活动具有不同的目标与结果,并建议将该目标纳入更广阔的文化脉络进行思考,故其以哈贝马斯人类认知兴趣视角下的知识论框架为理论依托,区分了工具性学习、沟通性学习及解放性学习三种学习领域。在麦基罗看来,自然科学中具有实证主义色彩的假设检验与推理逻辑属于工具性学习(instrumental learning),旨在理解因果关系以控制与操纵环境,主要与认识的意义视角有关;沟通性学习(communicative learning)旨在理解他人的意思,并让自己被理解,主要发生在社会语言的意义视角下,但也可以涉及心理或认识的意义视角;解放性学习或反思性学习(emancipatory or reflective learning)旨在通过批判性反思逐渐从种种限制中解放出来,与认识、社会语言及心理的意义视角均有关联。按照麦基罗对这三种学习领域间关系的理解,工具性学习与沟通性学习之间存在互动,而解放性学习通常是转化的,是会对其他两种学习领域产生影响的一种过程,并不是完全基于哈贝马斯的认知兴趣视角将三种学习视为相互独立的不同类别。

反思是质变学习理论的核心概念,"反思是对于我们努力诠释的及赋予意义的某一经验之内容、过程或前提予以批判性评估的过程"[①],基于此定义,麦基罗将反思分为内容反思、过程反思与前提反思三类,其中,内容反思是对某一问题的内容或叙述进行检验,过程反思是对所使用的问题解决策略的检验,前提反思是质疑所持问题的前提假设。从上述论述中可知,反思涉及有效性检验(validity testing),该检验是进一步采取行动策略的必要元素,对内容或过程的反思可能会促成意义图式的阐释、创造或转化,对问题前提假设的反思可能会促成意义视角的转化,"只要学习者询问为什么,其

---

① Mezirow J. Transformative Dimensions of Adult Learning[M]. San Francisco: Jossey-Bass Inc., 1991: 104.

反思就会在意义视角而非意义图式上开始发生"①。每一种反思类型均可发生在每一种学习领域及每一类意义视角之中(见表1-1、表1-2)。具体而言,反思的学习未必一定是转化的,也可能是证实(confirmative)②。当反思的假设被检验为真或适用于实际情境时,此类学习是反思性的但不具有转化性;而当假设被发现是扭曲的、不真实的、无效的,学习则具有转化性,也就意味着有可能促使意义图式或意义视角产生转化。

表1-1 反思类型与意义视角

反思类型	意义视角		
	心理的	社会语言的	认识的
内容反思	我自己相信的是什么	社会规范是什么	我拥有什么样的知识
过程反思	我如何拥有这种对于自身的知觉	这些社会规范是如何产生影响的	我是如何获得这种知识的
前提反思	为何我应该质疑这种知觉	为何这些规范是重要的	为何我需要/不需要这种知识

资料来源:Cranton P. Understanding and Promoting Transformative Learning:A Guide for Educators of Adults[M]. San Francisco:Jossey-Bass Inc. ,1994:51.

表1-2 反思类型与学习领域

反思类型	学习领域		
	工具性	沟通性	解放性
内容反思	事件之间的因果关系是怎么样的	其他人对此议题的看法是怎么样的	我的假设是怎么样的
过程反思	我如何在经验上证实此因果关系	我如何获得有关此项议题的一致确认	我如何知道自己的假设是有效的
前提反思	这种事实为何对我很重要	为何我应该相信这个结论	为什么我应该修正/不修正我的观点

资料来源:Cranton P. Understanding and Promoting Transformative Learning:A Guide for Educators of Adults[M]. San Francisco:Jossey-Bass Inc. ,1994:51.

---

① Cranton P. Understanding and Promoting Transformative Learning:A Guide to Theory and Practice[M]. San Francisco:Jossey-Bass Inc. ,1994.
② Mezirow J. Transformative Dimensions of Adult Learning[M]. San Francisco:Jossey-Bass Inc. ,1991:111.

按照质变学习理论,高校青年教师要对影响自身经验解释的知识、信念及假设等进行内容、过程或前提的批判性反思,而不仅是执行与完成任务。麦基罗基于对内容反思、过程反思及前提反思这三类反思的辨析,进一步对朝向质变学习的过程进行探究,认为学习者可在工具性学习、沟通性学习及解放性学习的过程之间进行转换,而解放性学习分为意义图式的批判性反思与意义视角的批判性反思[①]。按其观点,在工具性学习与沟通性学习中的内容反思、过程反思及前提反思有可能会促成意义图式或意义视角的转化,当转化发生时,这种反思就转变成了解放性学习。相较于杜威所关注的实践反思与舍恩所刻画的"反映性实践"中的反思,麦基罗在解放性学习中所强调的反思更具有解放性,他认为反思重在对意义图式与意义视角进行"先破后立"式的解构与重构,从而改变实践逻辑并提高实践能力水平。

5. 质变学习的发生过程

麦基罗基于20世纪70年代后期对成人家庭妇女重新进入社区学院学习现象及过程的实证研究,初步形成了质变学习的过程模型,并在此基础上逐步完善,于2000年提出了质变学习过程的四阶段十步骤模型(见表1-3)[②]。根据其观点,质变学习过程往往由"迷惘困境"(disorienting dilemma)触发,经批判性的自我反思、参与反思性的对话、制订行动计划并付诸实施三个环节而得以完成。舍恩在《反映的实践者——专业工作者如何在行动中思考》一书中提及,"不确定性、独特性、不稳定性及价值冲突性的两难困境"[③]是专业实践者需要面对的问题,并以此为切入口引出"行动中反思"这一核心观点。该两难困境与质变学习理论中的"迷惘困境"具有相似性,但后者更突出强调困境的触发价值,而不仅是需要应对的议题。当高校青年教师陷入

[①] Cranton P. Understanding and Promoting Transformative Learning: A Guide to Theory and Practice[M]. San Francisco: Jossey-Bass Inc., 1994.

[②] Mezirow J. Learning as Transformation: Critical Perspectives on a Theory in Progress[M]. San Francisco: Jossey-Bass Inc., 2000: 3-33.

[③] 舍恩. 反映的实践者——专业工作者如何在行动中思考[M]. 夏林清,译. 北京:北京师范大学出版社,2018:37.

"迷惘困境"后,其意义框架或意义观点发生转化的关键就是批判性反思,即对困境的内容、过程或前提进行反思。当批判性反思发现原有意义图式或意义视角存在扭曲或不合理时,该学习便有了朝向转化性学习的可能性。学习者可通过积极地参与反思性的对话以评估检验反思提出的假设,从而达成暂时性的最好判断。反思性交流具体包括剖析呈现自我、各自分享不同观点、评估观点背后的价值及重新构建信念等步骤①。基于反思性交流修正或更新原有的意义图式或意义视角,学习者需要将其真正融入生活实践,进而完成质变学习的全过程。总之,完整的质变学习过程不仅包括对新假设或新视角的理解,还包括实践新视角,即学习者不仅是以新视角来看待生活,而是以新视角来践行生活。

表1-3 质变学习过程模型

阶段	步骤
"迷惘困境"	遭遇迷惘的两难困境
批判性的自我反思	伴随着恐惧、愤怒、内疚及惭愧感进行自我审视
	对假设进行批判性评估
参与反思性的对话	意识到自身所遇到的不满及转化过程是共享的(shared)
	探索新的角色、关系或行动
制订行动计划并付诸实施	制订新的行动计划
	获取实现新的行动计划所需的技能及知识
	临时尝试新的角色
	建立在新角色与新关系基础上的能力与自信
	根据新观点要求的条件重新融入生活(实践)

资料来源:Mezirow J. Learning as Transformation: Critical Perspectives on a Theory in Progress[M]. San Francisco: Jossey-Bass Inc., 2000.

---

① Lee K., Brett C. Dialogic understanding of teachers' online transformative learning: A qualitative case study of teacher discussions in a graduate-level online course[J]. Teaching and Teacher Education, 2015, 46: 72-83.

质变学习中迷惘的两难困境未必是单一、戏剧性的偶然事件，也可能是几个事件集中起来导致了过程的发生①，并指出质变学习独立于外界环境而存在，会受成人学习主体所处特定情境的影响，涉及文化氛围、社会关系等。泰勒(Taylor)认为，转化学习发生的理想条件是允许学习者参与、合作、探究、批判性反思及反馈的，安全性、开放性及可信性的环境②。这也意味着理解质变学习要将其放置在学习者所处的整个背景框架中予以考虑，并非孤立地与环境割裂。

麦基罗认为，质变学习可通过客观重构(objective reframing)和主观重构(subjective reframing)两种形式实现③。客观重构关注团队或组织层面的质变学习，指对在叙事或任务导向的问题解决过程中所遇的他人假设进行批判性反思，以使组织实现其绩效目标，如行动学习(action learning)与合作探究。行动学习由雷文斯(Revans)提出，具体指将学习者置于某个学习团队中，要求成员通过集思广益、互相支持的反思与对话找出针对某个棘手问题的解决策略。不同于行动学习，合作探究强调学习者自愿参加组建小组，"小组感兴趣的问题由小组自己提出并构建，且不受外界任何干扰"④。在以上两种学习形式中，团队或组织的文化及实践方式发生转化，同时其成员理解问题或世界的方式发生变化。主观重构指个体层面的质变学习，是既有质变学习研究的主要视角，强调学习者对自身假设进行批判性自我反思，如阿吉里斯(Argyris)在《行动科学：探究与介入的概念方法与技能》中提出的双路径学习(double loop learning)。麦基罗指出，当学习者已有的意义视角

---

① Mezirow J. Learning as Transformation: Critical Perspectives on a Theory in Progress[M]. San Francisco: Jossey-Bass Inc., 2000: 285-328.

② Taylor E. Fostering Mezirow's transformative learning theory in the adult education classroom: A critical review[J]. Canadian Journal for the Study of Adult Education, 2000(2): 1-28.

③ Mezirow J. Learning as Transformation: Critical Perspectives on a Theory in Progress[M]. San Francisco: Jossey-Bass Inc., 2000: 3-33.

④ Mezirow J. Learning as Transformation: Critical Perspectives on a Theory in Progress[M]. San Francisco: Jossey-Bass Inc., 2000: 14.

受到挑战与转变时,主观重构通常伴随着一种激烈而艰难的情感斗争①。针对高校青年教师教学实践性知识建构过程而言,主要关注的是教师个人层面的质变学习。

综上分析,高校青年教师在教学工作中遭遇两难困境时,若要达成质变学习,不仅需要克服特定情境中其他因素的影响、克服自身的情感限制,还需要具有极高的执行能力。而该过程中的教师专业发展促进者则应当创造情境刺激青年教师进行批判性反思、赋予青年教师改进教学实践的能力,同时为其提供必要的专业指引与支持。

6.理论在本研究中的应用

总结而言,知识社会学与质变学习理论可用于分析高校青年教师主体如何与真实工作环境进行互动而建构起其教学实践性知识的过程,即上述理论共同构成了本研究关于高校青年教师教学实践性知识建构的理论工具。但如何创新运用质变学习理论,并且结合知识社会学的"互构论"观点,在强调知识建构的多层次性的同时,突出教学实践性知识的个人性、客观性、普遍性及可靠性,这有待进一步探索。

伯格和卢克曼的知识社会学强调个体的自我创造不可能独立完成,而个体主观现实的维护与转变依赖制度化的日常与重要的他人,即交织着"客观性制度""主体间性关系"的工作现实,在高校青年教师教学实践性知识的维持或改变中扮演着重要角色,这也就意味着其教学实践性知识建构机制需要充分考虑高校青年教师在所处工作环境中的影响因素,而不是单纯依据质变学习过程逻辑分析教学实践性知识的建构。麦基罗认为,个体陷入"迷惘困境",伴有强烈的情感斗争进而产生批判性的自我反思、参与反思性的对话、制订行动计划并付诸实施,最终完成质变学习的过程。但高校青年教师教学实践性知识建构研究不可仅局限于对教学实践性知识达成质变结

---

① Mezirow J. Learning as Transformation: Critical Perspectives on a Theory in Progress[M]. San Francisco: Jossey-Bass Inc. , 2000:3-33.

果的建构过程进行论述,而应同时考虑教学实践性知识未进行质变或正在转向质变的青年教师。高校青年教师教学实践性知识并非一成不变的,而是处于不断调整与更新之中,也就是要强调其"个人属性"。

此外,在具体分析中,研究根据需要还借鉴了布迪厄有关场域、资本的实践理论。"教育场域是指在教育者、受教育者及其他教育参与者之间形成的一种以知识的生产、传承、传播和消费为依托,以人的发展、形成和提升为旨归的客观关系网络。"①该视角主张对教育现象的分析始终放置于一定的关系框架中进行探索,要从纷繁复杂的关系网络中深挖该现象背后的本质规律。这一概念的引入有助于揭示高校青年教师种种教学经历与工作关系背后所隐含的内在逻辑。因此,本研究以社会建构主义为认识论视角,参照但不限于麦基罗的质变学习理论,同时应用次级社会化和教育场域的概念,分析高校青年教师的教学实践性知识建构。

(二)理论框架的构建

随着文献综述及调研工作的开展,笔者在一年多的时间中,逐步提炼形成并调整研究的理论框架。本部分省略研究初期理论框架的主要演变过程,主要呈现最终确定的研究分析思路。

基于文献梳理工作的不断推进,借助麦基罗质变学习理论视角,笔者进一步反思修订了理论框架(见图1-8)。在该理论框架中,高校青年教师的"教学实践性知识"为核心概念,具体包括教师自我知识、课程教学知识及教学发展知识,其中教师自我知识包括教师角色、教学标准及教学效能三个方面,课程教学知识包括了解学生、规划课程、设计教学活动、使用教学策略激励学生学习、评估学生学业情况、提供学习反馈六个方面,教学发展知识包括反思教学实践、寻求教学支持、开展教学学术及参与教育管理四个方面。

---

① 刘生全.论教育场域[J].北京大学教育评论,2006(1):78-91.

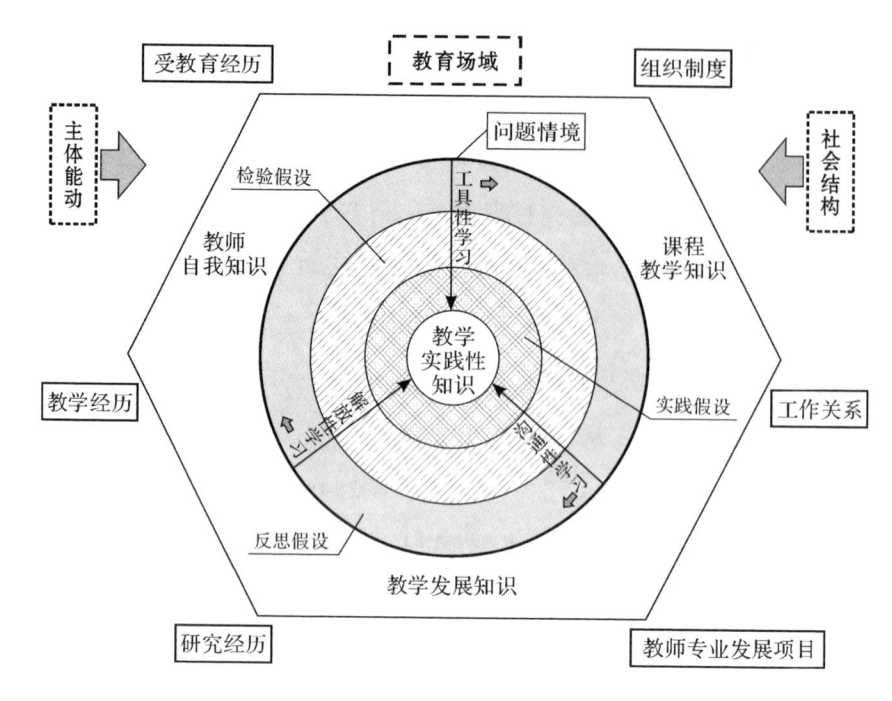

图 1-8 最终确定的理论框架

除了教学实践性知识的三大类型,该理论框架重在突出社会结构与主体能动之间的互动,并纳入对教学实践性知识建构的影响因素及过程的考察。教学实践性知识建构的影响因素主要涉及受教育经历、教学经历、研究经历、教师专业发展项目、工作关系、组织制度六个方面。教学实践性知识建构的过程则主要通过基于问题情境的工具性学习、沟通性学习、解放性学习体现,具体包括反思假设、检验假设及实践假设三个阶段。本理论框架的相关概念界定见表 1-4。

表 1-4 理论框架相关概念界定

核心概念	定义
1. 教学实践性知识	高校教师建构于自身与真实环境互动中的,在课程教学实践与专业发展实践中信奉、使用并认为适用于所处情境的有关教学理念和教学行为的个人知识
1.1 教师自我知识	高校教师教学实践性知识中关于教师自我的知识,包括教师角色、教学标准及教学效能三个方面

续表

核心概念		定义
1.2	课程教学知识	高校教师教学实践性知识中有关开展课程教学实践活动的知识,由高校教师的具体教学任务决定,包括了解学生、规划课程、设计教学活动、使用教学策略激励学生学习、评估学生学业情况、提供学习反馈六个方面
1.3	教学发展知识	高校教师教学实践性知识中关于高校教师为使自己成为教师而做出的努力发展教学的知识,包括反思教学实践、寻求教学支持、开展教学学术、参与教育管理四个方面
2.建构影响因素		高校青年教师在次级社会化过程中,对其教学实践性知识建构产生影响的因素
2.1	受教育经历	高校青年教师在入职任教前受教育阶段关于教师如何教与学生如何学的经历
2.2	教学经历	高校青年教师在日常工作中进行课程教学的经历
2.3	研究经历	高校青年教师在日常工作中进行学科专业研究与开展教学学术的经历
2.4	教师专业发展项目	高校青年教师所处环境中为促使教师专业发展而组织的项目
2.5	工作关系	高校青年教师与所在学校的教学导师、领导、同事等关于教学合作或互动的关系
2.6	组织制度	高校青年教师所在学校关于教师考核、教学评价、职称晋升等组织管理制度
3.建构过程		高校青年教师建构教学实践性知识的过程
3.1	反思假设	个体自我反思并提出新假设
3.2	检验假设	个体对新假设进行批判性评估
3.3	实践假设	个体修正原有假设或将新假设融入实践
3.4	内容反思	对某一问题的内容或叙述进行检验
3.5	过程反思	过程反思是对所使用的问题解决策略的检验
3.6	前提反思	前提反思是质疑所持问题的前提假设
3.7	工具性学习	工具性学习是指为确定因果关系与解决任务导向的问题而进行的学习
3.8	沟通性学习	沟通性学习是指为理解他人与自己被他人理解而进行的学习
3.9	解放性学习	解放性学习旨在通过批判性反思从被认为是超出人类控制的种种限制中解放出来的学习

第三节　研究设计与资料收集

基于文献综述与理论框架的分析，本节从研究思路与资料收集方法两个方面陈述采取何种研究方法探究高校青年教师教学实践性知识建构过程，介绍具体实证调研的经过。在资料收集方面，主要收集青年教师访谈资料、所在学校的政策文本及体现教师日常教学情况的文档资料。

一、研究思路

基于研究问题，本书采用质性研究方法回答高校青年教师建构其教学实践性知识的问题，并借鉴扎根理论中的三级编码程序对访谈资料进行整理与分析。下文将分述为何采取此种研究方法以及具体如何开展研究，最后以研究技术路线图明示。

（一）质性研究

既有关于教学实践性知识的研究主要对教学实践性知识进行了内涵界定、结构分类、叙事深描，虽较少从教师学习视角对教学实践性知识建构进行研究，但既有的教师实践性知识研究主要采用质性研究的方法，这也为初期的研究设计指明了基本方向。下面将从实际需要出发，进一步探讨质性研究适用于本研究的缘由。

本研究探讨高校青年教师在日常教学工作环境中如何建构自己的教学实践性知识，此教学实践性知识并非固定不变的，而是不断演变的。尽管所处的时代宏观背景具有相似性，但青年教师个体的教学经历依旧存在诸多的个体性差异。相较于量化研究，质性研究更能真实地反映社会世界的多元化与复杂化，即更能体现社会现象本身的本土性、具体性甚至是瞬间性的特点。在本体论层面，质性研究所涵盖的后实证主体、批判理性及建构主义，更强调客观实体的"真实性"是不易被穷尽的，是不可能被人所证实的[①]。本研究致力于探究高校青年教师教学实践性知识建构过程中的丰富意义,从真实情况而言,每位高校青年教师带有其本身独特的经历进入职场,并在具体差异性的工作情境中教授相应的学科课程。在认识论层面,本研究建基于社会建构主义(social constructive)的认识论之上,并以此指导研究的整个资料收集与分析过程。笔者认为,本研究是笔者与被访高校青年教师不断辩证对话而理解其教学实践性知识建构机制的过程,通过与高校青年教师之间的亲密接触,可以了解其在特定情境脉络中的认知与情绪以及获得其对建构教学实践性知识的理解。在方法论层面,本研究采用质性研究方法,按照扎根理论三级编码进行资料分析与整理,旨在尽可能真实地反映高校青年教师在工作场所中的所思所想所为,以捕捉其教学实践性知识的建构因素、过程特征及模式类型。

(二)扎根理论研究方法

20世纪60年代,格拉泽(Glaser)和施特劳斯(Strauss)在关于医务人员处理即将去世病人的一项实地观察研究中,总结形成了扎根理论研究方法。国内首位引入扎根理论的学者徐宗国认为,扎根理论研究的历史渊源主要包括两个方面:一是工作社会学(sociology of work),扎根理论研究常以科学家、艺术家的工作为研究对象,聚焦的是微观层面执行任务时工作的具体内容,而不是职业、专业或行业等宏观层面;二是符号互动论(symbolic interactionism),扎根理论研究是基于对符号互动论的认识,再结合研究过程总结出来的一套研究方法程序。她认为,扎根理论研究虽涉及符号互动论等方法论内容,但重在提供分析社会现象的一种思考方式与研究方法。扎根理论研究方法尤为强调对资料的收集、编码与分析是所有质性研究的基础。目前,不同领域的学者从其自身的学科背景出发,研究反思探究扎根理论,这就使扎根理论在实际应用的过程中出现很多分歧与演化。有研究

---

① 陈向明.质的研究方法与社会科学研究[M].北京:教育科学出版社,2000:14-15.

指出,可将其分为经典扎根理论、程序化扎根理论、建构主义扎根理论三大派别,三者异同点比较详见表1-5[①]。对这种分类方式,也有学者提出批判。不管争议如何,学界对扎根理论研究方法的探讨确实随时代发展有所演进。此外,不可否认的是,施特劳斯和科宾(Corbin)在1990年提出的三级编码业已成为质性资料整理与分析的基础操作程序。

综上,相较于将具体事物抽象为数字的量化研究,质性研究是浸入社会场域的在场性研究,更接近社会运行的真实状态。本研究所探究的是高校青年教师教学实践性知识建构中的行动与过程,较适合质性研究方法,而为保证研究过程的严谨性与规范性,在具体资料分析方法上,将借鉴程序化扎根理论中开放性编码、主轴性编码、选择性编码的三级编码程序对访谈转录文本进行整理与分析。

表1-5 扎根理论三大流派的异同点比较

派别	相同点	不同点			
		认识论	理论视角	资料/数据搜集	资料/数据分析
经典扎根理论	归纳性的质化研究方法;在经验资料上建构理论;研究结果具有可追溯性;研究程序具有可重复性;多用于中层理论的建构;强调对过程的研究(包括社会过程与心理过程)	客观主义	实证主义:强调发现理论	研究者在搜集资料过程中尽可能保持中立	编码过程分为实质性编码和理论性编码两个主要步骤
程序化扎根理论		客观主义	后实证主义:趋向于建构主义,认为分析数据是研究者的一种解释	研究者在搜集资料过程中尽可能保持中立	采用开放性编码、主轴性编码和选择性编码三级编码
建构主义扎根理论		社会建构主义	解释主义:理论是解释性分析,是建构的	强调研究者对资料提问的能力,并与被研究者发生互动关系	强调灵活使用,认为编码准则是启发性原则而非公式

---

① 吴毅,吴刚,马颂歌.扎根理论的起源、流派与应用方法述评——基于工作场所学习的案例分析[J].远程教育杂志,2016(3):32-41.

(三) 样本选择

1. 调研地区选择

根据本研究主题的需要,研究区域尽可能选择在宏观环境上对高校青年教师专业发展支持力度较大的城市。与其他地区相比,上海市教委极为重视高校青年教师的教学专业化,在全国率先开展全市层面的脱岗一学期的高校初任教师岗前培训项目,并提供充足的经费支持和有力的政策保障。自上海市民办高校初任教师岗前培训项目与上海市属本科高校初任教师岗前培训项目分别于2011年、2013年正式启动以来,上海市教委每年投入近1200万元政府专项资金用于高校初任教师岗前培训项目的实施。此外,上海高等教育资源十分丰富,拥有多所不同规模、类型、特色的高等学校,且笔者拥有的社会关系网络主要源自上海,便于获取该地区研究对象的信任度与多样性。基于上述考虑,本研究选择以上海作为调研区域。

2. 调研高校及教师的选择

既有研究在研究对象的选取上主要集中于优秀模范教师,也因此受到相关学者的诟病。例如,陈洪捷指出,"现有研究重点关注优秀教师群体,导致了关于教师实践性知识价值判断一边倒的倾向"[①]。本研究认为,每位高校青年教师均具有体现其自身与环境互动特点的教学实践性知识,不必然具有正面积极性,不局限于获奖的优秀模范教师,还要关注在学生及教师眼中的青年"好"教师,更要辐射到普通的一线青年教师。故在调研对象的选择上,本研究希望找出更多在教学实践性知识及其建构方面有丰富多样性的高校青年教师,如不同高校、不同的学科专业方向、不同的教学类获奖情况、不同的教龄等。综合上述考虑,本研究对调研教师选择考虑以下条件:一是年龄因素。调研教师为年龄在40周岁及以下的在上海市高校工作且承担本科教学任务的专任教师。二是教龄因素。调研教师须满足高校教龄在

---

① 陈洪捷.关于教师实践性知识研究的三点疑问[J].北京大学教育评论,2018(4):11-18,183.

1年及以上的要求,以保证其具有基本的高校教学经验。三是学科因素。高等教育不同于基础教育,学科门类丰富,不同学科教学间可能存在巨大差异,尽可能考虑不同学科来源的调研教师还能为研究增加一个可分析的维度。四是教学类获奖经历。高校青年教师所获的教学奖项是教学实践性知识建构水平的侧面表现,但研究样本选取不能局限于获奖的教师,同样需要纳入普通一线教师作为调研对象。

二、资料收集方法

本研究资料收集以教师访谈资料为主,辅之教师本人教学及所在学校政策制度等文档资料。故下面将逐一呈现研究的资料收集方法,并重点就访谈资料收集进行阐述。

(一)访谈资料收集

1.访谈工具设计

本研究的访谈工具主要分为三个部分:一是教师个人基本信息;二是教师近两年教学工作情况;三是有关教学实践性知识建构的访谈提纲。访谈提纲从建构过程、建构因素、自我评价及其他四个方面展开,其中建构过程部分主要让受访教师叙述从入职以来在教学中所遇到过的印象深刻的事件,建构因素部分包括受教育经历、教学经历、研究经历、教师专业发展项目、工作关系、组织制度六个维度,自我评价部分旨在呈现受访教师教学实践性知识建构的"变化"结果,其他部分意在获得其他访谈中未涉及但有关教学实践性知识建构的内容。

2.访谈对象

研究预访谈工作于2020年3月开展,第一阶段实地调研集中于2020年5—6月,第二阶段实地调研集中于2020年10—12月,第三阶段实地调研集中于2021年4—5月。调研以半结构访谈为主,通过各种渠道招募到受访高校青年教师32人,其中12位教师接受了二次访谈。

本研究之初,笔者以本人周边符合研究要求的高校青年教师为切入口进行调研,首先找到入职7年且学生评教分数较高的女教师"邵央",以及入职2年、教育学专业的男教师"博文",意在初步了解其教学实践性知识的建构机制。笔者根据其从教时间与角色转变设计了访谈提纲,主要涉及入职前作为学生的受教育经历与入职后作为教师的教学工作经历两个方面的问题。两位教师观察力与反思力敏锐,为研究提供了丰富的资料。在访谈结束后,笔者对访谈转录文本进行第一级编码分析,初步形成"制度要求""自我良心""领导权威"等类属。鉴于研究初期形成的理论模型仍较为松散,笔者在随后的第一阶段调研中依据便捷度访谈了五位普通青年教师。新个案的不断纳入使最初的类属与维度不断发生变化,如新增"教师专业发展项目""教学工作关系"等类属。在后续第二阶段、第三阶段的调研中,笔者根据理论抽样中的概念驱动,先后选择了25位具有特定特征的青年教师,如依托教师专业发展项目支持而成长迅速的青年教师以及极少参加教师专业发展项目的青年教师。最终共有来自18所高校的32位青年教师接受正式访谈,受访时教师年龄均在40周岁及以下。

总体而言,基于笔者(研究者)多年从事高校教师专业发展工作的社交网络关系,调研前期工作整体较为顺利,但在实施过程初期也存在沟通上的障碍,尤其体现在研究者和受访者的身份关系上。个别受访教师鉴于研究者的工作身份,不愿暴露过多反映自身教学经历的细节,以含糊隐晦的方式参与访谈,经暂停再次表明调研意图并获受访教师认同后才继续开展研究。最终,共有来自18所高校的32位青年教师参与本研究的正式调研部分,其中涉及部属高校5所,上海市属高校13所。具体而言,从所在高校看,复旦大学2人、上海交通大学1人、同济大学2人、华东师范大学1人、上海财经大学2人、上海大学4人、上海理工大学3人、上海师范大学4人、上海海事大学2人、上海工程技术大学2人、上海对外经贸大学2人、上海立信会计金融学院1人、上海应用技术大学1人、上海第二工业大学1人、上海中医药大学 1 人、华东政法大学 1 人、上海音乐学院 1 人、上海戏剧学院 1 人;从性别分布看,女教师 13 人、男教师 19 人;从教龄看,1—5 年 8 人、6—7 年 13 人、8 年及以上 11 人;从学历看,硕士研究生学历 2 人、博士研究生学历 30 人;从职称看,中级职称 10 人、副高级职称 19 人、正高级职称 3 人;从学科看,法学 3 人、工学 7 人、管理学 2 人、教育学 3 人、经济学 2 人、理学 7 人、文学 3 人、医学 3 人、艺术学 1 人、哲学 1 人;从教学类获奖情况看,无任何教学类获奖经历者 12 人,有教学类获奖经历者 20 人。具体受访教师基本信息如表 1-6 所示。

表 1-6 受访教师基本信息

化名	所属高校类型	性别	教龄	学历	职称	学科	教学奖项
威海	部属公办	男	11	博士	教授	工学	有
蔚祺	部属公办	男	8	博士	教授	理学	有
驰易	部属公办	男	10	博士	副教授	理学	无
杰修	部属公办	男	7	博士	副教授	理学	有
宇丹	部属公办	男	11	博士	副教授	哲学	有
艳文	部属公办	女	7	博士	副教授	教育学	无
萧然	部属公办	女	7	博士	副教授	医学	无
芝颖	部属公办	女	11	博士	副教授	理学	有
于末	市属公办	女	5	博士	副教授	文学	有
岳亦	市属公办	男	17	博士	副教授	理学	有
轩妍	市属公办	女	9	博士	教授	医学	有
歌沫	市属公办	女	3	博士	讲师	文学	有
竹婷	市属公办	女	9	硕士	副教授	艺术学	无
睿渊	市属公办	男	3	博士	讲师	工学	无
昊桦	市属公办	男	12	博士	副教授	工学	无
杉林	市属公办	男	6	博士	副教授	理学	无
成颖	市属公办	女	7	博士	讲师	法学	有
志远	市属公办	男	7	硕士	讲师	文学	有
肖虹	市属公办	女	5	博士	副教授	工学	有

续表

化名	所属高校类型	性别	教龄	学历	职称	学科	教学奖项
煜城	市属公办	男	7	博士	副教授	经济学	有
翊涛	市属公办	男	7	博士	副教授	理学	有
邵央	市属公办	女	7	博士	副教授	教育学	有
博文	市属公办	男	2	博士	讲师	教育学	无
娅希	市属公办	女	6	博士	讲师	法学	有
明泽	市属公办	男	5	博士	副教授	工学	无
芸汐	市属公办	女	6	博士	讲师	经济学	无
旭冉	市属公办	男	9	博士	副教授	工学	有
希荣	市属公办	男	3	博士	讲师	管理学	无
希文	市属公办	男	8	博士	副教授	医学	有
颜熙	市属公办	男	6	博士	讲师	管理学	有
明姿	市属公办	女	6	博士	副教授	工学	无
晟祥	市属公办	男	4	博士	讲师	法学	有

3. 访谈过程

本研究以半结构访谈为主。其中,第二阶段访谈提纲在第一阶段访谈提纲的基础上做略微修订,而第二阶段访谈内容则基于第一阶段访谈实况设置更具针对性的主题与更加开放的范围。

(1)访谈策略的选择

在社会科学研究中的访谈法,除了半结构访谈,还有叙事访谈、民族志访谈(非正式访谈)、焦点小组访谈等多种形式。半结构访谈的特点是访谈提纲的事前设定与受访者的开放性回答,访谈内容相对聚焦,访谈时间利用率较高,且访谈资料易于进行比较分析,但其局限性在于访谈提纲可能会限制研究者对受访者差异性与特殊性的发现。相较于半结构访谈,叙事访谈可使研究者以更广泛灵活的方式走进受访者的经验世界,研究者的提问以叙事性的问题为主,其所承担的角色是倾听者,这能够在一定程度上避免半结构访谈中受访谈提纲干预的问题。因此,本研究具体采用半结构访谈与叙事访谈相结合的方式,探究高校青年教师教学实践性知识的建构过程。在半结构访谈部分,提问方式主要为开放性问题,如"您所教学生有怎样的特点?您平时与学生有哪些互动的方式?""您与同事的教学有哪些异同?平时与同事怎样交流?"等。在叙事访谈部分,主要以对受访者教学产生影响的过程或事件为线索进行叙述,如"您第一次教学是如何开始的?""您可以分享您任教以来的教学经历吗?"等。

高校青年教师教学实践性知识是其改进教学实践的重要因素,但就其教学实践性知识建构过程本身而言,这些知识蕴藏在教师所经历的事件之中,而真实的事件可能关乎其自我身份的判断、其工作环境的现状等,如何走近高校青年教师,使其愿意分享并回顾教学经历以呈现其教学实践性知识似乎并非易事。"中国传统教师文化强调教师有责任担当、道义担当和使命担当"[①],在这样的传统文化影响下,高校青年教师往往并不愿意透露太多有关自身教学的真实情况。因此,研究者偏向选择休闲咖啡厅而非办公场所进行访谈,并事先通过微信或其他网络社交方式沟通互动拉近彼此关系;在访谈正式开始之前,研究者会详细说明调研初衷以消除受访教师的内在顾虑;当受访教师分享个人教学经历时,研究者会适时适宜地给予回应,以鼓励其更为详细深刻地描述其所经历的事件。通过上述方式,研究者尽可能地创设交流情境,使受访教师产生主动配合的意愿。

本研究采用的访谈工具主要是基于前期文献梳理、预访谈数据及研究者自身经验撰写的,势必存在有待完善之处。故在第一阶段正式访谈之后,研究者根据访谈工具的真实使用情况对其进行修正,而后续每次实地调研之前都会对访谈工具确需调整之处进行细微修订,附录三所呈现的研究工具为基础版本。例如,在第一阶段访谈调研时,研究者发现受访教师的教学经历较为复杂,且其对不同课程教学表现出相异的教学方式,故在后续调研

---

① 蒋纯焦.中国传统教师文化的特点与意蕴[J].教师教育研究,2019(2):105-110.

中增加了反映近两年教师教学工作的情况表,以此丰富访谈的背景性信息。

(2)访谈的开展

本研究32位受访教师均参与了第一阶段调研,大部分访谈时间为60—90分钟,个别访谈时间约120分钟,访谈地点多选择在受访教师所在高校附近的咖啡店。该阶段的访谈过程主要以事先设计的访谈提纲为提问主线,以受访教师的开放性回答为追问线索。每次访谈均会在正式开始时征得受访教师允许后开始录音,访谈结束后研究者及时利用"讯飞听见在线语音录音转文字软件平台"(https://www.iflyrec.com/)进行在线机器快转,并再次聆听录音以校对转录文本,并对特定用语、重复用语或有疑问之处进行圈点标注,以便在第二阶段访谈中予以进一步明晰。

在第二阶段访谈环节,原本计划针对12位受访教师均进行面对面的补充访谈,但限于研究者资料分析写作的时间安排及受访教师的工作冲突,仅有四位受访教师接受了面对面的第二阶段访谈,其余八位受访教师均采取电话沟通的方式进行。第二阶段访谈时间大约60分钟。第二阶段访谈调研开展的主要原因一是有些受访教师在第一阶段访谈中存在明显掩饰,未能积极配合访谈;二是受时间限制,受访教师在第一阶段访谈中未能对重要事件展开详述;三是在第一阶段访谈中存在有意思的新发现,有待继续深挖。例如,针对博文,他在第一阶段访谈中并未谈及其在教学中遇到的冲突或不如意的情境,则在第二阶段访谈中继续追问:"您从教经历虽只有两个学期,但在这短暂的教学工作中,您是否有遇到过冲突或不如意的事情?"

(二)文档资料收集

在本研究中,所收集的文档资料主要包括两方面:一是国家级、上海市级及受访教师所在高校的有关高校教师教学的政策文件及新闻通告等公开资料,具体包括《教育部等六部门关于加强高等学校青年教师队伍建设的意见》《教育部等六部门关于加强新时代高校教师队伍建设改革的指导意见》《上海市教育委员会关于实施高校新教师岗前培训的通知》等。二是与受访教师教学有关的私人资料,主要包括所教授课程的教学大纲或课程大纲,相应的教学方案设计及教学课件等教学文档;学生评教及督导评教的评价表及评价分数;参与教学竞赛或教学案例大赛过程中的参赛过程性材料,包括学习笔记、参赛日志等;参加岗前培训或教学类专题讲座培训中的学习资料、培训小结与课程作业等。本研究进行文档资料的分析旨在揭示其中所蕴含的隐性内容,为研究者观点进行佐证,从而增强研究的说服力。

第四节 资料整理与行文结构

本节主要呈现采用施特劳斯和科宾在《质性研究的基础:扎根理论程序和技术》(*Basics of Qualitative Research:Grounded Theory Procedures and Techniques*)中所介绍的扎根理论研究方法——三级编码进行资料整理与分析的过程,并简介实证部分的设计与安排。

一、资料整理

质性研究最为烦琐与耗时却又至关重要的便是资料整理与分析。质性研究的过程是资料收集与资料分析相结合以循环共进的过程,先收集资料,再分析资料和发展理论,再一次收集资料、分析资料和发展理论等,直到数据饱和、研究完成为止[①]。为防止调研数据堆积如山的窘境,本研究尽可能在每次调研结束之后对所收集的访谈数据进行全文转录并运用Nvivo12质性分析软件进行编码分析,同时撰写备忘录以指导后续调研中对关注点或发现点的把握。除此之外,研究还针对所收集的文档资料进行辅助分析,以丰富对研究观点的补充说明。具体而言,研究资料分析采用扎根理论三级编码的方式进行,即开放性编码、主轴性编码与选择性编码。

---

① 林小英.分析归纳法和连续比较法:质性研究的路径探析[J].北京大学教育评论,2015(1):16-39,188.

(一)开放性编码

在每次访谈调研结束后,研究者采用开放性编码的三个步骤对访谈转录文本进行分析:第一步为概念化资料(conceptualizing),即把访谈资料所呈现的现象转化为概念;第二步为形成类属(categorizing),即把同一现象的概念归于一种类属;第三步为辨识类属的属性与维度,并进一步发展类属[①]。以受访教师娅希访谈资料片段的概念化为例,开放式编码的概念化过程详见表1-7。

表1-7 开放式编码概念化过程示例

访谈原始资料	概念化
(A1)我在读博期间没有助教的相关经历,(A2)所以我去听了我们部门思政课老师和专业课老师的课。也不能说每节课都去,基本上一个老师去一次课,每一次课就是90分钟,我要看他这次课,从文引题,然后互动、讲知识点、讲练习,最后总结,我一般会听完整节课。因为当时我完全不知道该怎么上课,所以我就把每一个老师的课都从头到尾地听90分钟,(A3)这样我就会把他的优点和缺点都写下来,缺点就无则加勉,优点就吸收到自己的教学当中。如果是一些暂时没有办法学到的或者掌握的一些理论性的内容,那就在未来的职业生涯中再增强。 (A4)我会发问卷给学生,然后就问他们,你比较喜欢怎么样的思政课风格?不喜欢怎么样?基本上,我每学期开头都会发问卷,然后他们会说很多,包括我很讨厌怎么样的老师,喜欢怎么样的上课方式。这样大概可以总结出来一些共性跟个性的方面,我也能总结出来这批学生的需求点。(A5)我觉得每一批学生都不一样,有的时候如果你按照"95后"的学生需求点去教"02后"的学生,这肯定是不行的。因为他们是不一样的群体,他们面对的压力不一样,他们对未来的侧重点也不一样,所以最好是每年每学期都要更新学生的需求。作为老师不了解他们是不行的。 我们上课很多专业都在一个班上,不同专业学生的性格会不一样。我肯定要讲大多数同学的需求点,而不是直接就按照自己准备的内容去教。(A6)我倾向于服务者的教师角色,"我懂你们不懂、我教完你考试能考得出"这样不可以,我不是那种教师角色,我是服务型的那种教师。我们舒舒服服地待着,我把我知道的都给学生,然后学生有所吸收、有所思考、有所互动、有所反馈。 (A7)其他老师也会来听我的课,但是效仿的不多,有些老师放不开。因为对他们而言,这使他们离开了"舒适圈",特别是老教师要走出"舒适圈"会花很长时间,比如说你要让大家讨论起来,要让大家快乐起来之类,就相当于你每次备课都要去更新,更新就是走出你的	A1 无助教经历 A2 现场听课 A3 听课反思 A4 寻求学生反馈 A5 学生差异 A6 "服务型"角色 A7 教学"舒适圈"

---

① Strauss A., Corbin J. Basics of Qualitative Research: Ground Theory Procedures and Techniques[M]. London: Sage Publications Inc., 1990:63-66.

续表

访谈原始资料	概念化
"舒适圈",走出你已经非常熟悉的那些讲课套路。但并不是所有老师都愿意这么去做,(A8)因为对他而言,一堂课就是90分钟,并不会留下什么好的效应或者说是坏的后遗症,对他来讲都是无所谓的。	A8 教学使命感弱
(A9)对于领导而言,教学好的评判标准是教学竞赛获奖。领导心里就是比赛获奖那几个人,平时的话你只要不出格就好了。学生口碑是一方面,但并不影响这个老师他下学期能否接到课。选修课可能有口碑效应,但必修课,学生没得选,必须得上,其实这是无所谓的。所以很多老师可能会把更多的时间花在科研上。	A9 领导认可度低
(A10)评职称的时候,教学主要就是课时数。教学竞赛获奖、教学类论文会有一些好处,但不是最核心的指标。但教学不能是空白,这是肯定的。还有就是(A11)同行跟学生会有评教,但肯定都会比较宽,再有就是督导评教,这三个加起来,一般平均分都不会低的。就不可能说老师的教学评价只有59分,一般都是80多分,情况基本就是你是80分,我是85分,他是90分。(A12)你副教授的话这种分数都无所谓的,不要太差,所以我说教学的本质,"保本不出错"就可以了。	A10 职称晋升 A11 教学考核评价 A12"保本不出错"
然后再往上走的话,(A13)看你自己对自己的要求,如果你自己觉得精力要花在别的方面,没有时间花在教学方面,那你就可以按照原来的方式,上学期怎么讲,这学期也怎么讲,下学期还可以这么讲。但如果说自己有要求,要给学生最新的东西,那么就每周都要去跟进更新。(A14)所以教学就是个良心活,我是觉得学生既然来了,我总要给他们我最大能力范围内能给的东西,不然我何以站在这个讲台上。	A13 教学内在标准 A14"教学良心"

通过上述示例,可见概念化不是简单地描述现象的情境,重点在于构建概念,如用"教学内在标准"这个概念形容对应的现象,而不是"对自己的要求""给学生最新的东西"这些描述类标签。此外,在贴标签的过程中,研究者也会使用受访教师自己的语言作为特定现象的概念命名,当然这些语言的特点是具有引人入胜的鲜活性,如"教学良心""保本不出错"等。按以上方式,研究通过不断提问现象所代表的意义与不断比较寻找相似现象,对32位受访教师访谈转录文本中的现象进行命名,通过将资料分解、检视、比较与概念化,初步形成了类属及其属性与维度。

(二)主轴性编码

开放性编码与主轴性编码虽然是两个分析程序,但在资料分析的实际过程中经常轮换使用[1]。主轴性编码的主要目的是在开放性编码对属性和维度发展的基础上,通过不断提问与比较的方法,利用范式模型(paradigm model)[2]不断发掘与联结类属,使类属的属性与维度更进一步趋于完善。范式模式可简化为因果条件现象情境条件干预条件行动/互动策略结果[3]。在主轴性编码过程中的提问与比较策略相较于开放性编码时更为复杂,具体包括假设比较不同类属之间的关系、查找资料确定假设的关系、不断丰富与发掘类属的属性与维度、比较在不同属性与维度的案例所呈现出的差异性,通过此方式不断修订类属间存在的关系,从而更深刻地理解现象本身的复杂性。提问的方式如是否经常寻求前辈教师的指导帮助,受访教师在高等教育场域中冲突感的体现会有所减缓;在感受到与同事间存在的教学差异时,受访教师会采取怎样的教学改进行动,这又是受怎样的干预条件影响等。根据施特劳斯和科宾对主轴性编码的建议,在主轴性编码阶段可借由范式模型不断地对访谈资料中所呈现的每一个现象进行分析,以充分发展类属及其属性与维度,使研究分析更为稠密而深刻。当然由于访谈所涉及的现象极为复杂,这使整个开放性编码与主轴性编码交织推进的过程尤为耗时耗力,故在此期间同时兼顾选择性编码,将资料分析尽可能聚焦于核心类属,这有利于进一步整理与清晰分析思路。研究访谈资料中的类属及其属性与维度如表1-8所示,该表在开放性编码与主轴性编码的交织使用中逐步完善,也部分得益于选择性编码的推进。

---

[1] Strauss A., Corbin J. Basics of Qualitative Research: Ground Theory Procedures and Techniques[M]. London: Sage Publications Inc., 1990: 98.

[2] Strauss A., Corbin J. Basics of Qualitative Research: Ground Theory Procedures and Techniques[M]. London: Sage Publications Inc., 1990. 范式模型意在联结类属间的关系,该模式可以简化为因果条件→现象→情境条件→中介条件→行动/互动策略→结果。

[3] Strauss A., Corbin J. Basics of Qualitative Research: Ground Theory Procedures and Techniques[M]. London: Sage Publications Inc., 1990: 100-108.

表 1-8 研究访谈资料中的类属及其属性与维度

序号	类属	属性	维度
1	教师职业储备	理解力	深、浅
		匹配度	高、低
2	教师岗位制度要求	精细度	高、低
		强制性	强、弱
3	学生学情状态	学习动机	强、弱
		学习接受程度	快、慢
4	课堂教学体验感	适配度	高、低
		压力	大、小
		情感态度	竭尽全力、尽力、无能为力
5	教学实践标准	层级	促进学习、吸引学生、传授知识
		来源	外在、内在
6	教学工作关系	冲突感	强、弱
		权力差距	大、小
7	教师专业发展项目	支持水平	高、低
		支持范围	大、小
8	个人发展阶段	职称阶段	中级及以下、副高、正高
		家庭组建阶段	未婚、已婚未育、已婚已育
9	教学改进行动	行动方向	向自身、向外界
		行动频率	高、中、低
		行动方式	创新、改造、保守
10	教学实践性知识	导向	以学生为中心、以教师为中心
		密度	大、小
11	教学实践性知识建构	建构意愿	主动、被动
		建构程度	重构、修正

（三）选择性编码

本研究主要涉及高校青年教师如何应对课堂教学中出现的问题情境。

倘若问题情境能"恰当地顺利解决",高校青年教师就会逐步建构起"以学生为中心"且丰富的教学实践性知识,否则就可能停留在"以教师为中心"的教学实践性知识。每一位受访的高校青年教师都会为了解决"自身所认为的问题情境"采取不同方式、不同程度的教学改进行动,建构起其个人的教学实践性知识。而教学改进行动的选择受教师教学实践标准、教学工作关系、教师专业发展项目、个人发展阶段四大因素的影响。进一步抽象上述故事线,发现既有的类属均不足以说明核心现象,故概念化后将核心类属取名为"教学实践性知识建构",并进一步发展其属性与维度。

在联系核心类属与其他类属时,研究主要采用范式模型进行关系分析,具体呈现如下:因果条件为教师职业储备、教师岗位制度要求、学生学情状态;核心现象为课堂教学体验感;情境条件为课堂教学体验感属性与维度的不同组合;中介条件为教学实践标准、教学工作关系、教师专业发展项目、个人发展阶段;行动/互动策略为教学改进行动;结果为教学实践性知识。基于上述分析,进一步将核心类属的属性与维度进行拓展与组合,形成高校青年教师教学实践性知识建构的四种类型:自主优化建构、适应调整建构、自我超越建构、逆压重塑建构(见表1-9)。

表1-9 教学实践性知识建构的四种类型

教学实践性知识建构	建构意愿—主动	建构意愿—被动
建构程度—修正	自主优化建构	适应调整建构
建构程度—重构	自我超越建构	逆压重塑建构

其中,教学实践性知识的"建构意愿"属性体现为"主动"与"被动"两个维度,"主动"指青年教师凭借内驱力自主解决问题情境以建构教学实践性知识,"被动"指青年教师受外界环境驱动应对问题情境以建构教学实践性知识;"建构程度"属性则分为"修正"与"重构"两个维度,"修正"指青年教师教学实践性知识建构结果相较于入职初期呈现为部分调整,并未发生导向

上的变化,"重构"指青年教师教学实践性知识建构结果相较于入职初期呈现出导向上的质变,结合访谈资料具体表现为从"以教师为中心"转向"以学生为中心"。

二、行文结构

基于前文所分析的理论框架及三级编码结果,下文实证部分将按照以下撰写思路具体展开:首先,为勾勒高校青年教师教学实践性知识建构真实而复杂的背景,第二章将主要借助伯格和卢克曼知识社会学的次级社会化概念以及布迪厄的场域与资本概念,分析影响高校青年教师教学实践性知识建构的环境因素;其次,第三章将从情感体验、核心动机、改进行动三个维度,呈现不同高校青年教师在相似制度环境中建构教学实践性知识差异化的主体能动性;再次,第四章将追随教学实践性知识建构的自主优化建构、适应调整建构、自我超越建构、逆压重塑建构四种不同类型,以"结构—能动"的交织为逻辑,进一步梳理其在高等教育场域中所触发的反思、相应教学改进行动中的反思检验以及教学实践性知识建构结果的"变化";最后,第五章将尝试分析教学实践性知识建构在时间维度走向的可能性,并从"结构"与"能动"双重维度建构教学实践性知识质变框架,以期回答高校教师教学实践性知识建构难以发生质变的原因以及促进教学实践性知识质变的策略。

第二章　教学实践性知识建构的环境分析

"社会中都有一定的劳动分工,因而相应地有一定的对知识的社会分配,也就产生了次级社会化。"[①]相较于孩提时期通过父母亲人等实现对社会的初步理解,次级社会化更强调由劳动分工和社会分配程度赋予个体的"角色专属知识"。对于高校青年教师而言,自接受专门化教育起就进入了次级社会化阶段,他们关于高校教师教学的实践性知识在入职前已被制度性的部分加以安排,并在入职任教后得到进一步丰富、更新及转变。故本章将主要借助伯格和卢克曼知识社会学的次级社会化概念以及布迪厄的场域与资本概念,分析影响高校青年教师教学实践性知识建构的环境因素。

第一节　高校青年教师的职业储备

在正式入职站上教学讲台之前,高校青年教师很少有接受正式教师教育或系统教学培训的机会,但入职前的相关经历使其主观上形成了对"教师如何教""学生如何学"的基础性理解。具体而言,高校教育教学制度早已存在,并带有历史性与客观性,高校青年教师在作为学生接受专业教育之时,不可避免地受到了高校制度环境的社会化,而这一社会化就包括了对该高

---

① 伯格,卢克曼.现实的社会建构——知识社会学论纲[M].吴肃然,译.北京:北京大学出版社,2019:172.

等教育场域中教学制度所定义的角色、规范、评价及感情等方面的内化。教师职业储备不局限于受教育经历,还包括与教学相关的其他工作经历。

一、关于"教师如何教"的理解

在高等教育领域,高校教师的教学常被认为是"按照其被教授的方式进行教学"[①],这实则暗指高校教师按照其接受教育时高校教学制度下的教师教学方式,指导其入职后真实情境中的教学实践。具体而言,这里主要涉及两种情况,即青年教师会通过回顾研究生时期助教工作经历的方式或以学生视角反思自己教师教学的方式,对其教学实践性知识建构产生影响。

(一)助教经历

在本研究接受访谈的 32 位教师中,18 人曾在研究生阶段有过助教经历,其中临时性辅助教学 7 人,担任助教 1 学期 4 人,担任助教 2 学期 2 人,担任助教 3 学期及以上 5 人,而其余 14 位教师无任何助教经历。就助教所承担具体工作任务而言,受访教师间差异较大,如毕业于市属高校的旭冉表示,助教工作仅是辅助任课教师进行教学,且未经专门培训,以完成任课教师交予的事务性工作为主,具体包括启动电脑、拷贝课件、调试翻页笔及麦克风等课前准备工作,以及课后批改作业及考卷等评估与录入学生成绩的工作。与其情况不同的是,毕业于国内顶尖高校的博文、萧然则表示,助教工作任务很重。"我当助教时非常累,我经常要组织小组讨论,我要跟每个小组预约时间,我必须参加他们的小组讨论,听他们讨论,给他们答疑。就感觉好像那时候全校各角落都有组织讨论过,除此之外,我还要备课、改作业等"(博文)。

在不同助教制度下,高校青年教师被指派的任务显然存在差异,故其内

---

① Oleson A., Hora M. T. Teaching the way they were taught? Revisiting the sources of teaching knowledge and the role of prior experience in shaping faculty teaching practices[J]. Higher Education, 2013(1):29-45.

化对教师角色与教学工作的理解也不尽相同。继续就以上两位教师而言，旭冉关注教师教学中的内容丰富度，"我做助教的课程是导师的一门专业课，我最大的感受就是上课好坏还是跟你的专业基本功相关，比如肯定跟科研有关系，如果这个老师喜欢做科研去探索，那他上课能够讲到很多东西"（旭冉）。而博文则更强调教学工作的重要地位，他表示其博士就读高校有一句广为流传的话叫"上课大于天"，且尤指本科教学。这一观念贯穿他就读高校的各个教学环节，极少出现随意调课的现象，但相比较而言，其就职高校时常出现教师因个人其他工作安排而调课甚至停课的现象，这使其极为诧异。而这样的认识对他们入职后的教学产生一定的预判作用，如博文认为，助教经历使其入职后对教学中各方面的要求都相对比较高，且会专门关注与反思教学效果与学生反馈，而旭冉则表示，目前担任的本科教学任务为"本科生毕业设计"，虽与科研关联不大，但其依旧会尽可能地丰富教学内容，"我有个习惯，如果在平时生活中，我发现有些内容与课程内容有联系，我就会立刻记录下来，然后当晚就放到对应课件里，这样慢慢地课程内容素材就不断更新越来越丰富了"（旭冉）。

与前面两位教师不同，邵央的助教经历尤为特别，不仅彻底改变了其对"好教学"的理解，且基于助教工作而形成的教学风格一直延续到她现在的日常教学中。她认为，其本科时期心目中的"好教学"是授课教师讲得如何，到读硕士博士的时候，大多数教师依旧是这样"满堂讲"的教学方式，只是讲课的水平有所差异，但当其硕士导师访学回国开始教学后，她接受认同其导师的教学风格并否定了自身原来对"好教学"的理解。"只有我们导师上课比较灵活，一般都会分小组进行，她会提前做好准备，各小组也要汇报，而且她的点评还挺有意义，这跟其他教师不太一样"（邵央）。此后，她还代替导师承担了部分教学任务，"我研二的时候就开始给研一学生上课，不过当时不是整门课程，但后来读博的时候，因为导师比较忙不上课，我就给硕士生上一整门的课，还要组织博士生的读书沙龙"（邵央）。可以看出，导师作为邵央次级社会化过程中的重要他人,为其提供了有效的可行结构,使其在受研究生教育与助教实践过程中就实现了再社会化(re-socialization),即其拆除与瓦解了旧有的关于"好教学"的意义视角,并对其导师所代表的高校教师角色进行"类型化",即将角色带有的特性与角色扮演者分开。自此,她认为"好教学"需要关注学生,上课形式要活动互动多,要给予学生及时点评与反馈,"其实我在上硕士之前觉得上好课,就是多讲些例子,讲课生动些,但是硕士这种活动互动比较多的课程体验,让我整个观点都变了"(邵央)。基于此,她入职任教后依旧按照其当助教时工作的方式进行教学,"我刚来上课的时候,自己就已经有一个稳定的注重互动的教学风格,到现在都相对比较稳定,没有大变化"(邵央)。这也意味着邵央在受教育阶段关于教学的意义视角已经发生质变,而在其入职后承担高校教学工作的七年间基本保持一致,进一步而言,她职前所持有的关于教师角色与教学工作的预判,依旧符合其就职高校的制度要求、适合其真实的教学环境,这为其教学实践性知识的建构奠定了重要基础。

(二)作为学生的经历

高校青年教师在接受专业化教育过程中聚焦学科专业发展,但在此期间他们也同样形成了对高校教师工作的整体性认识,其内化的对高校教师角色与教学工作的理解主要通过观察反思老师教自己的方式获得。如威海、轩妍等分别提及学生时期记忆犹新与糟糕无聊的学习体验,"我上学特别不喜欢一位老师,他上课就念课件(PPT),念完45分钟下课"(威海);"这位老师不仅教会了我知识,还教了我用这些知识的衍生物,也就是我的学习能力"(轩妍),这些经历使他们对"好教学"形成基本预判。

这类由学生期间观察反思而生成的预判,在多年留学海外的艳文身上格外明显,而正因为此,她在任教初期遭遇诸多方面的矛盾与不适。基于海外求学经历,她认为,高校教师需要劳心劳力地尽可能为学生准备学习与阅读资料,帮助他们做好充足的课前学习准备,以便更好地开展课堂讨论与分享,但是她发现"其实这种翻转课堂在国内的架构体系中根本行不通。大多数学生多读篇文章多写点作业就怨声载道,反而说老师差劲不备课或者觉得老师特别严格"(艳文);她还认为,高校教学形式可以多样而放松,即使师生们自带小食、围圈而席,教学中真正值得关注的是学生的思想是否高度集中,然而现实中的课堂是"国内各个教室都有监控,不允许学生上课吃东西,教务处有各种规矩,但是学生大脑想什么不见得关心"(艳文)。其职前对高校教学工作的理解,使其在正式任教后感受到了明显的不匹配感,这也从侧面反映了不同制度环境下社会化存在的差异,也使教师对高校教师角色的定义产生本土化理解,"回国之后发现,从不同国家受教育后回来的老师,自己头脑中原有的认知结构是不一样的,本土一路上来的就觉得这很正常顺利"(艳文)。

另一种作为学生的经历并不是对其教师的教学进行观察反思,而是指其学习过程本身与教学过程具有一定的相似性,从而对"教师如何教"进行了预判。例如,数学专业教师杰修指出,其博士期间数学专业训练的方式其实就是讲课锻炼,"那时,我去黑板上讲,老师在下面听,虽然没有专门去学校实习讲课,但经过这种磨炼,进入教师岗位就更自在轻松了,只是受众从我的老师变成了我的学生,但讲课难度比以前低很多"(杰修)。其入职后讲授式的教学方式,正是在此预判基础上进行的,虽有得到督导相关建议,但并不影响其继续按此理解开展教学。

(三)其他工作经历

与基于助教经历及作为学生经历而对高校教师角色与教学工作产生预判的教师不同,也有受访教师在其他制度环境下形成了相关理解。例如,志远在入职高校前,曾在英语培训机构担任培训师,受其工作方式的影响,他认为,上课需要采用讲笑话的方式带动整个课堂气氛,"刚开始上课的时候,我有时候就不知道这节课上什么,然后就讲一讲笑话,把学生哄得很开心,因为之前培训机构的风格就是这样去带气氛控制(hold)住场"(志远)。此外,他还曾担任过语言学方面的算法开发工程师(software engineer),此段工作经历使其特别着迷使用最新的信息技术手段进行教学,"因为做过软件工程师,所以以前我很迷信技术,我觉得一定要用最新的技术给我学生上课,这样特别酷炫"(志远)。可见职前关于教学的相关储备对他任教初期的教学具有明显的预判作用,而结合他教学实践性知识的建构与发展,可以发现起初基于此预判的教学也并未受到所在高校教学制度的约束或批判。

二、关于"学生如何学"的理解

高校青年教师在接受专门化教育时,不仅内化了作为高校教师的角色专属知识,还对高等教育体制下学生角色所传达的制度意义有了基本预判。在本研究受访教师中,有个别教师明确表示其对学生时代的学习方式记忆深刻,并以此映射到其教学实践中。

睿渊认为,学生有胆怯心理,他们不太希望跟老师有太直面的互动,若上课时采用直接点名提问的方式,则可避免师生互动中的尴尬。在解释该判断缘由时他提到,"我觉得从我做学生起就存在这个问题,我们老师上课会问:'听懂没有?'没人吱声,老师再说,'听懂的请举手',结果没人举手,'没听懂的请举手',也没人举手"(睿渊)。正是基于自身作为学生时对学生学习方式的理解,他预判其所教授的学生也同样不愿意主动与教师互动,故唯有采取点名式提问,才能避免此类现象。与其恰恰相反的是艳文对学生学习状态的理解,在她看来,学生有明确的学习目标与极强的求学欲,"在国外上课的时候,学生可能会直接站起来质疑你,'老师你这个知识不对''你要教授我什么'学生会跟着老师的思维然后随时随地提问,如果老师答不出来,就会非常下不来台"(艳文)。这与她关于教师如何教的预判一样,关于学生如何学的理解也遭遇了现实的挑战,"我发现国内学生可以接受老师上课念PPT或者念教材,只要给高分就开心了,或者老师上课讲讲故事,不用考试,然后课后请客吃饭,那就更开心了"(艳文)。

高校青年教师在入职前所经历的不同制度背景,使其分化出对高校教师角色及教学工作的不同理解与定义,这对其职后的教学实践性知识建构产生预判作用,主要表现在两个方面:一是对教学工作未来整体价值定位的预判,二是对入职初期教学策略方法上的预判。预判作用不等于实际行为,一种情况是不同制度环境对高校教师角色的定义存在差别,当高校青年教师入职后发现自身预判存在偏差时,就会进行调整以适应新的学校环境,另一种情况是对高校教师角色理解程度的不同,也会导致预判产生的效力不同。换言之,在此情况下即便知晓,也未曾对受教育阶段内化的高校教师角色知识加以重视并予以实践,或是等遇到冲突性迷惘困境时才得以重新审视。

第二节 制度背景下的岗位角色要求

在追溯高校青年教师职前所处制度背景下的次级社会化程度之后,为进一步阐明其教学实践性知识的根基,我们需要对高校青年教师入职后从事教学工作的制度性要求予以审视。"任何制度秩序都源于人们对自己和他人的行为表现的类型化,而正是这种客观行动决定了行动者的自我理解。"[①]制度通过角色嵌入个体的经验,即高校青年教师通过内化现有制度下的角色而获得主观现实,同时作为制度构成内容之一的角色所对应的标准,也为教师角色合格与否提供了判别依据与控制方向。换言之,高校青年教师的教学实践行为事实上受到这些制度的监督与控制,而通过表征着制度的角色扮演,逐步内化建构起其教学实践性知识。本研究亦将有关高校组织的制度规范,作为追踪高校教师教学实践性知识的重要线索,下文将主要通过岗位入职、职称晋升、教学过程监管、教学评价与考核四个方面分析当

---

① 伯格,卢克曼.现实的社会建构——知识社会学论纲[M].吴肃然,译.北京:北京大学出版社,2019:91-92.

前制度下高校青年教师的岗位角色要求。

一、岗位入职

青年教师入职高校首先面临的问题是取得教师资格证,并明确职业发展规划。与此相关的制度分别为高校教师资格证制度与高校教师职称制度。根据访谈资料分析,显然此类制度对其教学实践性知识建构具有指向性的规范作用。

(一)"教师资格证没什么"

获取高校教师资格证是从事高等学校教师职业的基本条件,高校教师资格证制度是增强高校教师角色的权威性、体现国家意识形态要求的规定。我国高校实行教师资格证制度,根据《中华人民共和国高等教育法(2018年修正)》第四十六条规定,可通过教育教学能力合格认定或国家教师资格考试认定两种方式取得高等学校教师资格证,其中能力合格认定的前提条件是具备研究生或者大学本科毕业学历。

在本研究的 32 位受访教师中,经国家教师资格考试认定取得高等学校教师资格证 6 人,其余 26 人均通过教育教学能力合格认定取得高等学校教师资格证,即约 81.3% 的受访教师通过教育教学能力合格认定取得高等学校教师资格证。具体而言,教育教学能力合格认定方式主要是教师提交《教师资格认定网上申请表》《申请人思想品德鉴定表》、无犯罪记录、身份证、普通话水平测试等级证书、学历证书、教学设计、教学任务书及聘用合同等个人材料,经相关机构审定后即可取得高校教师资格证。大多数受访教师认为,获取高等学校教师资格证仅是一项事务性流程,并不存在任何难度,"不就是一个证书,对我而言也不是难事,况且又不需要考试,就是交些表,然后就体检,再然后就发证书了"(博文)。基于当前高校教师资格证可不经考试的申请制形式,旭冉认为,"现在都不用考教学心理学之类的内容,那就说明教委也认可在高校课堂教学中学生心理应该不算很重要的事情"(旭冉)。

从他的个人立场考虑,教师资格证制度代表了一种对教学实践的权威性规定,一旦证书不用考取,其所规定内容的效力就相应减弱。

(二)"教学系列岗位不好走"

近年来,我国职称制度改革提出创新评价机制,主张针对教学为主型、教学科研型等岗位类型进行分类分层评价。多所高校为推进职称晋升制度改革,纷纷设置教学为主的教师岗位,并开通教学系列教师的职称聘任序列,"虽就教学型教师聘用及职责仍存在争议,但已成为其余高校纷纷效仿的对象"①。例如,北京大学将教学型岗位设为教学助理、讲师、高级讲师(相当于副教授)、教学教授四级。然而,多数受访教师表示,虽然学校已设立教学系列教师岗位,实则并不受待见,且晋升发展空间极小。"我们现在有教学系列岗位,但这个要求非常苛刻,教学岗课时量非常非常非常高,完全就是把教师当教学机器。其实,学校就不希望教师走这个系列,而且规定45周岁以下年轻老师不能选,还是希望走老的途径,就是要多发文章"(志远)。这似乎意味着,教学系列教师岗位的设立,实际上并不能很好地吸引和促使有志于投身教学的教师进一步发展与创新教学。此外,芸汐、杰修、明姿等表示,教学系列教师的职称评定存在极大困难,且多数转至该系列的教师或因科研成果较少,有无奈之举之意。"有这个晋升渠道,但是晋升可能性非常非常小,现在高校都是倾向通过科研成果评聘教授,其实现在这个岗位可能就是为了那些老教师或者不做科研的教师设立的"(杰修)。

除了教学系列岗位的应聘与晋升受限,一般教学科研岗教师要转至研究系列岗位也同样困难重重。艳文表示,学校于2020年启动教学改革,要求所有教师结合所教课程申请教学研究项目,使一线教师压力倍增,但无法转至研究系列岗位,"我同事他发表了很多文章,想转研究岗,但到学校这一关被驳回了,意见就是原来是教学科研岗就必须留在教学科研岗"(艳文)。在

---

① 李永刚.以教学为业:大学教学型教师发展的理据与制度构想[J].高教探索,2019(5):107-112.

这样的背景下,高校青年教师唯有根据现行的制度,同时满足学校层面本科教育教学改革要求及个人层面职称晋升需求,才有职业发展的未来。

二、职称晋升

本部分专门就高校青年教师的职称晋升要求进行梳理,"保本不出错"与"具有班主任经历"是职称晋升中有关教学的基本条件,前者影射了教学工作在职称晋升中的价值地位,在一定程度上制约了教学实践性知识的建构与发展;后者虽以达成班主任工作量为考量指标,但不可否认其对教师关于了解学生、走近学生做出了规定,暗含了对教学实践性知识建构中关注学生学业发展的要求。

(一)"保本不出错"

在高校教师职称改革中,除了多样化分类职称晋升渠道的探索,更值得关注的是对教学科研岗教师职称晋升中有关教学工作评价占比的考量。人力资源社会保障部与教育部于2020年印发了《关于深化高等学校教师职称制度改革的指导意见》,明确提出要"提高教学业绩和教学研究在评审中的比重"[①]。再观当前,受访教师纷纷表示职称晋升中的教学工作评价所占比重依旧微弱,基本处于被忽略的处境,无一例外。"虽然'破五唯'风向可能会好些,但教学工作在职称评定中基本还是没用,主要还是看科研成果"(成颖)。此外,在提及职称晋升中教学类奖项的作用体现时,杰修认为,教学类奖励几乎是附带品般的存在,也就是说仅在职称晋升评比同等条件下才会略显价值。对于教学在职称晋升中的地位,娅希直接总结,"不是核心指标,保本不出错即可"(娅希)。在本研究受访教师看来,职称晋升制度中占据重要地位的毫无悬念是科研成果,而这样悬殊的落差,在很大程度上直接导致

---

① 人力资源社会保障部、教育部关于深化高等学校教师职称制度改革的指导意见[EB/OL].(2020-12-31)[2021-07-30]. http://www.moe.gov.cn/jyb_xwfb/gzdt_gzdt/s5987/202101/t20210126_511106.html.

了青年教师对职业发展路径的决策,也就制约了他们教学实践性知识的建构与发展。"教学方面的拓展很耗费时间,需要大量的时间准备,但是我觉得自己并没有充足的时间收集这些资料,因为我还有科研任务"(睿渊)。

（二）"具有班主任经历"

回溯我国高校班主任制度,其贯穿高等教育制度从建立到不断完善的全过程,2012年至今,担任班主任工作已成为新时代高校教师培养的重要途径[①]。2020年,中共中央、国务院印发《深化新时代教育评价改革总体方案》,明确指出"高校青年教师晋升高一级职称,至少须有一年担任辅导员、班主任等学生工作经历"[②]。"青年教师基本上都要做班主任,因为这是评职称的必要条件,但是一般是有过这个经历就行了,半年或一年都可以"(杰修)。本研究受访教师大多表示,当前承担班主任工作直接关联高级专业技术职称的晋升条件,主要体现在班主任工作量的达成度上,但对班主任角色的工作要求尚无明确指向。博文则指出,"青年教师都要担任班主任,这是评高级职称要求的,但学校也没有规定班主任的工作任务,我就上网查查,自己摸索"(博文)。这也就意味着,虽然在国家政策层面重视班主任队伍建设,对青年教师承担班主任等学生工作这一行动进行了规定,但在担任班主任工作的内容规定上仍较为模糊,并未将班主任职责要求真正做到惯例化、规范化。

三、教学过程监管

本研究关于日常教学管理制度的梳理,主要依据访谈资料中浮现的"教学文档提交程序化""课堂形式严格""学习评价过程化导向"三方面内容展开。总体上,三者在规范高校青年教学实践性知识建构的同时,后两者更多

---

① 汪阳,刘宏达.我国高校班主任制度建设的历程、经验与启示[J].思想教育研究,2021(5):134-139.

② 中共中央、国务院印发《深化新时代教育评价改革总体方案》[EB/OL].(2020-10-13)[2021-07-30].http://www.moe.gov.cn/jyb_xxgk/moe_1777/moe_1778/202010/t20201013_494381.html.

体现为导向作用,即要求教师关注学生的学习投入度及加强对学生学习过程的评估。

(一)"教学文档提交程序化"

教学文档的监管涉及课程定位、课程目标设置、课程内容选择及课程考核设计等,以帮助高校教师规范教学过程并保证教学质量,主要体现为课程大纲或教学大纲。然而,多数受访教师表示,教学文档的撰写以统一模板为基础,而提交更多是程序化的流程任务,实则并未收到过关于修订调整的任何建议。杰修坦白道:"学校里面有个系统,名义上要求上传每一周的上课内容,但真正上课的时候其实可以忽略上传的教学大纲,没人在意,参考意义不大。"相似地,睿渊、艳文、成颖等多位教师表示,每年正式授课前需上传教学大纲,但其实教学大纲按照学校统一模板撰写,且除了表格顺序、排版格式可能略有变动,教学大纲本身的内容并没有实质性的变化。博文对此有较为清晰的见解,他认为,学校统一教学大纲模板有助于规范一般教师对课程教学的整体设计与安排,但对有志于教学创新的教师而言反倒是一种限制。此外,需要提交的教学文档还包括平时作业、成绩登记表、考卷等,"我们要交整个教学过程中的文档资料,也就是教务部门要做规范性检查,比如资料是否齐全、评分阅卷是否出错、作业是否有批改痕迹等"(邵央),可见这些教学文档的过程管理对绝大多数高校青年教师教学实践性知识建构起到规范作用,但提升价值相对较弱,甚至会制约部分教师的创新实践。

(二)"课堂形式严格"

当问及针对教学过程,学校是否有明确要求时,除了部分教师会提及学生出勤率或抬头率问题,大多数受访教师都快速回应"没有",甚至还有个别教师在访谈中对此问题表现出略显惊讶的神情。杰修注意到学校对学生考勤的要求有所提高,"以前学校没明确要求考勤的次数,现在指定教师一学期点名至少十次,除了这个,好像就没有其他统一要求了"(杰修)。当询问课堂教学中的具体细节时,睿渊、艳文、成颖等多位教师都提到学校教室装有监控视频,并有相关部门管理人员在全校总控室大屏幕上监测每间教室的学生上课情况,包括教师是否准时出席、学生是否在课堂上吃零食等,这从侧面表达了学校对课堂教学形式的纪律要求较为严格。教学过程中纪律性要求不仅体现在日常教学管理制度中,还体现在督导评教制度中。这对高校教师教学实践性知识建构具有导向作用,即其初衷是要求教师关注学生在课堂上的学习投入度,以提高日常教学质量。"为了提高学生的抬头率,我一直在想各种教学方法"(娅希)。

(三)"学习评价过程化导向"

大学生学习过程评价对于改进学生学习过程、加强学习评价功能、培养学生创新能力及提升人才培养质量都有着极其重要的意义[①]。本研究中的多数受访教师表示,在学业评价中会考虑学生学习过程情况,且在学校教务处的要求下已逐渐提高了过程性评价在学生总成绩中的占比。例如,已有7年高校教龄的邵央指出,"刚开始教学的时候,教务处规定必修课的平时成绩不能超过30%,后来就变成40%,再后来去年就变成50%"(邵央)。歌沫指出,其所在学校于2020年最新推出"全程化过程考核",要求授课教师关于每门课的学生成绩评价至少由五项内容组成。这一规定的导向性调整直接影响了高校青年教师教学实践性知识建构中有关学生学业评估的理解。

四、教学评价与考核

关于高校教师的教学评价与考核,可从教学工作量、督导听课评教分、学生评教分三方面回答。"底线要求"可反映受访教师对所经历的教学评价与考核制度的整体感受。即便如此,也不能否定这些制度对教师教学实践建构可能具有导向与诊断作用,如当督导提出改进教学的建议时,或当学生评教指出教师教学存在的问题时。

---

① 牛亏环.大学生学习过程评价的现状、问题及对策——基于全国16所本科高校的调研[J].大学教育科学,2017(6):42-49,121.

（一）"完成基本工作量"

"学校对我们的指标是首先教学任务必须完成,然后就是科研方面"(睿渊)。教学工作量是教师考核的基本指标,更是执行教授上课制度的根本体现。2005 年,教育部印发《关于进一步加强高等学校本科教学工作的若干意见》,对教授上课第一次提出明确要求,"教授、副教授每学年至少要为本科学生讲授一门课程,连续两年不讲授本科课程的,不再聘任其担任教授、副教授职务"[①]。从制度层面而言,教授承担本科教学任务是其聘任的基本条件。来自研究型高校的旭冉提到,其所在学校曾存在来学校五六年却未上过一次课的青年教师,自从去年学校教师考核制度改革以后,很多教师出现因教学工作量不够而未通过考核的情况,也就是从那时起,教师都开始想方设法开课。来自同一所高校的希荣如是说:"青年教师从读博甚至读硕开始就知道没有科研活不下去,但是现在教师考核就是让我们知道没有教学也活不下去。"这一考核制度改革显然有利于规范高校青年教师的岗位职责,强化其对高校教师的岗位认知。在所有受访教师中,平均每年的周课时数在 4 课时及以下的有 3 人,5—7 课时的有 12 人,8—10 课时的有 15 人,11 课时及以上的有 2 人。在平均每年工作时间分配上,32 位受访教师的整体情况是,教学占比 40%,科研占比 45%,社会服务占比 15%。可见,青年教师的教学工作投入整体上与科研工作投入较为接近。

但值得注意的是,教学工作质量的优质程度却似乎不在教师考核与评价制度考查的范围之内,即教学激励明显不足,这也就造成了不同教师对教学质量的关注存在个体间差异。"教学其实只要完成相应工作量就可以,除非特别差、出事故,一般我没听说过教得好受到奖励的教师或教得不好受到惩罚的教师,所以可能是这个原因,大家其实也不太关注教学"(杰修)。承担公共课教学的成颖也表示,学校不关注教学平行班之间学生考试成绩的

[①] 教育部关于进一步加强高等学校本科教学工作的若干意见[EB/OL]. (2005-01-07)[2021-07-30]. http://www.moe.gov.cn/jyb_sjzl/moe_364/moe_1588/moe_1615/tnull_25595.html.

高低,教师教好所负责的教学班学生即可。可见,在一定范围内教多教少或教好教坏,似乎对教师没有差异性影响,即只要满足教学工作量要求便可。

(二)"通过督导听课评价"

教学督导是强化高校教学管理与提升教学质量的重要保障,随着高等教育大众化进程的推进,自20世纪末以来,国内多所高校相继建立了教学督导制度[①]。本研究的受访教师都表示接受过教学督导的听课评价。具体而言,平均每年接受1次教学督导的教师为11人,平均每年接受2次教学督导的教师为20人,平均每年接受3次教学督导的教师为1人。在关于教学督导的反馈建议方面,多数教师表示督导重在检查形式,并无指导性提升,即"督而不胜导"。这在竹婷身上表现得尤为明显,她十分直接地表达了对教学督导的态度,"督导听课时,我也没有做特别准备,他们敲门进来后,我跟学生做了介绍并开始上课,然后学生练完声、唱了一两遍,他们就走了,其间我们没有任何交流,我觉得就有点走过场"(竹婷)。而睿渊、志远则表示,教学督导多为临时通知,听完当节课就走,不提具体意见,但有时会跟院系层面进行统一反馈。

多数受访教师认为,督导是形式化走流程,并给予实质性意见或建议,轩妍也基本持有相似观点,"我们学校以前有督导听课,感觉督导就像在完成任务,听完就走"(轩妍)。但她也表示,有次学校校领导做督导时的听课反馈给她带来了深刻思考,"他说:'上海人喜欢看什么?'我说:'滑稽戏。'他又问:'那滑稽戏看完过10天,你还知不知道滑稽戏讲什么内容?'我说:'不知道。'他说:'是啊,如果你教室里上这个内容,学生在下面听得都很开心,但是学生门一关或者说考试考完了,这个知识就忘记了,这就有问题,你的上课不是看滑稽戏'"(轩妍)。这次督导的反馈与诊断,使轩妍对自身教学目标设置进行了重新审视。对部分受访教师访谈提及的教学督导关注点进

---

① 薛国凤.从"局外"走向"局内"——高校教学督导理论与实践问题的探讨[J].高等教育研究,2014(6):86-90.

行分析,发现较多指向教学过程中课堂纪律是否良好、学生是否有积极性、教师是否进行互动、教师是否有板书及口头禅等问题,与文档资料收集的《本科教学督导专家听课表》中的评价内容较一致(见表2-1)。明泽表示,入职初期督导提出的关于经常盯着课件、不与学生互动、理论不联系实际应用场景等问题,对他帮助很大,并已全部改正。

表 2-1　本科教学督导专家听课表示例

第___周	星期___	第___节	教室___	课程名称		开课学院	
授课教师		应到人数		实到人数		迟到人数	

督导专家可根据课堂实际情况做单项选择(涂改无效,请重新填写)
1)前三排入座率。　　　　无人□;≤10%□;≤40%□;≤80%□;>80%□
2)抬头率。　　　　　　　无人□;≤10%□;≤40%□;≤80%□;>80%□
3)"三不带"学生。　　　　无人□;≤10%□;≤40%□;≤80%□;>80%□
4)带点心的学生。　　　　无人□;≤10%□;≤40%□;≤80%□;>80%□
5)教师课前点名。　　　　无点名□;一个个点名□;运用科学的方法点名□
6)教师板书情况。　　　　无板书□;有关键词□;少量板书□;合适的板书□
7)师生互动情况。　　　　无互动□;为了互动而互动□;正确的互动□
8)教师讲课情况。　　　　念PPT或讲"段子"□;授课技巧缺乏□;授课具有激情□
9)课程思政内容融入。　　无此内容□;生搬硬套思政内容□;有机融入思政内容□
10)教师的仪表仪态。　　　扑在讲台上授课□;面对屏幕授课□;关注学生动态授课□

序号	评价项目	分值	得分
1	课程思政:融入思政内容,注重价值引领,传递正面能量	10	
2	教学准备:备课、教案、课件、教态	25	
3	教学内容:准确性、条理性、语言表达、重难点、效果	40	
4	课堂秩序:气氛、学生听课情况、互动情况	25	
	总　　　分	100	
综合评价:(请督导专家针对以上四个项目分别进行评价,若页面不够,可写反面)			

资料来源:根据受访教师睿渊提供的纸质《本科教学督导专家听课表》转写。

但这里值得关注的是,虽有督导在课堂纪律之外对教学过程中的师生互动等问题进行诊断,但对部分教师而言,较难产生实际效用。例如,睿渊表示,他认可专家提出的教学中存在上课照本宣科、互动不够等问题,但学生不配合互动似乎就是普遍现象。歌沫则指出:"我从来没有从督导口中听到任何有价值的建议,他们给出的都是僵化的、条条框框的建议。"深究督导成效不明显的原因,可从以下三方面进行解析:一是这类问题并未在督导评教中占据重要地位,受评教的教师依旧会获得一个令其能够继续任教的、符合考核要求的评教分数;二是督导提出教学问题的方式过于标准化,未进行专业性解读,更缺少操作性改进的具体指导;三是不同影响因素之间相互作用,使督导评教建议的权威性有所减弱。

(三)"学生评教不能太低"

学生评教制度与教学督导制度同为高校教学质量保障制度的重要方面,前者强调以学生为教学评估主体,即要求教学要考虑学生的实际需求及反馈。虽各校学生评教体系设计存在差异,但学生评教应在高校教师教学改进与学校教学改革中发挥重要作用。根据政策落实情况看,这种影响主要体现在与职称评审条件挂钩,"学生评教打分对我就有压力,如果评教落于后10%,那当年就没有职称晋升的资质了"(蔚祺)。

然而,针对多数受访教师而言,学生评教底线达成度一般较高,并无实际改进教学上的压力。"教学方面好像没什么特别具体要求,但学生评教不能低于70分,这是很低的要求,像我基本上95分左右,所以这几乎没有任何的影响"(志远)。邵央指出,无论是学校还是学院都强调教学很重要,但在教学评价标准方面,教学就是底线标准,大多数教师不用费力就可以达到,对于学生评教的分数要求超过3.5分即可(满分为5分),而"这是一个非常低非常低的要求"(邵央)。而关于学生评教分数上出现的高低现象,杰修指出,这与所教授课程的性质相关。他认为,专业课和公共课面向的学生群体不一样,前者以本学院学生居多,评教分数相对较高,后者往往来自多个学院,意见较为分散,评教分数也就相对较低。但他也补充道,"一般学生评教都是90多分,即使有差别,这也没有什么关系"(杰修)。可见在此背景下,学生评教制度较难发挥预期的导向作用。

基于对岗位入职、职称晋升、教学过程监管、教学评价与考核四方面的梳理,本节较为全面地回应了当前高校组织制度对青年教师岗位角色的真实要求。总结而言,这些要求对高校青年教师教学实践性知识建构产生了三种影响:一是规范作用,即对青年教师完成的教学工作量、提交教学文档的模板格式等教学实践方面提出了明确规定;二是导向作用,即通过调整学生过程性学业评价的比重、实施督导听课评教、监管课堂教学形式等方式,对教学实践性知识建构提出了着重要求,其中部分督导评教具有诊断作用;三是制约作用,尤其体现在职称晋升制度中,即教学工作在职称晋升要求中的价值地位,可能抑制青年教师建构与发展教学实践性知识的动力,反之将教师推向科研及其他工作。

第三节 高校青年教师的教学经历及工作关系

伯格和卢克曼认为,能够拆除和瓦解个体旧有主观现实的惯有结构的再社会化的重要条件是具有有效的可信结构。换言之,现实挑战威胁所能达成的程度,极大依赖重要他人及共同体。与之相比,麦基罗质变学习理论则注意到,个体经由批判性反思而发生质变学习的前提是经历一种"迷惘困境"、混淆、敌意、启发等,而对于高校教师教学实践性知识建构而言,这类事件主要体现为其在教学工作中的种种经历。当然,并非所有此类触发事件均能唤起高校青年教师的批判性反思而发生质变学习。对于高等教育场域而言,教师教学实践性知识的建构无法与最为关键的文化资本——学术资本相提并论。换言之,教学资本积累在某种程度上很难成为高校青年教师的"晋升资本",故该教育场域中更是充满了冲突。从访谈资料分析看,高校教育场域中青年教师所面对的关系框架分别体现为教师教学中自我感知到的困难、教师与学生间的控制与反抗、教师与领导间的服从与制约、教师与同事间的异同,下文以此为逻辑线索展开。

一、教师教学中自我感知的困难

教学是高校青年教师日常工作的主要内容之一,而教师在教学上的表现是其过往教学实践性知识的集中呈现。对于本研究受访者而言,虽然其在入职时已有对作为高校教师角色的次级社会化经历,但"从站上三尺讲台到站好三尺讲台"的过程中依旧面临着诸多未知的第一次。根据访谈资料整理发现,本研究所有受访教师都表示,曾在不同阶段或多或少遇到过各种教学困境,包括教学目标、教学内容及教学技巧等,具体表现在以下方面。

首先,教师职业储备与课堂教学实际需求不符,教学资本的匮乏导致教学工作中出现困境。"我在读博期间没有助教的相关经历。初当老师的时候,我完全不知道该怎么上课,有各种问题,虽然有教学导师,但偶尔聊下可能也就五六分钟,其实也没有帮助"(娅希)。与此情况类似,昊桦、竹婷等近一半教师表示,他们在初次站上讲台时都感觉非常紧张无助。显然,这些受访教师在入职初期所内化的高校教师角色专属知识与实际教学工作情境需求之间存在适配性欠佳的问题。这类情况同样可能发生在职业发展期,"我现在第三轮上这门课,但依旧觉得有些课时与课时之间的衔接不太合理,还有些知识点教起来很枯燥无趣,并未找到特别好的例子"(旭冉)。根据访谈资料,多数青年教师在自我诊断存在欠缺时,往往会采取咨询前辈教师、听课观摩、参与讲座培训等手段增加教学资本。

其次,所教授课程与所学专业存在出入,加大困境的难度。"想上的课不一定有,不想上的课也不好意思拒绝"(明姿)。语音专业的志沅承担了多门非所学专业方向的课程,从教授写作课起步,到教授大学英语,再到教授同声传译,最后近两年才开始教授英语语音课。他虽一直处于积极备新课的状态,但对于一门不熟悉的新课,他也坦言道自己刚开始并不清楚要教什么。教育学专业的邵央于 2014 年入职工作,在最初工作的三年里陆续接手六门不一样且不熟悉的课程,"记得 2016 年接的新课,真的是完全超出我的专业范围。虽然也在我专业所属的学科大类里,但这块内容完全没学过,还有其他一些课也不熟悉,所以都是现学、现备、现上,经常备课到半夜2点,第二天接着上课"(邵央)。多数教师都存在相似问题,即在接受与自身专业不完全一致的新课程时,除了耗时耗力,对教学目标设定、教学内容选择等方面把握的难度较高,"这门课不完全是我博士专业的内容,理论部分肯定是我的弱点,很难深入浅出地把概念讲出来"(娅希)。相较于其他老师,中药学专业的轩妍在教授中医方剂学课程时的困难更为突出,她虽知晓自身教授非专业方向课程的难度,但教研组领导及同事对她"不会上课"的评价使此难度急剧升级。在她看来,这实则是"致命性打击",甚至使其一度产生自我否定,而正是这一冲突性事件的激励使其教学实践性知识最终发生质变,而不只是满足于教学实践性知识的拓展与更新。

最后,自我摸索式的教学发展遇到不足的教学专业化支持力度,在一定程度上限制了青年教师处理与应对教学困境的有效性。本研究中多数受访教师将教学视为自己摸索逐年积累的过程,其单兵作战的学习教学方式不可避免地受其长期以来学术训练中形成的学习习惯影响,即强调学习的独立性与自主性,但这似乎有待调整。睿渊认为,教学完全靠自己去摸索,虽自身较为关注如何将社会热点及工程案例引入教学内容,但依旧不知如何把握分配这些课外内容引入的比例。旭冉则在访谈中明确点出其中的问题,"我觉得自己去学上课技巧太慢,自己感悟太慢,对于科研而言,自己每时每刻做,其他教师能给到的帮助很有限,但教学不一样,仍存在很多欠缺,但我就是缺乏有效途径去改善问题以取得进步"(旭冉)。可见,外界环境支持并有效赋予教师教学的能力有助于调整青年教师既有的学习与发展教学方式,从而激励教学实践性知识的建构。

二、教师与学生间的控制与反抗

在高等教育场域中,由教师主讲、学生听记的教学模式尤为普遍,这意味着高校教师在其教学过程中享有"专业权威""知识权威"等文化权利,然而现实中高校教师的权威身份似乎日渐式微。"刚开始授课时,我特别注重把自己所有的知识讲好'推'给学生,但实际情况是学生不一定喜欢、不一定接受,他们有自己的选择。有时我也利用权威布置作业,其实没有考虑他们的实际困难,好像效果也不是特别好"(睿渊)。

其一,学生精致利己主义的倾向使上课沦为"以就业为王"。在日常教学中,多数受访教师都能直观观察到学生对课程的态度,并认为学生对教师权威的认可程度受所教授课程的性质、目标及内容等方面影响。"相较于专业课,公共课肯定不怎么重要了。形象地说,我们这个'概论课'就是加餐、下午茶、小吃,多听少听都无所谓,修完即可,重修也无所谓,因为学生只在意四年毕业之后用以谋生的专业课"(娅希),不仅"毛泽东思想和中国特色社会主义理论体系概论"授课教师娅希如是说,"线性代数"授课教师杰修、"课程教学论"授课教师邵央等也遇到过类似现象。学生的这一表现直接反馈了其对课程教学的意见,促进教师反思课程设置本身的价值与意义。

其二,由于知识生产方式的变革、信息技术及互联网加持下知识传播结构的变化等种种原因,学生的涉猎范围或许会动摇教师的知识权威地位。旭冉在听课时就曾亲历授课教师在课中遭遇本科生提问而极度尴尬的情境,"上次听课,有个学生可能在其他地方看到个衍生公式就提问,但授课教师上课PPT内容很简单并未涉及,而且他似乎也不清楚,就回答'超纲内容可以不考虑',但学生还想更深入了解,于是那位老师就杵在那里,很尴尬地说'那下节课再讲下'"(旭冉),这一事件促使旭冉更关注学生的学习特点及兴趣。对此,轩妍的感触更为深刻,她在疫情防控期间第一次进行在线上课之后,学生提出了54个问题,虽有一半问题可在书中找到答案,另一小半问题涉及后续教学内容,但另有一些问题完全超出她的知识范围,"我那天突然发觉学生对这个课程的思考能力或者感兴趣程度是远远超过我们老师的想象"(轩妍)。这在很大程度上对教师教学实践性知识中关于如何设计教学活动、如何选择教学内容、如何评估学生学业情况等维度提出了挑战。

其三,学生学习惯习与教师教学期待之间存在冲突,而由于前者在一定程度上可以通过学生评教向后者施压,这就使教师权威的表现形态更为微妙。受助教经历影响,持有教学高要求理念的博文,遭到学生对其教学方式的变相反抗,"我觉得学生还没有准备好来上大学,比如说我刚布置多点作业的时候,学生就会去跟班导师告状,'其他课怎么都没有让我们看这么多资料,为什么这个课任务那么重'"(博文)。这一反馈使其进一步了解了学生的学习状态,并采取相应办法进行解决。另一个极端的事例,艺术系教师竹婷在教学中出现学生严重抑郁而导致声带小结最终休学一年的突发情况,与博文不同的是,她将问题矛头指向自己,否定了既有的教学模式而开始转向全新视角的教学实践性知识。

三、教师与领导间的服从与制约

高校教育场域中学术资本无疑是高校青年教师提升核心竞争力的关键,没有学术资本的依附,经济资本、权力资本及社会资本等只能是海市蜃楼,而与学术资本相比,教学资本似乎微乎其微。高校青年教师在场域中的地位主要由其拥有的学术资本决定,而教学资本的增加对其在场域中地位的改变影响较小。

一方面,领导不在意甚至阻碍青年教师进行教学资本积累。当受访教师被问及领导对教学的重视程度时,多数教师持否定态度。从制度上看,虽然国家政策层面重视教学,但在现行教师评价制度中并未有所体现。"所谓的重视教学,更多的是领导在情感上重视教学,然后要求其他教师也要高度重视,但实际上在教师评价制度上并没有对等实施,显然,教学效果依旧难以提高"(艳文)。从言行上看,研究者本以为领导会支持鼓励一线教师关心学生并投身教学,但事实上有些不尽如人意。博文表示:"相较于我博士毕业高校,目前工作的高校显然不鼓励教学,如果我把时间、精力投入教学,领导直接就会说,'弄那东西干什么,还不赶紧去写论文',所以一旦有某位教师关注教学,或者特别投入教学,那他其实就是个异类。"依娅希自身教学体验来看,科研不太强的教师被领导拼命排课,科研更没法提升;而科研强的教师则排课少,科研越是硕果累累。对上述受访教师而言,即使领导支持力度不足,他们秉持"教学良心"或追逐自我成就,也依然能保持对教学的投入度,但这也在可承受的一定范围内,即领导的低支持度对教师教学实践性知识建构具有制约作用。

另一方面,高校青年教师即使不断积累教学资本,也很难得到领导的认可,教学类比赛证书除外。"哪位教师的科研好、职称高,领导就更加重视,而对那些科研不好但教学很好的教师,其实是非常不受尊重的,比如有位教师平时没什么科研成果,她看到领导打招呼,领导白她一眼还不给回礼"(邵央)。从某种程度上而言,领导对教师教学实践性知识的制约不仅体现在低支持、低赋权上,还反映在教学型人才不受认可与不被尊重的现实情境中。娅希也表达了相似的观点,她认为领导对于教学的评判标准只有教学竞赛的奖项,而日常教学中教学表现优异的教师与其他教师的区别也只是程度上的不同——还行、一般或不太好,但这样量的积累并无法产生质的突破,即领导并不认可,且职称也不会得以晋升。领导对于青年教师参与教学竞赛的鼓励与动员,虽未获得受访教师的一致肯定,"学院要求40周岁以下青年教师都必须参加,主要是迫于行政压力,所以就应付一下,不是自己积极主动地去参加"(杰修),但确有教师受此激励参赛而使其教学实践性知识发生重构,具体内容将在本章第四节详细论述。在高校教育场域中,领导往往作为学术资本与权力资本的拥有者,其对教学资本的态度会影响青年教师对教学工作的理解。

四、教师与同事间的异同

对于高校青年教师而言,教学资本的变化一般未在其教育场域中扮演重要角色,地位提升主要依仗学术资本,而地位一旦改变,高校青年教师的学术惯习便产生新的倾向性,而教学惯习则未必会获得改造。这在一定程度上也解释了芸汐提到的一种现象,"有些高校教师今年上这个内容,明年还是这个内容,甚至备一门课用 30 年"(芸汐)。再进一步分析,鉴于教学资本的微弱存在,高校教师之间因此明争暗斗的现象较为少见,除非是教学类比赛的竞技。但不同教师对教学理解的差异依旧可能存在,这一预设在本研究访谈中基本得到了肯定的回复。

一方面,当代青年教师与前辈教师在教学理念及方法上可能存在时代偏差。首先需要澄清的是,现实中不乏非常受学生欢迎的、教学效果也很出色的前辈教师,"学生一致认为那位老教授上课上得好,那我就应该去课堂现场听一听他为什么讲得好"(轩妍)。但也需要承认,"有些老教授上课就是念 PPT,学生都不愿意上这类教授的课,那么当他们作为教学督导或教学竞赛评委时,对教学的看法显然与青年教师不同,也就是说,他们可能会把青年教师带到'沟'里去"(邵央)。芸汐、娅希等认为,前辈教师上课多在自己的"舒适圈"内,学生是否听课、听懂与否似乎无所谓,"有些老教师跟我的教学思路完全是不一样的,他们没有'以学生为中心'的教学理念,对他们而言,下面学生别打扰教学就行,他在上面自由发挥"(芸汐)。而在博文看来,有些前辈教师非常负责任,但是随着年纪的增大,他们跟学生的接触会减少,相应地,对学生的了解也会减少,那么其在教学理念或方法上自然也就慢慢落伍。与上述情况相反的是,杰修尤为赞同前辈教师对增加课堂互动这一建议的反驳,并以前辈教师的观点为实践指向,正是在此关系中,他自身的教学实践得以维持和继续。

另一方面,不同教师在其所处的教学情境中可能会形成并保持特定的教学惯习。"我发现有时候自己跟其他教师的理念不一致,有时候他们不太关注学生,不太想教学生,我跟他们也就聊不到一起,所谓道不同不相为谋"(博文)。本研究受访教师大部分感觉自己与周围其他教师的教学不同,邵央、旭冉、艳文、竹婷、轩妍等在访谈中分别提及周边教师存在不顾学生成绩真实情况而固定优良比、教学枯燥以致学生低头率高、请学生吃饭讨好式教学、教学训练方式不合理、评估方式过于传统等问题。对于这类差异,多数受访教师表示以逐步完善自身教学实践为主,但也有教师表示与周围教师遇到的教学问题比较一致,"大家都会遇到学生不听课或逃课这样的问题,都是差不多各自在摸索,好像这是比较普遍的问题"(睿渊)。另一类差异的特点是周边教师的教学策略与方式或更为有效,如志远同事的教学相较于他,更注重与学生个体建立连接,并会私下收到学生的小卡片与鲜花,对此,他认为自身教学实践中存在个性化教学不足的问题,进而对自身在课堂中的角色定位进行批判性反思。

本节试图再构青年教师在高校教育场域中的经历实景,从教学中自我感知的困难、与学生间的控制与反抗、与领导间的服从与制约、与同事间的差异四个方面分析结构因素对青年教师教学实践性知识建构的影响,主要表现为以下作用:一是反馈作用,即教师在课程教学中陷入"迷惘困境",或与学生的冲突,或同事的差异都反映了其在教学实践中存在的不足;二是激励作用,尤其当处于学生学习热情高扬、同事教学反响优异、领导注重教学竞赛等特定情境中时,教师教学实践性知识建构被赋予意义与价值;三是制约作用,虽对于不同青年教师而言,制约其教学实践性知识建构的因素极为复杂,但此处尤指对青年教师教学投入不支持或教学成果不认可的领导,以及周边固执于传统讲授式教学理念的同事群体。

第四节 政策引导中的教师专业发展项目

自2012年教育部启动国家级教师教学发展示范中心建设工作以来,从国家到地方再到各高校,对于开展高校教师培训、开展教学咨询服务、开展教学改革研究、提供优质教学资源等方面的重视程度有了明显的提高,这些变化构成了当前高校青年教师的教学支持环境。依托高校教师专业发展政策支持及机构建设开展的教师专业发展项目,越能在青年教师既有经历与期望目标之间建立起主观可信的连续性与递进性,青年教师就越容易掌握现实的特性。换言之,若高等教育改革背景下教学支持政策的实际落地项目忽略青年教师个体在过往次级社会化过程中可能已建立起的教学实践性知识,而自上而下地"支持",出现的状况可能会促使其继续社会化,或导向再社会化过程,但也有可能会致使教师专业发展项目显得脆弱。由此,在该次级社会化过程中,教师专业发展促进者或资深教学导师应注入情感,成为被社会化的青年教师的"重要他人",这对青年教师全面快速"沉浸"并"承诺"于时代背景下制度所蕴含的高校教师岗位价值意义具有关键性作用。

一、高校教师专业发展的支持政策

近年来,随着《国家中长期教育改革和发展规划纲要(2010—2020)》的颁布,"加强教师队伍建设"作为实现国家教育战略目标的首要保障措施被提出,促进高校教师专业发展已成为高校教学改革的热门议题。

(一)国家层面

2012年,《国务院关于加强教师队伍建设的意见》明确提出,要"推进高等学校中青年教师专业发展""推动高等学校设立教师发展中心",自此从中央到地方将建立青年教师教学培训制度与完善青年教师培养培训体系提上了重要行动日程。2018年,中共中央、国务院颁布《关于全面深化新时代教师队伍建设改革的意见》,进一步要求全面提高高等学校教师质量,建设一支高素质创新型教师队伍,特别强调了搭建校级教师发展平台、加强院系教研室等学习共同体建设、全面开展教师教学能力提升培训。该两项教师政策集中体现了国家顶层设计的谋划思路,可见我国已从战略高度将高校教师专业发展逐步引入持续的、关注的、参与的新的变革框架。2019年,教育部发布《关于一流本科课程建设的实施意见》,强调了"严格课程管理""消灭'水课'"等硬规定,提出对课程高阶性、创新性与挑战度的要求,这从侧面反映了国家对促进高校教师专业发展要落实到一线教师的微观课堂教学中的决心。

高等教育招生规模急剧扩大,高校专任教师数量、结构及质量随之发生显著变化,为了应对21世纪巨变时代新的挑战与冲击,高校青年教师专业发展作为社会诉求、国家要求、学校需求势必引起广泛关注和重视。进一步聚焦作为高校教师队伍重要力量的高校青年教师,国家对其专业发展提出了专门部署与更高要求。2012年,教育部联合六部门颁布《关于加强高等学校青年教师队伍建设的意见》,明确指出要提升青年教师专业发展能力,完善优秀教师传帮带的团队协作机制。以上是近年来国家直接关于高等教育及教师队伍建设的政策掠影,这些政策虽然在目标或视角上有所差异,但均对高校青年教师专业发展具有重要指导意义。

(二)上海市级层面

上海教育历经百年积淀、成果显著,在高等教育领域也是率先进入普及化阶段,更是率先建立高校青年教师教学能力培训制度,并组织全市层面统一全脱产的高校初任教师岗前培训项目,旨在以职业理想、职业道德素养、先进的教育理念、基本的教育教学能力为核心,提高新教师适应性与发展能力。其中,上海市民办高校初任教师岗前培训项目于2011年正式启动,上海市属本科高校初任教师岗前培训项目于2013年正式启动,累计分别培训初任教师3540人、3297人,总计6837人,基本覆盖了近十年入职市属本科高校与民办高校的所有初任教师。历经十年,上海高校初任教师岗前培训项目已从传统的高等学校教师资格证理论考试的考证培训,转型为服务高校初任教师教学专业化的专题培训。项目基于整个高校教师教学过程的核心环节设计模块课程,围绕"理解教学、教学大纲编写、教案编写、课件制作、微格教学、学习成果评估、教学反思"七个核心环节,设置"专业价值、知识基础、实践智慧、持续发展"四大课程模块,从高校教学理念到课程开发与实施,形成了覆盖高校教学核心知识体系的培训课程。

再观当前其他地区的高校初任教师岗前培训项目,虽各地区承办单位、培训周期、授课形式不一,但其共性依旧为由"理论学习"与"资格考试"两部分构成的培训目标,以及以"高等教育学""高等教育心理学""高等教育法概论""高等学校教师职业道德修养"为核心的培训内容,而这对于高校初任教师教学能力提升的贡献度显然是有限的,相较之下,上海高校初任教师岗前培训项目模式的特色较为鲜明。部分地区高校初任教师岗前培训项目概况详见表2-2。可以说,除部属高校的青年教师外,高校初任教师岗前培训项目已成为绝大部分上海高校青年教师教学专业化的关键第一步,对其教学实践性知识建构具有重要影响。

从广泛意义上而言,上海市教委设立的服务国家战略与加快上海发展的关于教学竞赛、教学改革、课程建设的各类项目,与高校初任教师岗前培训项目共同构成了高校青年教师教学支持环境的中观维度,如"上海高校青年教师教学竞赛"、"上海市民办高校教师教学技能大赛"、上海高校本科重点教改项目、上海高校市级重点课程、上海高校优质在线课程建设项目、上海高校大学计算机课程教学改革项目、上海高校示范性全英语课程建设项目等。

表 2-2　部分地区高校新教师岗前培训项目概况

地区	培训项目与承办单位	培训内容与考核
北京市[①]	北京市高等学校教师岗前培训班,北京市高等学校师资培训中心,网络授课与集中面授结合,每期约2个月	围绕"高等教育学""高等教育心理学""高等教育法概论""高等学校教师职业道德修养"和"大学教学技能"五门课程。其中前四门网络课程安排考试,"大学教学技能"为考查课程

---

① 北京市高等学校师资培训中心.第81期北京市高校教师岗前培训学员通知单[EB/OL].(2021-07-19)[2021-08-20]. https://gaoshi.cnu.edu.cn/gnpxxm/gxjsgqpx/pxtz3/336cf387bb2947db9cc22a051b549098.htm.

续表

地区	培训项目与承办单位	培训内容与考核
天津市①	天津市高校教师岗前培训班,天津市高等学校师资培训中心,集中面授(现为网络授课),每期2周	围绕"高等教育学""高等教育心理学""教育法规概论""教师职业道德修养"以及网络自学课程等,安排考试
上海市	上海市新教师岗前培训项目,上海市师资培训中心,集中面授(现为混合教学),3个月	设置"专业价值、知识基础、实践智慧、持续发展"四个课程模块,涵盖"理解教学、教学大纲编写、教案编写、课件制作、微格教学、学习成果评估、教学反思"七个核心环节
重庆市②	重庆市高校教师岗前培训班,重庆市教育委员高校师资培训中心,集中面授(现为网络授课与集中面授),每期2周	"高等教育学""高等教育心理学""高等学校政策法规概论""高等学校教师职业道德修养"四门理论课程,及教学能力、科研方法等专题讲座与观摩教学等实践环节。其中,四门课程须统一考试
广东省③	广东省高校新教师岗前培训班,广东省高等学校师资培训中心,集中面授1周	"高等教育学""高等教育心理学""高等教育法规""高校教师职业道德修养"四门课程,含"高等教育学""高等教育心理学"的考试
江苏省④	江苏省高等学校教师岗前培训班,江苏省高校师资培训中心,网络授课(不少于110学时)、校本培训、个人自学相结合	"教师职业道德规范""教育政策法规""现代教育理论""教育教学基本技能"等。参加"高等教育政策与法规""高校教师职业道德规范""高等教育学""高等教育心理学"的统一考试

---

① 天津市高等学校师资培训中心.天津市高校教师第82期岗前培训通知[EB/OL].(2021-03-15)[2021-08-20].http://www.tjgspx.cn/.

② 西南大学.西南大学关于组织重庆市第25届高校教师岗前培训班报名的通知[EB/OL].(2021-07-06)[2021-08-20].http://renshi.swu.edu.cn/s/renshi/index2/20210706/4490598.html.

③ 广东省高等学校师资培训中心.关于做好2020年度广东省高校新入职教师两学考试的通知[EB/OL].(2018-04-19)[2021-08-20].http://gdsz.scnu.edu.cn/a/20210419/339.html.

④ 江苏省教育厅.省教育厅关于认真做好2019年全省高等学校教师岗前培训工作的通知[EB/OL].(2019-03-13)[2021-08-20].http://jyt.jiangsu.gov.cn/art/2019/3/13/art_58320_8273752.html.

续表

地区	培训项目与承办单位	培训内容与考核
浙江省①	浙江省高校教师教育理论培训班,浙江省高等学校师资培训中心,网络授课(600分钟以上)	线上自学高等教育学、心理学、政策法规等相关内容,参加"高等教育学""大学心理学""高等教育法规""大学教师伦理学"四个科目的上机考试

资料来源:上海市初任教师岗前培训项目相关信息来自上海市师资培训中心,其余六地的信息来自相关部门官方公布的培训手册或培训通知。

(三)高校层面

高校青年教师所处高校的基层教学组织是其教学实践性知识建构的微观背景因素,此处所指的广义基层教学组织包括院系、教学部、教学团队、教研室、教研组或课程组等形式。由于广义基层教学组织的样态多且差异大,狭义基层教学组织教研室的功能渐渐式微,故较难从该组织层面剖析高校青年教师专业发展的微观支持环境。正如多位学者所言,高校教研室固守与计划经济相匹配的传统思维,处于职能弱化的尴尬境地,存在诸多有待改进之处。②

自 2012 年国家启动国家级教师教学发展示范中心建设工作以来,全国不少高校已纷纷成立教师教学发展中心,并将其作为促进高校教师专业发展的新型组织机构。此类专门机构的设立初衷在于帮助提升中青年教师的教学能力,满足其教师专业发展的个性化需求,从而提高高等教育人才培养的质量。故本部分重点考察受访教师所在高校的教师教学发展中心的基本运行状况,以此作为其教学实践性知识建构的微观支持因素。虽都是致力于推动高校教师专业发展的专门机构,但不同高校在机构命名上不尽相同,

---

① 浙江省高等学校师资培训中心.关于做好 2020 年春季浙江省高校教师教育理论培训和上机考试工作的通知[EB/OL].(2020-01-09)[2021-08-20]. http://szpx.zjnu.edu.cn/2020/0109/c2150a315106/page.htm.

② 王怀勇.高校教学基层组织建设的改革与实践[J].高教探索,2015(2):75-79;陆国栋,孙健,孟琛,等.高校最基本的教师教学共同体:基层教学组织[J].高等工程教育研究,2014(1):58-65,91;步社民.高校基层教学组织的重构[J].教育发展研究,2010(17):69-73.

多命名为教师教学发展中心、教师发展中心或教学发展中心(本研究中统称为教师教学发展中心),且机构设置方式各异。

根据受访教师所在高校的教师教学发展中心建设情况,在涉及的18所高校中,复旦大学等五所高校独立设置专门机构,同济大学等六所高校合署办公或挂靠既有机构部门,而上海海事大学等七所学校尚未设置相关的专门机构或部门(见表2-3)。这意味着在机构建设方面,约39%的受访教师所在学校并未为青年教师提供提升教学能力与水平的专门渠道。再从既有教师教学发展中心的工作职责看,以配套政策开展教师岗前培训与教师教学竞赛为主,辅之以教学沙龙活动,而针对青年教师专业发展的举措较少。根据机构人员构成看,除复旦大学、上海交通大学外,其余高校为青年教师提供教学咨询与个性化支持、具有学术性和专业性人才的能力相对较弱。

表2-3 受访教师所在高校的教师教学发展中心建设情况

序号	学校	办学性质	专设机构/部门	工作职能
1	复旦大学	部属	教师教学发展中心(独立)	教师赋能、教改研究、教学资源、区域服务、院系教发
2	上海交通大学	部属	教学发展中心(独立)	培训项目、研讨活动、咨询评估、基金奖项、研究成果、特色活动、院系合作
3	同济大学	部属	教师发展中心(隶属人事处)	专题培训、午餐沙龙
4	华东师范大学	部属	教师教学发展中心(独立)	教学创新开放日、专题培训
5	上海财经大学	部属	教师教学发展中心(独立)	无相关网页
6	上海大学	市属	教师教学发展中心(合署教务部)	教师培训、教学咨询、教学研究、教学竞赛
7	上海理工大学	市属	教师发展中心(合署教师工作部)	培训研讨、研究发展

续表

序号	学校	办学性质	专设机构/部门	工作职能
8	上海师范大学	市属	教师教学发展中心（隶属教务处）	沙龙活动、教师培训
9	上海海事大学	市属	无专设	无相关网页
10	上海工程技术大学	市属	教师教学发展中心（隶属教务处）	无相关网页
11	上海对外贸易大学	市属	无专设	无相关网页
12	上海立信会计金融学院	市属	无专设	无相关网页
13	上海应用技术大学	市属	无专设	无相关网页
14	上海第二工业大学	市属	无专设	无相关网页
15	上海中医药大学	市属	教师发展中心（独立）	无相关网页
16	华东政法大学	市属	无专设	无相关网页
18	上海音乐学院	市属	教师教学发展中心（下属教务处）	教学竞赛
17	上海戏剧学院	市属	无专设	无相关网页

资料来源：18所大学官方网站公布的教师教学发展中心信息。

二、教师专业发展项目的实施反馈

近年来，随着国家政策的积极导向与组织机构的兴起发展，教师专业发展项目开展的类型和频次在总体上都有所增加。本研究32位受访教师中绝大多数都参与过教师专业发展项目，包括教学类专题培训、教学沙龙分享活动、教学论坛会议、教学竞赛、教改项目及课程建设项目等。按参与度排序，前三项分别为参与教学类专题培训28人（87.5%）、参与课程建设项目25人（78.1%）、参与教学沙龙分享活动21人（65.6%）（见表2-4）。

表 2-4　受访教师参与教师专业发展项目情况

教师专业发展项目	人数	平均每人参与次数
参与教学类专题培训	28	2
参与教学沙龙分享活动	21	4
参与教学论坛会议	15	3
参与教学竞赛	19	3
参与教改项目	16	2
参与课程建设项目	25	2
发表教研论文	19	2
编写出版教材	7	2

要理解高校青年教师教学实践性知识的支持环境,仅仅关注国家层面、上海市层面、高校层面的政策文件梳理是失之偏颇的,更为重要的是基于高校青年教师自身的视角解读政策的实际影响。从客观意义上分析,教师专业发展项目的参与情况并不能等同于政策的实际执行效果,需要落脚于作为政策执行主体的高校情境中进行分析,因为高校的经费资源、社会资源、人力资源等因素会影响政策的执行效力,而政策执行者的角色立场、价值目标及喜好惯习等同样会影响政策的执行走向,故下文将从高校青年教师参与教师专业发展项目的实践情境出发,解析教学支持政策对其产生的影响。

(一) 政府专题项目:"执行有效果"

研究者通过访谈发现,"上海高校青年教师教学竞赛"作为对接"全国高校青年教师教学竞赛"、提升上海高校青年教师教学能力与业务水平的常规项目,受到各高校相关部门及领导的积极关注与大力助推。大多数受访教师表示,年龄在40周岁以下的青年教师一般都被要求参加"上海高校青年教师教学竞赛"的校内选拔赛。虽然大部分教师抱着"重在参与"的态度参赛,但作为竞技类项目的教学大赛,按实践逻辑,其在营造"重教乐教"教学文化的同时,更多是为了选拔培育出一批批优秀种子教师,进而引导与示范广大青年教师不断充实与改进教学。按此观点，教学大赛获奖教师的亲历体验至少可以反映该项目的直接效果。曾获得"上海高校青年教师教学竞赛"特等奖的于末，在访谈中是这样描述她的参赛心路历程："我刚参加校赛的时候是很被动的，我不得不承认是在领导鼓励下参加的，但后来我发现，每一次比赛都是不断打磨自己、超越自己、蜕变自己的过程，到我最后参加的这一轮比赛，我觉得整个人就跟脱胎换骨一样。"其他参与"上海高校青年教师教学竞赛"并获奖的受访教师岳亦、轩妍、蔚祺等也都表示参赛对其夯实教育理论、更新教育理念、掌握教学方法、改进日常教学等方面具有极大的影响。"从客观评价的角度，参加完比赛，2020年的学生评教分数比2019年的学生评教分数要更高，学生反馈对教学更有学习的兴趣"（蔚祺）。

根据上海市教委关于实施高校新教师岗前培训的制度要求，自2013年以来，除部属高校外，所有市属高校新教师须在入职一年内分批次完成岗前培训。本研究32位受访教师中，22人参加了上海高校初任教师岗前培训项目。翊涛、昊桦、旭冉、轩妍等多位教师都在自己的教学工作中尝试应用了在岗前培训中学到的内容，并取得了较好的效果。"在实际课程教学中，我模拟了培训时微格课程的教学模式，采取团队学习方式，帮助学生相互学习、共同促进，感觉教学效果有明显提高"（翊涛）。这也意味着，市级层面的岗前培训项目对于市属高校青年教师站上讲台、开启教师职业生涯具有积极作用。"岗前脱产培训是一次系统的、全面的、综合的学习过程，帮助我尽快完成了从学生到教师角色的转换，给我确立教学观念、熟悉工作内容、掌握教学方法提供了非常有意义的帮助"（肖虹）。相较之下，来自部属高校的杰修、萧然、艳文则对其所在高校组织的岗前培训印象不深。

（二）教学基层项目："执行表面化"

虽受访教师所处高校的教师教学发展中心及教研团队等教学基层组织的发展程度各有差异，但"名重实轻"四个字可用以表达受访教师内心对政策支持下教学基层项目的总体评价。例如，对邵央而言，其虽知晓学校有教师专业发展中心这一部门,但从未被通知参与任何活动,也并不清楚该组织机构的职责工作。对此,来自同一学校的博文也表示赞同:"学校里有很多政策制度,但其实并没有真正到达普通的教师那里,要么就在网上睡大觉,这样效果自然就大打折扣,没有起到实际作用。"再或者,教师教学专业发展中心或相关机构组织的多数活动实则无法适用于实际教学情境,如分配的教学导师、分享经验的前辈教师未必都是教学优秀的教师,而是由领导根据教龄、职称选定的。"老教师分享的内容我们其实并不一定完全参照,比如他说第一次上课就要把每个学生的位置固定下来,然后打一张表,每次点名就看空位子,但我们在实际过程中发现学生其实并不愿意这样,毕竟大学生跟中小学生不一样"(睿渊)。旭冉、成颖等指出,学校组织开展的绝大部分讲座培训或过于理论化而无法直接应用,或以赛事辅导为目的而缺少对学生真实学情的考察。晟祥对比岗前培训与入职后的讲座培训,感言道:"岗前培训给我带来了全新的发展视角,但是现在机会太少了,感觉这些讲座报告都没有用。"

对于教学团队、教研组等基层教学组织,多数受访教师表示政策执行在表面上或许符合要求,但在实施细节上有所背离。驰易、昊桦、娅希等反映,教研室或教学团队会组织一些活动,主要工作集中在常规事务,比如收作业、出试卷、批试卷、中期答辩及监考等,但几乎不会聚在一起真正讨论教学问题,"对教研组而言,'如何让学生集中注意力听课'这类问题是形而上的,不是开一次会就能解决。换言之,教研组能讨论的也就是教室电脑更新版本之类不痛不痒的事务,或者说团队活动就沦为领导训话,外加拍场面照"(娅希)。希荣、轩妍则指出,青年教师在团队中处于边缘,并没有资质提出反对,"怎么能提建议呢?只能说按照他们安排的去教学"(希荣)。另一极端现象就是政策只存在于表象的设计宣传之中,并未进一步转化为具有操作性的具体措施,这就使青年教师教学能力的提升更多仍依赖教师自身的努力。"以行政的角度而言,我知道在制度设计上肯定是有教学团队、有带教老师的,有趣的是实际执行过程中肯定都没有,设计是设计,实施是实施"(艳文)。

相较于其他受访教师,萧然、志远的情况相对较好,但也无法满足其发展需求。萧然表示,其所处教研室的原主任是全校十佳好老师,曾专门组织教研室探讨案例教学方法,开展试讲与点评活动,但次数极少。志远则认为,教研室会涉及怎样更好地利用信息技术进行授课、怎样组织在线课程等内容,但对其个人而言,这些问题相对比较宽泛共性,"真正具体到自己专业课程里面的教学问题,其实还是得靠自己"(志远)。这就意味着教研室活动有待加强适应青年教师个性化需求的针对性。

(三)教研项目:"执行有缺损"

推进高校教育教学改革、培育优秀教学成果、建设重点优质课程,是落实《教育部关于加快建设高水平本科教育全面提高人才培养能力的意见》和《教育部关于一流本科课程建设的实施意见》等政策文件的核心要义。然而,在政策实施中存在只有部分内容被执行落实的问题,如轩妍坦言,其所在学校将教改项目与职称晋升相关联,但"这种校级教改项目为期一年,就发篇教学论文,对我教学没什么影响"(轩妍),此外,申请市级教改项目时还存在论资排辈内循环现象,"我本来想申请上海市教改项目,但是申请上海市教改项目的前提是必须拿到学校重点教改项目。我今年申请了,但学校论资排辈轮不上我,人家连答辩资格都不给我"(轩妍),这在某种程度上是对"择优原则"的缺损执行。同样提及教改项目的娅希,则遭遇了项目经费分配不公的问题,她负责完成其领导领衔的教学改革项目的所有具体工作,但未曾获取该项目经费(10万元)中的任何报酬:"这样的教学改革方式,青年教师又何来的动力? 那我为什么要吭哧吭哧思考怎样教得好?"可见,这样的教学改革项目使其自我怀疑对教学付出与投入的价值。当然,也有个别受访教师通过实施课程建设项目或参与教学改革的过程,对原有课程教学进行了调整,如睿渊表示,其课程建设项目指标之一为教学论文,故他与同事就工程应用类案例在教学中的使用进行了探究,并在自身课堂中尝试融入案例教学元素。

上述分别从政策文本梳理与教师个体反馈两个视角对教师专业发展项目这一结构性因素进行专门探讨,其对青年教师教学实践性知识建构的影响可从以下两方面分述:一是诊断与激励作用,主要体现在教学竞赛与岗前培训促进青年教师审视自身教学实践中的问题,并为其教学改进提供专业化支持;二是制约作用,相较于上文提及的职称晋升制度及工作关系中的制约作用,此处特指因教研项目的执行缺损及教学基层项目的执行表面化,使青年教师的实际教学问题未能有效解决,甚至影响其教学实践的投入意愿。

本章借助次级社会化、教育场域、教学资本等概念审视了高校青年教师教学实践性知识建构的影响因素。根据研究访谈资料中所浮现的类属,高校青年教师的职业储备、制度背景下的岗位角色要求、高校青年教师的教学经历及工作关系、政策引导中的教师专业发展项目,这四大方面构成了影响高校青年教师教学实践性知识建构的结构性因素。其中,教师职业储备是青年教师入职任教时关于高校教师角色与教学工作的"底色"理解,起到对"教师如何教"与"学生如何学"的预判作用;岗位角色要求体现的主要是制度的规范性与导向性;教学经历及工作关系具有"反身性",在反馈教学问题的同时能激励教师改进教学;教师专业发展项目则重在全面诊断基础上的提升与发展。值得注意的是,后三类环境因素在特定情境中均表现出制约教学实践性知识建构的负面作用,如面对职业晋升压力需集中精力投入科研,或教学热情不被领导认可等情况。

第三章　教学实践性知识建构的主体分析

从上一章的分析中可知,高校青年教师教学实践性知识建构处于相似的制度结构环境下,但可能受到各类因素的不同影响。在这个内在作用过程中,教师个人主体能动性又是如何体现的?本章将予以深入探讨。

当前,我国高校教师专业发展的实践模式主要因循的是"专业主义"发展路径,即寻求外在标准化培训解决高校教师专业发展问题[①],然而越来越多的研究也注意到高校教师专业发展的达成并不是仅仅依靠培训即可,还需要考虑到高校教师的自主导向性发展。本研究认为,高校教师作为高学历知识分子,其具有自我发展意识是必然的,但这并不意味着高校教师能自觉自主地导向教学发展。根据前期资料编码分析所获得的"教学实践性知识建构"四类不同的组合形式——自主优化建构、适应调整建构、自我超越建构、逆压重塑建构,本章将借助麦基罗的质变学习理论,关注教师自我概念的改变,以受访教师不同层面的情感体验为切入点,论述促使他们改进教学的核心动力,最后再分析不同类型教师采取的教学改进行动。

---

① 陈睿,雷万鹏.高校教师专业自主发展的价值意蕴与实践路径[J].湖北大学学报(哲学社会科学版),2021(4):166-173.

第一节 不同层面的情感体验

麦基罗在质变学习理论中探讨了"究竟什么是触发事件",他认为,能刺激个体批判性自我反思的事件就是触发事件,可能是读到一本书、参与一场讨论、看到一个意外情况或遭遇一次工作改变等,但质变学习发生之前一定要处理对行动产生阻碍的强烈情感[①]。相较于主张偏向理性化质变的麦基罗,博伊德(Boyd)更强调将个体的情感因素视为意义图式或意义视角发生质变的关键催化剂,他提出洞察(discernment)的概念以补充理性化的质变学习,并指出接受(receptivity)、认同(recognition)和悲痛(grieving)是洞察过程中的三种行为[②]。结合上述观点,当高校青年教师在过往及当前制度背景下内化的现实遇到教育场域中相似的经历时,其所反映出来的情感对其教学理解与改进有着重要的价值。下文将依据32位受访教师不同的教学实践性知识建构类型进行分述。

一、自主优化建构者:"良心"与"要尽力"

对于自主优化建构教学实践性知识的高校青年教师而言,他们面对高等教育场域中的种种经历表达出一种"对得起良心"与"尽力"的情感。他们认为所教授的学生是受其关照的对象,不辜负学生、尽力完成教学是其对自己教学实践的承诺。

这类情感通常表现为自主优化建构者对课堂观察的直接反应。在旭冉看来,当其课堂中遇到"两眼放光的学生"时,第一反应便是一定要尽力设计好课件和教案,虽然不及教学名师的上课效果,但必须努力求进向其靠齐。

---

① Cranton P. Understanding and Promoting Transformative Learning: A Guide to Theory and Practice[M]. San Francisco: Jossey-Bass Inc. ,1994.
② Boyd R. D. Facilitating personal transformations in small groups: Part I[J]. Small Group Research,1989(4):459-474.

希荣在接受全市层面的岗前培训之前,曾有过校内试讲经历,在这极度紧张而快速念PPT的第一课中,学生间的一段对话使他"非常羞愧","他进来就在念PPT,还不如我自己看"(希荣),这也促使他在之后的教学中尤为强调学生对课程的反馈,并尽力根据学生的兴趣设计教学活动。

自主优化建构者在教学实践中会感受到"教学良心"的指引。此类教师在日常教学中往往会感受到一种来自自我的压力,"虽然精力有限,但是教学最好不要有短板"(明泽),"教学要尽量把基础不怎么好的学生拉到平均水平,不是走过场讲完结束"(萧然)。在他们眼中,"教学良心"是要全力以赴地开展教学,给予学生其能力范围内最好的教学。博文、邵央在职前曾担任的助教任务较重,且他们都认为助教经历使其对现在的教学有了更多的思考和更高的要求。博文对"教学良心"有清晰的认知,他认为,"教学良心"就是对教学的投入意愿,对他而言,就是在现有体制中尽量提高质量,同时尝试开展教学研究与教学改革。虽然教师对于"教学良心"的表达会存有差异,如"有良心的教师会自发地想要把教学弄好""良心是投入教学",但核心要义都指向对自己教学实践的约束与压力。

二、适应调整建构者:"难以改变"与"没办法"

相较于自主优化建构者,适应调整建构教学实践性知识的教师虽也提及"良心",但其对教学经历的情感体验较为消极,表现为"难以改变""没办法"。在适应调整建构者眼中,种种不如意经历汇集的结果就是"客观现实是普遍存在且难以改变的",他们所能做的唯有符合学校制度规定的"底线要求"。

针对学生低头不听课、缺席不上课、考试不合格等现象,他们认为这是高校教学中普遍存在的难题,很难完全解决。杰修将此类问题归结于学生的某种特质品性所导致的,"有些学生确实对数学可能天生缺乏感觉,可能其他文科方面很强,但数学就是不开窍"(杰修),而对此类学生的学习困境,他表示无力解决,"他们学得比较痛苦,但也没办法,我不可能对那么多学生一一去聊去指导"(杰修)。驰易则认为,学生对课程的价值判断直接决定教学效果,"针对热门课,学生不懂也会认真听,但不是热门课,教师讲得再好,学生也不听,没办法"(驰易)。

当督导或周边教师建议增加互动、尝试新的教学方法时,他们通常并不容易接纳与认同。"线性代数"授课教师杰修对于督导建议增加互动这一要求,认为数学有数学的特点,教育学有教育学的特点,很难要求非数学专业的督导以数学专业的视角进行评教,所以在其看来,"增加互动的建议往往是那些根本不懂数学的老师提出的,这是一种张冠李戴的做法"(杰修)。相似地,睿渊对于同事探索教学的新尝试并不看好,他认为,改进教学最稳妥的方式还是要侧重教学内容的丰富与拓展,其他增加课堂互动的教学方法或活动设计很难有成效,"刚开始用这种方式上一两节课,可能还是比较新鲜,但是每节课都这样做,后面也就很难有学生会反应了"(睿渊)。

三、自我超越建构者:"积极"与"要进步"

对于自我超越建构教学实践性知识的高校青年教师而言,各种经历都有可能成为促发他们前进的动因,在他们看来,教学的过程是感觉美好而求进的。"我不能东施效颦,我要根据自己的专长和特点来量身定制,来改造课程"(宇丹)。

通过自我超越建构者的表述可以发现,他们感受到了一种来自自我的强大压力,并伴有一种渴求成长的情感。在对艳文的访谈中,她认为自己特别积极,即使国内的制度要求比较平,但她想要的超越现有框架,以国际上最顶尖学府的教学方式与活动设计为指引,且特别想学习身边教师的最亮点、最出彩的经验。相似地,志远也表示当前的教学制度规划并没有明确要求,但对于他而言,更多的发展动力是不断自我加压,他表示:"学生都很喜欢我,但是每上一门新课或每上一轮课,我肯定要有所进步,有所成长,我不会为了讨好学生而降低课程难度，这是我对自己的要求。"

从另一个角度看，自我超越建构者的积极求进还体现在其对督导及同事不重视教学的做法的强烈情感体验中。艳文就在访谈中表达了她对督导形式化听课的不满，"督导听课的感觉，就是监督授课教师有没有正规地上课，这样的督导根本不能促进教师的成长"（艳文）。志远则对同事降低教学难度与投入度的建议表示不认同，"大部分同事建议我按传统的方式进行教学，不用教得太难，不用教那么认真，但是我认为那样肯定不行"（志远）。

四、逆压重塑建构者："受打击"与"压力"

逆压重塑建构者与自我超越建构者一样，往往都有明显的压力感，但区别是前者的压力感往往来自外界，且通常伴随着痛苦的情感。虽然逆压重塑建构教学实践性知识的教师也有着与其他教师相似的经历，但其关键性事件在程度上显然有些令人难以承受。

经历学生因极度抑郁而声带小结、最终休学一年的事件，声乐系教师竹婷表示，这件事对其教学生涯产生了非常大的影响，"她休学回来后，我都不敢说她唱得不好，唱得再不好总比她自杀强，我当时真的是很受打击，成天成天地担心她"（竹婷），该事件引发了她对自身教学实践的深刻审视。与竹婷不同，轩妍的压力不是来自学生，而是来自其同事。因为轩妍博士所学专业与其教授课程之间的不对口，使她遭受领导同事们的怀疑目光。对她而言，唯一能做和要做的就是采取各种方式提升教学、证明自己，"我一直处在被质疑的环境下，我要被认可，我觉得我要去参加教学竞赛，我想要知道我的问题在哪里，我想知道到底我哪里不好，然后我再去改"（轩妍）。另一类冲击重构者主要来自"被要求"参与教学竞赛而承受巨大压力的青年教师，包括于末、威海、岳亦等，教学竞赛给他们的日常教学实践带来了强大冲击与挑战，"最开始非常痛苦，我们参加市赛的过程非常艰难"（岳亦）。

根据上述分析，不同类型的教学实践性知识建构者虽然都感受到来自教育场域的各种冲击与挑战，但是他们明显有着不一样的情感体验。有的教师认为不能辜负学生的学习期待，要尽力为学生创设教学环境；有的则在其中体验到的是学生学习存在难以解决的问题，而对此表现出无能为力的态度；有的教师极为投入教学，希望在教学工作中获得出色成绩；而有的教师则在外界的舆论或压力下，反思与寻求教学改进的方向。

第二节　核心动机：教学实践标准

高校教师专业发展的政策制定初衷意在为高校青年教师的教学发展赋能，使其感受到一种安全感与信心感，形成坚实的自我概念，从而促成其进一步改进教学的行为。然而，从上一章的论述中不难发现，教学支持环境的"创设"不等于教学支持环境的"实锤"，部分青年教师并未形成反思教学、改进教学的意识，更有甚者反而促使个别青年教师在心理上从批判性自我反思的过程中"撤回"，使其自我概念处于模糊甚至自我否定的状况。教师自我概念是教师关于怎样教书育人的一种综合认识，包括对自己角色较稳定的观念、对所传授知识的认识、对学生本性以及他们如何学习的识别等内容[①]。教师自我概念尤其体现为受访教师在教学实践逻辑中采纳的标准，涵盖教学目标、教学取向以及教学价值。

一、何为教学目标

教学目标是高校教师开展教学的出发点和最终点，也是高校教师自身在课堂教学中角色转变的重要体现。通过访谈发现，本研究受访青年教师的教学目标可以分为准确传授知识、吸引学生学习、促进学生成长三个层次。

---

① 顾明远.教育大辞典[M].上海：上海教育出版社，1992：447.

(一)第一层次:准确传授知识

准确传授知识是开展教学的基本要求,也是高校青年教师最初对自己作为教师角色的职责认知,即掌握课程教学内容并准确清楚地讲授给学生。本研究受访教师大多将此教学目标视为基本要求,尤其体现在任教初期。"说实话,我刚开始教学的时候,其实非常机械化,就123(哆来咪),要练声带闭合、要练气息,都是这样严格训练,学生要学习怎么让气息更流动"(竹婷),竹婷认为教学是理性事件,只有帮助学生打扎实基本功,才能谈创作。当然,这不仅是初任教师关注的,即便是具备一定教学经验的青年教师也依然会遇到这方面的困惑。正如明泽所言,"清楚准确地讲解好知识点是最基础的"(明泽)。轩妍认为,教学中最大的难点就是教学知识点的准确性,"有一次同事突然问我:'上课桂枝汤怎么可以这么讲?'我说'教材上就这么讲的',同事说'不对,全讲错了',然后,我就发现虽然都是泰斗级的专家,但对知识点的讲解就是不一样"(轩妍)。

但过于强调教学中对课程教学内容准确表达的教师,则会陷入教学的单向传递逻辑,即教师的职责在"讲",学生的职责在"听"。适应调整建构教学实践性知识的教师更多持有此教学目标,且相对稳定。例如,睿渊、杰修在任教初期就明确其教学目标是完成教学任务,"只想不出错地把知识点讲好"(睿渊),随着教学工作的一轮一轮开展,其教学目标演化为"在保证完整性、准确性的基础上,加入一些应该添加的内容"(杰修)。换言之,对于他们而言,教学目标就是准确传授既有知识与新增知识,即强调教学的"内容维度",认为学生学习的接受度与理解程度更多由其自身的特质决定,与授课教师无关。

(二)第二层次:吸引学生学习

相较于第一层次的教学目标,关注"吸引学生学习"的受访教师更倾向相信教师的教学技能方法会影响学生学习的效果,比如教学课件的设计制作、教学语言的艺术、教学内容的趣味性等。对于旭冉而言,岗前培训使其对科研课件与教学课件的差异进行反思,"我们做科研课件并不需要很多技巧,只需要颜色搭配好、内容讲清楚,但上课不一样,不光要把内容讲清楚,关键是要把学生吸引到课程里,要有动画,要很生动"(旭冉)。主讲"毛泽东思想和中国特色社会主义理论体系概论"的娅希则基于教学改革项目,以问卷调研的方式,了解学生喜欢的教学风格和感兴趣的话题,以吸引学生学习,"我愿意为学生转向,教学的获得感肯定源自学生,如果学生觉得我这个老师很有意思,喜欢上我的课,那我的获得感自然就会比较强,也会觉得很开心"(娅希)。

而对于在职前具有丰富工作经验的志远来说,情况却有所不同。无论为哄学生开心而讲笑话,还是为炫酷而在课堂中运用最新的信息技术,"吸引学生学习"似乎是他初任高校教师时的起点目标,反而准确、严谨传授知识的教学目标发展在后,并最终转向第三层次对学生学业发展的关注。

(三)第三层次:促进学生成长

对比前两个层次的教学目标,教学目标是"促进学生成长"的受访教师更多地将自己在课堂中的角色定位与学生的学业发展相关联,如"引导者""寻找目标的狮子""父母"等,显然这类教学目标注重"以学生为中心"。经历过学生极度抑郁而休学事件的竹婷,这样表述她当前的教学目标,"后来我发现机械教学不行,万一学生出问题怎么办,各种生活上的事都有可能导致他上课不能集中心思。那么我如果能帮他,接下去的教学也自然就更有效率,学生也就发展好了"(竹婷),在此时的她看来,教学不再只是机械的专业训练,而犹如父母带孩子的角色,有更多的责任感和使命感。对志远而言,使其教学目标发生转变的并不主要来自学生的反馈,更多来自其自我高标准下对自身、对同事、对行业发展的反思,"以前我可能是一朵花儿,没有眼睛,但是我想我更需要做的是狮子,要戴着眼镜更多地去关注学生的接受度与理解能力"(志远)。

通过访谈可以发现,上述两位教师是在其工作环境中发生教学目标的多维度化,但也有部分受访教师在职前就已达到了对这一层次目标的理解与把握,比如邵央、博文。该两位老师的共同之处是,均为教育学专业教师,且在研究生期间经高强度的助教训练,故他们在自身教学实践中尤为关注学生的学习反馈与学业发展,并具有较强的专业性。例如,博文对于课程教学大纲的作用有清晰的认识,他认为,在第一节课的时候,就要专门跟学生讲解课程教学大纲,一起讨论并达成协议,而后续的课程就要严格按照课程教学大纲执行,"课程教学大纲的作用不是给教务处存档,而是老师与学生之间关于这门课程教学的契约"(博文)。此外,他尤为强调高校人才培养的重要价值,"如果100个清华学生中90个学生会成为社会的中流砥柱,那么我们学校招收100个学生,可能只有20个学生能成为中流砥柱。但是如果我们老师不关注、不培养,那么这20个学生可能也会成为路人"(博文)。

二、教学实践遵循何种取向

高校青年教师是否持续改进教学,这在很大程度上受制于其在教学中运用何种标准来评估自身教学,从而体现其对自我的理解与接纳度。"大多数高校教师对教学与学习有自己的理解,很难被他人说服,除非他自己觉得课上得不好。比如学生评教分数特别低,再或者是其他的冲击。如果没有这种情况,他觉得自己课上得很好的话,别人的建议大概率是不会接受的"(邵央)。总体而言,受访教师对于教学自我评估的理解可分为外在标准与内在标准,而在外在标准达成度高的情况下,内在标准的高度反映了其对改变与发展自我教学现状的意愿。

(一)外在标准:"底线要求"或"舆论力量"

前文将"完成基本工作量""通过督导听课评价""学生评教不能太低"等作为高校教师教学评价与考核制度的内容予以阐述。基于上述分析可知,多数受访教师表示,制度规定的教学要求几乎为底线标准,达成并非难事,这里所指的"底线标准"即外在标准的表现形式之一,指按教学工作量完成情况与日常评教情况衡量自身教学水平。"教学在完成相应工作量之外有学生评教,但众口难调,很难有统一的标准,所以也没有对应的奖励与惩罚。大部分教师情况都差不多,这好像就是教学指标"(杰修)。这也就意味着,这类外在标准规定的"底线"偏重量化分数的呈现,且分数的达成度高,而该标准所内含的指向要求却较少受到关注。娅希以中小学教师为对照,认为基础教育阶段看重班级平均分、年级段排名与升学率等,然而在没有升学压力、没有期末成绩要求的高等教育阶段,"我们没有'教得好'的标准,没有中小学教师的动力"(娅希)。

偏向以此为标准开展教学的青年教师,往往只在意教学行为背后的结果,一旦结果达到要求,且不伴随着奖励的积极影响或惩罚的负面影响,则不会产生改进教学的动力。正如邵央所表达的观点,"按照这个标准来看,那就没有任何一位老师需要去交流教学与发展教学"(邵央)。例如,适应调整建构教学实践性知识的教师多接受与满足于外在标准给定的评价,"优秀的教师评教会达到 90 多分,我也有 80 多分"(昊桦),而抵触有可能促使他们改进教学的意见与建议。"督导有的说板书多一点,有的说互动多一点,但有些课互动就是多,有些课互动自然少,有的老师愿意写板书,有的老师习惯写在课件里,情况就是不一样的"(杰修)。按此类教师的观点,在满足制度要求的底线分数之后,教学实践中的具体行为方式可依据教师个人偏好决定。

外在标准表现形式之二是社会舆论力量,即以高校青年教师所处工作环境中重要他人的评价与认可为自身教学实践的重要依托。以声乐系教师竹婷为例,她认为学生学业发展与其个人声誉直接关切,作为学生的主课教师,就需要对该学生负责,包括考试成绩、平时表现等各方面,"如果学生不好,我是要毁我自己名誉的,这有非常直接的联系,我对学生会有直接的责任感,但这样的付出也是为了我自己"(竹婷)。因同事质疑其教学水平而反质疑同事评教标准的轩妍,在历经多次比拼选拔最终获得"全国高校青年教师教学竞赛"奖项之后,她指出,教学竞赛获奖使其越加坚定自己对教学的理解,且更渴望与同行交流和探讨教学,"我想跟大家分享我为什么这样设计教学,因为我得奖也未必真的上得好,有可能'后浪'觉得你这个不行,我期待这样的声音和更大的进步"(轩妍)。无论赛前赛后,重要他人的认可与肯定都是轩妍不断前行的动力。

(二)内在标准:"对自己有所交代"

"教学是良心活"这一表达强调教学追求的是内在自我诉求,即在达成外在底线标准之外有另一种来自内在的价值追求,这显然是内在标准的形式之一。对于偏向以内在标准衡量自身教学的受访教师而言,虽其同样达到外在制度评价的要求,但其往往对外在标准表现出怀疑甚至否定的态度。在艳文看来,现行学生评教制度下出现的"教师放松、学生开心"讨好式教学,实则忽视了对教学质量的考量,而另一极端便是对学生评教结果的"一刀切"使用,即学生非客观、情绪化的评教直接影响教师的职称晋升,而这一关联并不涉及严谨的核验。"有些学生评教不客观,但学校没有验证的机制,倾向直接按照学生评教的情况进行判断,那这不就倒逼有些老师想明白了? 当然也有教师不屑一顾,忠于'教学良心',继续按照自己的方式教学"(艳文)。这从侧面也暴露了以分数简化的外在制度标准存在的隐患,而视该标准为指向的教师可能会出现违背岗位角色要求的教学问题。

当然,教学内在标准因人而异,但注重此标准的受访教师往往不以达成外在标准为终点,而更愿意相信按自己的理解进行教学会有利于学生学习的发展。"我的内生动力就很足,外在的框架、激励可有可无,就算把这些东西都撤掉,我课该怎么上还是怎么上,还是会往我内心最好的标准去上"(邵央)。在"教学良心"的基础上,有些受访教师还表现出强烈的教学热情与自我实现的成就渴望,当他们持续地以此内在标准开展教学并获得成功体验时,改进教学的动机也会不断增强。自我超越建构者志远拒绝炒冷饭式的教学、讨好学生式的教学,强调教学中学生与教师双方的成长。在"学生心目中最喜欢的教师评选活动"中,虽获得全院 200 余位教师中第一名的赞誉,但他更在意的是对自身教学中存在问题的挖掘与下一步改进方向的思考,在高光体验背后是他对教学工作更深的热爱与投入。

三、教学价值为何意

高校青年教师的教学工作无疑处于社会结构的环境背景下,而对所处关系中来自领导、同事或学生的教学支持、认同或激励的感知,会影响他们对教学本身价值的理解以及对教师职业身份的认同。当青年教师关于教学支持的人际感知良好时,往往能够从教学工作中获得满足而不断求进,相反则易导致教学发展停滞甚至倦怠。

(一)明确的人际感知:不同程度的"意义价值"

受访教师大多对教学工作环境中的支持关系体验较弱,会感受到教学发展的意义不大,"一方面觉得自己能力有限,讲不出来比别人更好的出类拔萃的内容,另一方面觉得意义也不大,就算你讲得比别人好很多,基本上也没影响"(杰修)。在本研究受访教师中,除教学竞赛获奖教师外,几乎没有教师表示其教学发展能够得到领导及同事的认同或支持,更多的感受是价值不大。这里需要注意的是,邵央、娅希、博文等多位教师提到,对于领导而言,教学发展与科研发展并不处于同一能量级,劳心劳力投入教学所获得的回报远不及科研成果的激励。邵央表示,青年教师各方压力大而薪酬收入有限,若领导承诺给予丰厚的教学类奖励,他们会有意愿踮起脚尖努力尝试,"然而现实是耗费同样的时间精力,教学奖励与科研奖励可能是 800 元,与 10000 元,甚至差距更大,说白了就是搞科研比搞教学划算"(邵央)。即使是教学竞赛获奖教师也指出存在此类问题,如蔚祺认为,教学奖励落实到职称晋升政策上,并无实质性帮助,青年教师对参加教学竞赛类活动难免存有疑虑。在该工作关系网络中,高校青年教师作为研究者的专业身份影响了其作为教师的身份认同。

显然,高校青年教师的工作环境总体上对教学的外在性激励较弱,而当教师自身缺乏教学兴趣时,就会很明显感到意义不大。当然也存在另一种情况,就是教师本身热爱教学且非常享受与渴望被认可,那么即使外在环境中领导与同事的支持不足,他也依旧可以在与学生的互动中享受乐趣。这类现象多见于内在动机驱动的教师身上。例如,对于志远而言,最幸福的体验就是查看学生对他的评教反馈,"'你那么认真,不是我们学校的''我没有见过你这么认真的老师''老师,你的英音太好听了'"(志远),这些来自学生的评价可以使其极为满足。正如希荣所言:"我希望给学生带去价值,只有当他们真的感受到价值的时候,才能体现出我所谓的价值。"可见,学生的支持与鼓励赋予了他们教学工作极高的价值与意义,也使其教学更具温度与力量。

(二)矛盾的人际感知:"自我否定"

从访谈资料来看,高校青年教师所处的关系环境是动态变化的,而不同类型、不同程度的关系相互交织会使其对教学价值产生复杂的情感。在经历学生因极度抑郁而声带小结、最终休学一年的事件后,声乐系教师竹婷对师傅带徒弟式的教学模式的精髓有了更为深刻的认识,虽然耗费大量课外的时间与精力,但学生成功也会直接给她带来成就感,"付出是为了学生,也是为了我自己"(竹婷)。然而,自她入职工作起,至今已经历三届系领导,但一届比一届更不重视声乐系教师的教学工作,不仅占用学生声乐课的上课时间,还不认可声乐教师的教学付出与成果,"学生唱剧排得好,领导会觉得导演拍得好、舞蹈编得好,但他不会觉得我们声乐老师教得好,领导看不见我们的付出"(竹婷)。显然,这样努力付出后,她即便感受到学生成就带来的喜悦,也难掩被领导不公对待的寒心,"这个对我心态上肯定是会有影响的,有时就会觉得我还要不要这么努力地去教学生"(竹婷)。

另外,从时间纵向分析,若长期处于低支持、低认同或低激励环境中,且内在激励也降低时,青年教师对教学工作的价值定位也可能会发生"退化"。

正如娅希所言，90%以上的青年教师会考虑工作起初的印象，至少会认真对待入职前三年的教学，但之后则可能会根据自身职业晋升需要将更多的精力投入科研，随之教学工作多以"吃老本"为主。即便是自我超越建构者艳文，虽未进入该退化状态，也会出现如此念想。她在入职初期特别积极，即使外在制度框架平平也依旧具有强大的内在性激励。但随着阶段状态的变化，她发现制度非但不支持教师，反而预设教师"不是好教师"并用条条框框进行约束与监督，这使她对教学反思与创新的意义产生自我否定。"我到了一定年龄段，科研、生活各个方面的压力都在层层加码，然后倒过来，每天像有一只眼睛在监督你上课，感觉教辅不是辅助教学，而在指导教学。那这样肯定是会打击我的教学热情，既然我给自己添了这么大的麻烦，我为什么要这样做？既然你这样要求红线最低标准，那我就不需要创新了"（艳文）。上述两种情况表明，高校青年教师对教学价值的认识会随着空间与时间的变化而受影响。

综上，高校青年教师关于自身教学目标为何、教学依据何种取向、教学价值为何意三个维度的理解，构成了其进一步改进教学、建构教学实践性知识的核心动机。然而细读本节可发现，区别于另外两小节内容，本节行文思路并未按不同类型教师写作，其缘由是为了更好地呈现比较与变化，即受访教师的"教师自我概念"一直处于动态变化之中，不仅受所在环境的社会化作用的影响，也受自身教学改进行动结果的影响。

第三节 差异化的教学改进行动

高校青年教师在教学实践性知识建构的不同动机下，教学改进行动也相应存在差异，如教师可能不愿意承担批判性反思所需付出的代价，具体体现在其所采取策略的挑战度与创新性方面。本节希望借助质变学习理论中的意义图式、意义视角，以及内容反思、过程反思与前提反思的概念，分析高校青年教师在其所处特定情境中的教学改进行动。根据访谈资料分析,受访教师基于行动进行反思,如反思自身教学实践行为、反思学生课堂反馈、反思专家及同事建议、反思现行教学制度等,并通过参照模仿、创新探索与寻求支持三个维度支持教学改进。

一、自主优化建构者:"逐步完善教学"

自主优化建构者对教学工作的投入尤为强调"教学良心",在此内在动机之下,其积极地学习与融入新的意义图式以拓展意义视角,他们对自身教学过程不断反思,新的意义图式有意识或无意识地同化到既有的意义视角之下,而意义视角本身也得以补充与丰富。

(一)注重对如何提升教学效果的实践反思

实践反思一般分为两种情况,一是基于自身对教学的理解进行自主导向式的反思,二是由外界评价反馈激发的关于自身教学的反思。对于自我优化建构者而言,更多是基于对教学目标的不同理解,围绕教学效果对教学实践进行反思。"我想要我说的每一句话是他们要听的,或者至少50%学生觉得要听、能听的,而不是耳旁风。那为了达到这个效果,我必须了解大多数学生的共性需求"(娅希),面对不同专业的学生群体,娅希反思的焦点是如何尽力找到学生的共性以及如何根据学生的需求点设计教学。教育学专业教师邵央自从事助教工作起就形成了互动形式多样的教学风格,在教学实践中,她以促进学生成长为教学目标,不仅反思作为教师该如何教,还会对学生该如何学进行反思。当她按常规小组汇报方式组织活动时,她发现"有的小组汇报很'水',他们自己汇报的时候也是浑身长毛的感觉,其他同学在下面听得更是如坐针毡,虽然可能只有10分钟,但这就是浪费"(邵央),对此她反思如何进一步改进小组汇报的活动环节;她在上课时会观察讨论环节的学生发言情况,她发现"有的学生可能人生经历比较丰富,能交流讨论得比较具体,但有的同学甚至一句话都谈不出来"(邵央),但她认为对于

"终身教育"这门课而言,学生若不反思自身经验就意味着他们对这些教育理论缺乏真实体验,进而她反思如何让这类学生更多地融入课堂活动。

根据质变学习理论对反思的界定与分类,"反思是对我们努力解释和赋予意义的经验的内容、过程和前提进行批判性评估的过程"[①],自主优化建构者在教学实践中涉及内容反思、过程反思及前提反思,但总体上基于其既有的意义视角框架进行反思,并进而得以拓展。以博文为例,针对学生作业中的复制粘贴现象,他对学生作业反映的学习态度与投入情况进行内容反思,认为作业布置要求字数多时,学生作业中多为背景性和基础性的内容复制,缺乏思考;针对自身不了解学生特点的不足,他对自身接触学生的方式方法进行过程反思,认为要去观察学生的日常、要去跟学生多交流,而不只有课堂上的互动;针对因课业要求较高而导致学生向班主任告状的问题,他对学生学习状态进行前提反思,认为"学生会比较不同课,如果所有的课都很'水',然后有老师来上新课且挑战度高,他们就会觉得这门课任务太多,不愿意投入时间,反而会认为其他课业压力小的课才是正常课的样子"(博文)。换言之,学生在现有的教学与管理制度熏陶下,可能原有的对大学课堂的期待水平被拉低,于是慢慢适应了这样的教学常态。但上述反思实践并未导致博文的意义图式与意义视角发生质变,而是对他作为高校教师的角色理解进行补充与更新,这使他对日后教学实践有更深入的思考与预设。

(二)寻求周边资源多方支援

对于自主优化建构者而言,他们并未在教学实践中经历特别令其感觉迷失方向的困惑,而是相对比较清晰知晓如何依据实际情况一步步寻求外援支持。对此类受访教师访谈资料的分析发现,既包括教师单一主体的资源搜索,即通过线上或线下方式搜索相关讲座、课程教学示范、教学材料等外部资源,还包括寻求不同主体间的互动支持,即共同交流探讨教学内容与

---

① Mezirow J. Transformative Dimensions of Adult Learning[M]. San Francisco:Jossey-Bass Inc.,1991:67.

过程。以无任何助教经历的娅希为例,为尽可能消除对初上讲台的紧张恐惧感,尽快掌握主要的教学方法及相关注意事项,她花一年时间旁听本专业所有教师的相关课程,从引入到互动、讲知识点、讲练习再到总结,按一节课90分钟计算,共听了60节课。此外,她还在慕课平台观摩学习名家大师的教学过程,学习吸收评论性节目中有关国内外社会热点的分析逻辑等,不断更新课程设计与教学内容。对于旭冉而言,不断汲取优秀教师的经验是其改进教学的重要途径,"我向上课比较好的教师咨询请教,他们就会跟我讲教学示例,还会打开课件演示怎样处理对教学重难点的生动化设计"(旭冉)。基于此,他进一步清晰了自身教学存在的问题,即教学PPT文字过多、不能灵活呈现教学内容,教学过程因缺乏合适的案例支撑而显得枯燥乏味。

与寻求同事支持相比,更具效力与冲击力的方式是与学生合作并获得其支持,自主优化建构者都采取了不同方式了解学生对课程的理解与期待。例如,旭冉利用培训所学,将课程内容以模块化的方式呈现,给予学生对课程教学内容的选择权;邵央在开课前专门预留时间,给学生自由发言、提出课程框架内感兴趣话题的机会;娅希以问卷调研的方式,了解学生对思政课的上课风格及教学内容等方面的需求与兴趣;博文则利用第一堂课向同学讲解课程教学大纲,并就具体细节设计进行互动交流,努力达成一致性理解与共识。相比之下,明泽、萧然寻求学生支持的方式较为朴素,他们倾向课后询问学生的听课反馈,并做相应调整。

与常见外援方式不同,博文更关注与寻求本科教学的整体支持系统,包括专业课教师与班主任、授课教师与教务秘书、主讲教师与研究生助教、普通教师与上级领导等多个维度的支持。当他遇到因课业要求较高而遇到学生向班主任告状的问题时,他会找班主任沟通,"我就跟他们班主任说,'我会给你学生加压加挑战度,学生可能会有抱怨,但你要跟学生说,提升挑战度是对的、是正常的,一定要转变学生原来的观点'"(博文);当他面对教学环节需要进一步细化而无助教支持时,他找教务秘书咨询,"我问她,'学院里有没有招聘助教的支持',她说,'你去问院长有没有特批的'"(博文),无奈之下,他便使用自己的经费招聘了两位研究生助教辅助教学。总体而言,本节受访教师往往会有意识、有目的地寻求支持以改进教学,涉及高等教育场域中多种不同的关系,并利用他人想法、建议或做法进一步反思教学实践。

(三)尝试探索新的教学方法

试错探索对于自主优化建构者而言,主要是结合实践反思与外部支持的有目的、有取舍地尝试新方式以改进教学的行动。例如,娅希基于问卷调研学生需求,通过听课换位思考学生喜好,不断调整教学策略,"上课时,我尽可能做好服务型教师,去更新每次内容,去互动调动课堂气氛,我尝试了给学生唱歌、穿越讨论、翻转课堂等很多有意思的活动设计"(娅希)。邵央针对小组汇报活动中效果不佳的情况,尝试将各组汇报的程序调整至课前,以保证上课质量,具体采取的方式是学生将各组汇报分别录制提交,经她筛选并反馈问题后各组进行修改,而上课进行汇报的小组则为两轮修改后的优秀代表。希荣、旭冉积极运用岗前培训所学改进教学,"我用当时微格教学时的培训方式,设计分组活动,这样学生的凝聚力就会很强"(希荣)。

此类受访教师较为积极地发展自己的教学能力,并不自满于外在底线要求的达成,而是充分利用既有意义视角改进教学。博文基于丰富的助教经历及教学经历,认为其教学的核心理念在于"高挑战、小组合作、高支持",为此他尝试探索了许多新的方式,比如当学生阅读文献存在困难时,他聘请研究生助教带学生学习如何查找文献与阅读文献;当自身对学生了解不足时,他主动承担班主任工作,观察关注学生的日常生活及兴趣,并有意识地与学生建立信任关系,"第一次班级活动,我就花了很长时间跟他们讨论'什么叫班集体',我还花了1000元科研经费给他们买书,让他们互相传阅并交流感想,比如思考讨论'作为第一代大学生,该怎么样更好地度过大学生活'"(博文)。可见,在基于核心理念的意义视角下,他尽可能不断尝试新方法改进教学。

二、适应调整建构者:"基本遵循既定传统"

对适应调整建构者而言,他们在教学实践的过程中较为固守己见,易被自己的意义视角束缚,且周边往往有着一批与其意义视角相似的同伴群体,以致其较少反思教学。他们的行动特征基本遵循既定的传统教学方式,即使察觉教学中可能存在的问题,也很少寻求教学支持,故新意义图式的融入与意义视角的拓展都较自主优化建构者更为有限,总体上仍表现为惯常的教学实践逻辑。

(一)行动反思的察觉范围具有局限性

适应调整建构者的反思实践似乎不太关心教学实践中可提升优化的部分,而是聚焦解决教学环节中的基本问题。例如,对于杰修而言,博士期间类似讲课式的数学专业训练过程,加之"线性代数"课程教材知识点基本不更新,使他的教学工作显得尤为"游刃有余",但学生对课程的重视度问题也促使他进行反思。例如,他对学生不重视课程的问题进行内容反思,"如果学生认真学都可以学得很好,但有的学生不重视,他们好像就觉得眼前抽象的数字对自己未来发展没有用"(杰修)。相较于杰修,无讲课及助教经历的睿渊任教初期较为紧张,也正因为此,他反思的敏感度相对前者较高。例如,他针对学生上课注意力不集中的问题进行内容反思,"我讲有些内容的时候,他们会很感兴趣,但是讲另外一些问题时,他们的眼神就会涣散,我能够体会到他们眼睛的变化",即教学内容的吸引度与趣味性是使学生上课注意力集中的关键;当他利用教师权威布置作业而出现学生不做作业的问题时,他对布置作业的过程进行反思,认为生搬硬套地要求学生完成作业反而效果不佳。对于杉林而言,学生的匿名评教使他对自己的教学过程进行反思,"我觉得自己上得很认真,但有次评教中学生反馈'不希望老师老是念PPT'"(杉林)。

值得注意的是,在回答"学生有何特点"的问题时,适应调整建构者都认为,学生自身缺乏某些特质,进而将学生学业发展的问题归咎于学生自身;在谈及"督导及其他教师的教学建议"时,他们都持排斥态度并诉诸学科教学特点。适应调整建构者作为"高知分子",显然具有高阶反思评判能力,但在对某些教学问题的处理上存在基本归因错误,即强调教学中存在的一致性倾向,而非自身在特定情境中的能动行为。正是因为推理过程中的扭曲假设,其教学实践中反思的"察觉范围"较为局限,且较少存在内疚与自责的情感,预示了其较少反思自身教学,更不用提促使既有意义视角的质变。"我觉得自己教得还可以,但把一堂枯燥的数学课上得生动并能够吸引学生主动来听,这实际上是有难度的,不管是谁"(杰修)。

(二)授课初期咨询课程教学要求

自主寻求各方教学支持这一行为并不常见于适应调整建构者,因为对他们而言,教学目标在于准确传授知识,当教学水平已达到制度要求时,教学的价值意义不大。同时,其身边往往存在一批持有相似意义视角的权威人物或普通同事,使其可以维持与确认自己的主观认识。在此学习背景下,适应调整建构者所谓的寻求支持基本出现在任教初期,其寻求援助的内容主要集中于如何选择教学内容、如何安排教学进度、如何编排课程架构等教学环节。对杰修而言,他虽熟悉讲课式的教学方法,但初次任教上课时对于教学内容及课程整体安排并不明晰,所以会咨询之前也上过相同课程的教师,"他们基本就是把教材内容放到课件里,然后不同老师课程编排方式不一样,有的可能先讲习题课,有的可能后讲,但整体进度差不多就可以了"(杰修)。相似地,睿渊在任教初期,除上网查阅课程教学资料外,主要咨询所在教学团队的前辈教师,具体请教如何安排课程收尾阶段教学任务等事宜,显见该类教师的援助主要来源局限于其身边的同事,多为开展教学工作的客观需要而进行,且基本不涉及对他人建议或观点的批判性反思,如"我没有专门去学习教学,我也不会特地去听课"(成颖)。

(三)在参照模仿基础上进行微调

基于既有反思与经验,适应调整建构者会相应采取教学策略予以改进。例如,杰修为加强学生对课程的重视度,"在整个学期刚开始,我会讲这门课与他们自身专业的关系以及今后应用,类似药引一样的作用,这样让学生对课程有整体印象"(杰修);睿渊则为吸引学生学习注意力,在授课内容上补充一些趣味性的课外拓展知识,并结合自身作为学生时对课堂互动的体验,增加点名提问环节。

但是,适应调整建构者试错探索的特点不是微调,而主要体现为"不加批判地参照模仿"。睿渊指出,当所教授课程为经建设的成熟课程,配套的课件、习题与参考材料等各方面资料都很齐全时,"我要做的就是熟悉课程内容,然后完全按照原有的模式,向学生讲授就可以了"(睿渊)。而对于未经建设的新课程,他所采取的方式就是模仿学生时期教师教自己的方式进行教学,"我就回忆自己做学生的时候,参照模仿我们老师的授课方式,会有这样的影子"(睿渊)。对于杰修而言,他参照模仿的对象就是学生时期类似讲课的专业训练过程,"以前是把理解的东西讲给老师听,他会挑毛病,现在是讲很熟悉的内容给学生听,知识储备完全超过学生,以前听众是一两个,现在是几十人甚至上百人,但整体而言,很好把控"(杰修),可见,参照之前讲给导师听的讲课方式进行面向学生的教学,对其而言仍然是适用且合理的。

三、自我超越建构者:"跳出现有框架"

相较于前面两类教师,自我超越建构者的教学改进行动以"跳出现有框架"为特点,不断对自身教学过程进行持续性反思。他们通过跨国、跨界的有力外援支持,大胆质疑所面临的教学问题的前提,在教学实践中勇于探索创新,从而使旧有意义视角下一系列意义图式不断改变,新的意义视角在其实践中得以确立。

(一)立足教师角色进行批判性反思

在本研究受访教师中,自我超越建构者对教学工作投入的内部动机在起初就显然比其他类型的教师更为强烈,不论是因自我成就的强化,还是因对教学本身浓厚的兴趣,这在其一路的反思实践中可见一斑。

留学归国的艳文入职任教时对教学特别积极,在感知到国内教学制度要求平平的情况下,她结合过往受教育经历,反思作为高校教师的角色价值,认为自身要以最好的状态与最高的标准投入教学。她对当前制度框架下的诸多教学现象进行思考,包括同事的讨好式教学、学生的不客观评教、前辈教师分享教学经验的意愿较低、带教导师的名义存在、教学管理的不合理等诸多问题。正是在这样对周遭事件的"反身性"思考上,她进一步加深了对高校教师角色的理解与确认,"一个非常有良心的教师,即使学生埋怨,也依然要一直推动(push)学生,因为只有这样,学生才能最终突破那个瓶颈并收获真正的成长"。而针对如何有效地 push 学生成长,也是她在教学实践中不断反思的焦点。当她投入大量精力讲解知识而学生溜号不听要求重讲时,当她总是有问必答而学生开始询问单词的意思时,当这一类学生的学习依赖状态愈发明显时,她不断反问自己并进行前提反思,"为什么会出现这样的情况?"正是在这样一次次的对同类教学事件的反思中,使其对自身原有的意义视角产生否定,并转向新的意义视角:"老师不是复读机,而是一种导向(orientation),不是学生要一口,老师喂一口,最后发现学生吃完了,但完全没吸收。"

相较于艳文,志远和煜城的反思实践更能清晰呈现其对自身既有意义图式与意义视角的不断挑战与转变。随着对学科教学的了解加深,志远对自身起初喜欢讲笑话等带有社会培训特点的教学方式以及着迷信息技术的做法进行前提反思:"目标在这里,学生在那里,他们不会自动地到达目标,那讲笑话也就没有意义了……这个技术真的提高教学效果了吗?真的解决痛点了吗?"煜城则针对"学生为什么会讨厌在课堂上集中注意力,并拒绝积极参与课堂讨论"进行前提反思,认为传统的教育模式过多地强调教师在课堂中的地位,而一味将学生放在配角位置,甚至是"事不关己"的围观观众。在认清这些问题的本质后,他们便不再停留于既有的教师角色定位,而走向了新的角色视角。

(二)持续自我导向地寻求高水平支持

自我超越建构者寻求外援资源的执行相较于前面两类教师显得更有力量感,其追逐探寻资源的方式多样、投入巨大、视角深刻且成效明显。与自主优化建构者相似,自我超越建构者同样也会广泛地搜索优质教学资源,寻求周边学生、优秀教师的多方支持,但在程度上,显然比前者更胜一筹。以艳文咨询同事教学经验为例,她在经历了同事婉拒听课与不愿分享经验后,依旧锲而不舍地找公认的榜样教师,抓住各种机会不断追问最亮点、最出彩的经验:"问的成本太高了,比如今天一起吃饭的过程中,我问一嘴,然后这个老师心情好的话,会讲核心精华的一部分,明天换个老师又讲了核心精华中的一部分,就这样不断积累。"

此外,自我超越建构者所寻求的支持是跨国、跨界的融合,而不囿于周边的有限资源,如艳文积极探寻与引入国外顶尖学府的课程教学设计及互动方式。相似地,志远也不框定于原定的课程教材,不断搜索与学习国外经典教材:"要善于搜索教材,但搜索教材的过程中非常重要的是大量的阅读对比,找教材不会第一眼就能找到一种合适的。"大量优秀新教材的获得促使他重新认识学科教学,并触发了对自身教学内容及教学过程的批判性反思。为了广泛搜索与阅读各式好教材,他还经常和外语类教学出版社等行业伙伴保持联系,积极参与各种教材发布会及教学交流活动:"我的学校并没有给我提供很好的教学资源平台,但是我会去外面想办法自己找。"

(三)大步革新既有的教学实践

教学创新既是对当前常规教学模式的突破,也是对未来教学趋势的逼近。自我超越建构者重在采用先进教学理念与模式改进自身教学实践,如艳文刚开始教学时,在普通通识类选修课的教学过程中,采用了国际上最前沿的互动方式进行教学,收到了学生积极的反响,"这门课只有1学分6节课,到现在为止,好多学生逢年过节还是会打招呼,然后说'非常感谢您''当年认识您对我产生了多大的影响'之类,我觉得这可能是我自己没想到的"(艳文)。一次次创新教学的成功体验感,也使她的教学过程更灵活而富有智慧。试错探索既是带有反思的深思熟虑的创新尝试,也可以是当下情境中"教学机智"的艺术呈现。艳文在一次课程学生做汇报(presentation)的时候,突然意识到学生汇报虽从表面上看有模有样的,但难以看出学生对知识点与方法的真实掌握情况,"我当时就想,如果只按照现场表现情况给打分的话,我觉得我不知道其他学生到底有没有真正地吸收,所以我在中间直接说,'接下来我们要加一个环节,现在每个同学拿出一张纸,然后每一组在做汇报的过程中,你来给这一组同学进行打分,同时你要写出打分的标准和评分的依据'"(艳文)。此时的试错探索,体现的已是对新意义视角的实践融入。在她看来,教学不再是注重知识权威进行教学,更关键的是要通过每位学生的反馈去分析其实际吸收程度,然后再进一步调整教学进度及教学细致度。

同样地,志远通过尝试采用新教材辅助教学、尝试以国家新课标优化教学目标、尝试调整对教学技术的使用理念、尝试根据学生实际需求增加教学内容等一系列试错探索,使教学实践不断优化与发展。在尝试新挑战与新角色中,自我超越建构者不断塑造自信与提升能力,而随着质变的意义图式积累增加,其意义视角最终得到质变,"绝大部分的国内英语专业语音课,基本上就把高中的冷饭炒一点,然后再稍微加一点点内容,但是我觉得我不想这么上,无论是从新国标的要求,还是从自己的专业兴趣,我的成就感源自解决学生实际的问题"(志远)。

四、逆压重塑建构者:"汲取重要力量支持"

虽与自我超越建构者同属于教学实践性知识重构的类型,但在建构初期,自我和谐意义视角被扰乱所伴随的痛苦困惑情感,是逆压重塑建构者所特有的。而重要他人的存在为其提供了意义视角重组的重要条件,使逆压重塑建构者意识到基于扭曲或不完整意义视角的基本预设,从而启动了富有意义和冲击力的意义视角重组。

（一）被动反思以应对教学冲突或混乱

与其他类型的教师一样,逆压重塑建构者的反思实践中同样有着对教学问题的内容反思与过程反思,然而面对冲突性事件而触发的前提反思是其他老师未曾经历的。例如,对于竹婷而言,其一学生因极度抑郁而出现对声乐专业致命的声带小结症状、尔后休学一年的情况,就是使其顿悟改变的触发事件。该事件对她造成极大的压力与打击,面对与该学生交流沟通不顺、教学受到极大影响的问题,她反思自身教学的前提假设,"其实我以前不愿意涉及学生更多的其他方面,因为教学对我来说就是工作,课上完就结束了,反正我保证我教的是对的,也是为了学生好,但我不管学生到底接受了多少"(竹婷)。但在该事件之后,她关于教学的意义视角发生了重构,她意识到学生间存在个体差异性,不能以同一种机械专业训练方式教所有的学生,"虽然教专业是一大部分,但我不仅要管学生唱得好不好,我还要管学生的为人和影响学习的问题,我要尽量引导学生扩大自身优势,使其真正得到成长"(竹婷)。

与竹婷不同的是,轩妍的关键触发事件不是源于教学实践的师生互动,而是来自工作环境中领导及同事对她教学的否定,"我最大的问题就是被别人质疑,他们就说我不会上课,就这一句话"(轩妍)。自轩妍入职任教以后,这个问题一直伴随着她的日常教学。对此,她反思该问题存在的根本原因是所学专业与所教课程的方向不匹配,"但高校任教不是本专业的现象比比皆是,绝对不是我一个人的问题"(轩妍)。虽然这萦绕耳边的否定曾使她陷入自我否定,但这也彻底激发了她对教学的探究动力。正是因为这一否定,她不断吸收其他教师的经验、学习利用各种在线资源,"我要吸收大家的精华,但最后我要自己判断对或错,比如思考知识点与知识点之间怎么衔接,怎么去讲这个知识点"(轩妍)。上课结束后,她不断反思比照自身存在的问题,"下课走在路上或坐在地铁上,我就在想,我今天哪个知识点没讲好,还可以怎么讲,为什么这样讲"(轩妍)。同样,轩妍、岳亦、威海等教师的反思实践也发生在工作环境中,但更深层次的批判反思主要来自教学竞赛评审专家的否定,"比赛前觉得自己上课还行,但比赛讲完课的专家提问环节,我整个后背都是汗"(岳亦)。

(二)寻求重要他人的确定性支持

对于逆压重塑建构者而言,重要他人在其教学实践性知识建构过程中发挥着重要作用,有利于减轻其最初的不安与无助感,是其质变的社会基础。虽一直处于被否定的工作环境中,但轩妍并未放弃,除下大力气备课、自学看大量教学视频之外,她还经常从学生处汲取力量,"我经常问学生:'你们觉得谁的课上得好,为什么他的课上得好'"(轩妍)。而对她而言,最关键的就是获得重要他人的支持与认可,"我要被认可,我想知道我的问题在哪里,到底哪里不好,真的很渴望听到人家对我的指导"(轩妍)。正因为此,参加教学竞赛成为其审视自身教学的利器,也正是在一轮轮参赛进程中,她遇见了对其教学产生重大影响的专家。"'以赛促教'这个说法太有道理了,我从不同的专家指点中学到很多。比如有位专家讲道,'思考题要给学生留有发挥空间,思考题太简单的话,根本算不上大学课堂'"(轩妍)。虽然冲突事件的起点不同,但受益于教学竞赛的岳亦、威海等,同样表示备赛期间专家指导提供了强大有力的专业支持,"一开始我觉得教学是'深入浅出',但专家让我明白了为什么要'浅入深出'"(岳亦)。

与上述教师不同,竹婷的重要他人支持主要来自学生及同事。在竹婷经历学生极度抑郁事件后,回忆自身学生时期导师倾尽所有的付出,"因为我们以前学习也一直是这样,就是老师像带孩子一样带学生"(竹婷),并重新审视日常教学的现实,"我们平常教学中经常会说,这是谁的学生,那个是谁的学生"(竹婷)。正是这些周边的可信结构,使她在"迷惘困境"中收获了肯定。

(三)针对性改变效果不佳的教学实践

伴随着教学实践中的前提反思与重要他人的支持,逆压重塑建构者会被赋予力量,从变化的多维环境中跌跌撞撞地走出来,开始尝试探索新的教学方式,以区别于过去。竹婷在遇到冲突性事件之前,往往一开学便开启常规的专业训练模式,但此后,她将之调整为更具亲密感的一对一教学模式,"第一节课不是正常就开唱训练,而是我会跟学生聊,了解他的家庭背景、个人生活情况以及在学习上的需求和计划之类的"(竹婷);平常也会投入大量的时间精力去帮助学生成长,而不再把教学仅仅视为一项完成任务式的工作,"平常我想到就问学生:'你最近怎么样?''来我家我再给你上节课?''要么我再听下你声音?'如果他们要开音乐会了,虽然不是教学时间,但我肯定要过去帮他们排练,会有很多这样的付出"(竹婷)。

与之前相比,轩妍、岳亦、威海等对高校教师角色的理解也有重大改变。例如,轩妍认为,教学应重在培养学生的能力与思想,并非死记硬背、应付考试。对此,她调整了多年以来既定的过程性学业评估方式,将过去分组介绍中药方子的常规方式,改为从每个学生自身学习兴趣与发展需求出发的全新汇报方式,"我选了15个中药方子,5—6个学生为一组自选方子,针对每个小组的分工要求如下:一是对中医感兴趣的学生,写方子的前生今世;二是对中医文化感兴趣的学生,找方名的取证;三是对临床感兴趣的学生,查方子里的有效成分及其作用机制;四是打算在药房工作的学生,思考方子的注意事项及禁忌;五是打算考研进修的学生,查方子的最新研究进展"(轩妍)。

本章从情感、动机、行动三个维度分析高校青年教师教学实践性知识建构的主体。"情感体验"是指青年教师在面对教育场域中的冲突与挑战时所表达的个人情感;"核心动机"是指青年教师关于自身教学实践中教学目标、教学取向、教学价值三方面的综合认识;"教学改进行动"是指青年教师为完善与改进既有教学所采取的行动,主要包括行动反思以及基于行动反思之上的参照模仿、寻求支持与创新探索三种方式。不同类型教师在教学实践性知识建构过程中有着差异化的教学改进路径。当教师以传授知识为教学目标、以达到底线制度规范要求为教学标准、以教学为职业发展的附加价值时,其往往比较满足于自身教学现状且改进教学行动比较保守,相应地,教学实践性知识建构发展缓慢;反之,当教师以促进学生发展为教学目标、以自我实现为教学取向、重视教学的内在价值时,其往往富有教学热情且不断改进与发展教学,相应地,教学实践性知识建构也不断得以调整,甚至发生重构。

第四章　教学实践性知识建构的类型分析

既有的高校教师教学实践性知识建构的过程机制研究,主要从日常教学实践循证、教学学术发展、知识类型间转化创生三种路径进行论述,这些理论分析对本研究而言,有可借鉴之处,但也有不贴切的地方。虽克雷伯和克兰顿尝试使用质变学习理论分析高校教师教学知识,但其更多停留于理论层面探讨,并未就真实情境中的教学实践性知识建构类型及变化进行分析[①];裴光钢和颜奕虽基于文化活动理论视角提出高校教师教学工作中不同层级矛盾对其教学实践性知识建构的影响,但其研究重点在于理解教学实践性知识的元表征[②]。

第二章、第三章分别从结构视角下的教学实践性知识建构影响因素与主体能动视角下的教学实践性知识建构过程进行阐述,本章将追随教学实践性知识建构的四种不同类型,以"能动—结构"的交织为逻辑,呈现建构结果的变化。根据访谈资料分析,青年教师所处的高等教育场域中涵盖着各种事件,而这些因素可能触发或抑制其反思自身教学,故构成教学实践性知识建构的前提。受访教师作为教学主体会基于情感与动机,做出完善与优化教学的行动,而教学改进行动中不同学习方式的反思假设检验则是其教

---

① Kreber C., Cranton P. A. Exploring the scholarship of teaching[J]. The Journal of Higher Education, 2000(4):476-495.
② 裴光钢,颜奕. 中国大学外语教师实践性知识元表征探究[J]. 广西师范大学学报(哲学社会科学版),2015(3):159-164.

学实践性知识建构的关键,正是在两者互动的基础之上,受访教师教学实践性知识得以构建,并呈现不同的结果。以上也是本章各节内容的设计思路,即不同类型教师在高等教育场域中所触发的反思、相应教学改进行动中的反思检验以及教学实践性知识建构的结果,重点在于梳理不同类型教师之间差异化的发展逻辑。

第一节 自主优化建构:不辜负"教学良心"而尽责

对于本节受访教师而言,"教学良心"是他们对自我教学实践的承诺。在结构性背景环境下,自主优化建构者积极地自我摸索检验教学策略的有效性、通过交流寻求周边多方支持,从而使教学反思被不断触发,使教学实践性知识在三个维度上都得到更新与拓展。

一、教学反思的影响因素分析

针对自主优化建构者而言,教学反思的触发不仅源于所处结构性背景本身,还包括在寻求支持、试错探索中创生的反思性事件,影响因素的双重作用共同推动了他们教学实践性知识的建构与发展。但制度背景下的岗位角色要求以及教师自身既已内化的主观视角局限性会抑制其教学反思的程度与范围,或启动替代方案。

(一)教学反思的触发

对于自主优化建构者而言,无论是任教初期熟悉教学工作还是职业发展期不断完善教学工作,教学经历中都有反思触发的痕迹。刚入职任教或接手新教学任务时,为熟悉教学工作并尽快符合岗位需要,有关课程目标设置、教学内容设计、教学环节安排等方面教学资本的不足,会触发自主优化建构者进行内容反思。例如,旭冉教授的"本科生毕业设计"这门课程是应往届毕业生反馈本科期间学术研究训练不够而新开设的课程,不属于学科专业课程,故他初次接手时并不清楚如何着手,"对我而言,这是新的挑战。当时我想了很多方式,但网络搜索并无相关的内容,然后我就一直在想课程内容,因为单纯讲如何做实验或写毕业设计,并无法撑满20节课"(旭冉)。随着课程教学的开展,与学生互动交流增加,本节受访教师对自身教学风格、教学理念及教学水平做出进一步的评估与判断,涉及内容反思与过程反思。娅希虽然在入职初期旁听了很多前辈教师的课,但在实际教学中,她依旧意识到自己对学生的了解不足,有时教学半小时,却好似没有学生在听,"我如何教学才是学生喜欢的样子,我如何教学才会使学生抬头率提高"(娅希),这一系列问题就成了她的日常思考。

除了教学经历,结构性因素中的岗前培训项目也是触发本节受访教师反思的另一主要因素。除博文作为师资博士后教学一年尚未参与面向全市市属本科高校新入职教师开展的岗前培训外,其余教师均参与培训并触发了其进一步的反思。晟祥表示,他关于高校教学的启蒙真正发展于岗前培训时期,"如何做教学 PPT?如何写课程大纲?如何设计教案?如何进行案例教学?这些都是在培训中学习思考的,实用性很强"(晟祥)。相似地,芝颖在访谈中也多次提及岗前培训的重要性与个人收获,其中就包括对教学 PPT 的反思。她认为,培训中关于多媒体教学课件制作、课堂微视频等教育技术的课程,使她对本科生课程教学 PPT 与博士课程教学 PPT 或学术交流 PPT 之间的差异性特征有了新的思考,前者需要结合微视频、动画图片、人物故事等多种元素,吸引学生对课程的学习兴趣,而后者更侧重内容本身的价值。

在教学竞赛方面,旭冉、娅希等多位教师参与校级、市级的教学类竞赛并获奖。旭冉认为,教学案例大赛帮助他对所教授的课程"环境科学与纳米技术"进行了系统分析,通过学生调研、征求意见、分析授课对象等情况,他从确定课程名称、课程大纲、教学步骤与方法,再到教学实施后评估教学目标的达成度,"整个案例撰写的反思过程非常有意义,通过这个案例比赛,我把这门课的整体设计进行了重新调整与凝练"(旭冉)。娅希应学院教研室要求,已多次参与教学类竞赛,但并未直接表达比赛对其教学的正向作用。相反,她认为参加教学竞赛纯粹是为了获得更多资历以利于后期评职称评先进,但专家与学生的关注点并不同,所以竞赛对教学的实质性帮助并不大,"专家关注的是教学内容讲解时的理论逻辑,类似于写论文时系统化的论述,需要听者注意力高度集中,但学生的思维是发散的,课堂注意力很难长时间保持集中,要吸引、触动他们,那么课上的点要分散且不定期出现"(娅希)。虽然如此,访谈还是隐约捕捉到了她在教学竞赛中被触发的反思。她认为,教学需要不断更新想法,要体现课程的独一无二,即课程所教的知识要与教师个人每天所经历的新信息及过往的点滴经验进行联结,而让她有此感悟的正是教学竞赛中的经历,"我备赛时听了凤凰卫视的评论性节目,然后借鉴了里面的一个逻辑论述,比赛时评委听完就觉得很有意思,不是教材上的那种条条框框,这点印象很深刻"(娅希)。

区别于上述教学反思的触发,自主优化建构者从自身实际出发,在积极寻求支持的同时,也为自己创造了更多的教学反思机会。本节所有受访教师在入职初期均被要求跟随带教导师或相关专业教师听课,但听课的门数及次数存在差异,且实际执行会出现有名无实的现象。例如,博文表示在博士期间已完成两门课的助教工作,入职后的教学导师只是名义上存在,并无实质性内容。同样在此制度背景下,娅希大概花了一年时间听了本专业所有教师的课程,总计约60节完整的课,"听课时,我就会把他的优点和缺点都写下来,缺点就无则加勉,优点就吸收到自己的教学当中"(娅希)。旭冉在咨询前辈教师教学经验后,对自身教学存在的问题进行反思,"我觉得根据这门课的要求,在内容设计方面应该是够的,但是生动性不够"(旭冉)。博文在处理学生因课业要求较高而向班主任告状的事件时,他在与该班主任、班级学生沟通寻求支持的过程中,进一步反思不同教学主体间应如何协同以改善学生整体的学习环境,"班主任、辅导员、各个任课教师要协同起来使学生接受这样一种教学理念,倘若只有个别老师如此要求,学生反而会觉得压力大难以接受"(博文)。

（二）教学反思的抑制

"教学良心"是本节受访教师不断自主优化以优化课程的原动力,基于此,他们会尽力寻求支持,但当外界环境未满足其发展需求时,教学反思则会受到一定程度的抑制,"科研是可以交流的,但教学就是闭门造车,没有资源,没有提升渠道"(希荣)。当此"教学良心"与科研或教师考核中其他工作冲突程度超过一定阈值时,利益权衡便可能成为"教学良心"减弱或消失的借口,教学反思也会相应受到抑制。"教学是良心,科研是生命,很多教师为了生命而舍弃了良心"(博文),博文的这一总结道破了"教学良心"在多数高校青年教师心中的相对地位,这也从侧面反映了自主优化建构者的教学反思难以进一步深入的根本原因。究其本质而言,"教学良心"在本节受访教师心目中的地位在很大程度上还是依赖制度体制的扶持。例如,娅希、邵央都谈及课时费过低而导致备课动力不足、教学价值感降低的现象,即当前制度背景下的教学激励明显不足,"我们一线教师课时费那么低,我记得讲师好像43元一节课,副教授是53元一节课。真的非常少,太不值钱。如果用那个时间去送外卖,可能都赚翻了"(邵央)。

当制度支持激励不够,"教学良心"或有缺位且教学管理制度等相关制度也未跟进的时候,就可能出现"瑞士奶酪理论"中的现象——当所有的控制条件都失效时,事故就会发生[①]。换言之,当所有制度中存在的漏洞刚好叠加在一起时,教学反思就会受到抑制。这也就意味着制度在应对"教学良心"缺位时的重要作用,正如博文表示,"从某种程度上而言,所谓的'教学良心''教学情怀',其实并不关键,最重要的是建立制度。只有制度规定建设好了,即使教师没有'教学良心'或'教学情怀',他也必须在教育教学上投入

---

① 布罗克曼.那些让你更聪明的科学新概念[M].杭州:浙江人民出版社,2017:356.

大量的时间精力,只有这样才能真正保证教育教学的基本质量"(博文)。

除了外在制度对教学反思的抑制,自主优化建构者本人的惯习也可能会在无形中抑制教学反思的发生。例如,对于公共课"毛泽东思想和中国特色社会主义理论体系概论"授课教师娅希而言,她认为"对于学生而言,专业课已经耗费了太多精力,他们不可能把精力放在你公共课上面,这个课对他们将来赚钱没有用,他们就不会听,就会玩手机""一般教学班有80人,我是不可能监控到每个学生的,我不是人工智能"(娅希)。这些对公共课教学常态、大班授课情境的理解,在娅希看来是理所当然的。而当这类意义视角的习惯化程度越高,教学实践受到批判性审查的可能性就越小。又如,邵央对互动教学方式的惯习,这使其认为"教育政策"这门课程并不适合由她教授,而进一步改进该门课教学的最佳方式便是换授课教师,"我自己没有参与过政策制定,就纯粹去传递那些知识,真的很枯燥,最好就是换一个对这个领域很熟的老师"(邵央)。在她看来,课程本身超出了反思的涉猎范围,无法通过反思解决该问题,故转向替代方案。

总体而言,自主优化建构者是一批对教学有积极投入意愿的教师,他们明确意识到底线制度背景下教学工作在教师整体考核评价中所占的比重,即教学对于职业生涯的价值意义不大,但依旧持有"教学是良心"的内在信念。他们认为,教学目标在于依据学生兴趣及特点不断调整教学,以吸引学生学习或促进学生成长,虽落脚点上可能存在差异,但都会尽可能调动可利用的资源去改进与发展教学。而当作为"良心"的教学与视为"生命"的科研产生正面冲突,或受到制度性阻碍,或自身认为无法通过反思解决问题时,本节受访教师的反思可能被抑制。

二、教学改进行动中的学习与反思检验

质变学习理论借鉴哈贝马斯人类认知兴趣视角中的技术兴趣、实践兴趣与解放兴趣观点,阐释了工具性学习、沟通性学习及解放性学习三种学习

类别。"人类大多数成年人的学习是多维的,包括学习操控环境、理解与他人交流的意义以及理解自己。"①对于自主优化建构者而言,教学改进的反思行动主要涉及工具性学习与沟通性学习两类,较少涉及解放性学习。

(一)工具性学习、沟通性学习及其反思检验

杜威认为,人们对不确定情况的反思是制定假定的行动方案,预测每个方案的后果,根据最合适的假设采取行动,并通过行动的结果来检验其有效性②。基于质变学习理论视角,杜威所关注的反思是典型的工具性学习,其采用的有效性检验方式是假设演绎逻辑。这类工具性学习在教师真实的教学情境中,可以被理解为探究证明基于既有经验分析之上假设的有效性。例如,娅希在课堂教学中遇到学生不听课的情况,她认为"以学生为中心"理念视角下的教学,要根据学生的兴趣来组织课程、要根据学生的实际情况随时调整教学方式。基于这样的理念,她采用各种方式换位思考以了解学生、服务学生,甚至在课上唱歌以调动气氛,她希望尽最大努力获得学生的认可。通过教学反馈及评教情况看,她获得了学生与其他教师的肯定,并对不同教学方法的效果进行评估,"不是说每种教学方法都用得上,可能这些学生就用这个教学方法,那些学生就用那个教学方法"(娅希)。

正如麦基罗所言,大多数教学问题的解决实则同时涵盖工具性学习与沟通性学习。同样在娅希的例子中,进一步审视可见沟通性学习的痕迹。她采用每学期开学第一节课问卷调研的形式,以了解学生的学习需求与特点,包括对教师教学风格、教学内容的兴趣与偏爱等。通过问卷调研的沟通方式,她关于学生不听课问题解决的假设检验获得了一整套来自学生视角的意义共识。当然,此处需要注意的是,娅希对"以学生为中心"理念的理解

---

① Mezirow J. Transformative Dimensions of Adult Learning[M]. San Francisco: Jossey-Bass Inc. ,1991:59.
② Mezirow J. Transformative Dimensions of Adult Learning[M]. San Francisco: Jossey-Bass Inc. ,1991:52.

存在缺陷,虽然她对所持有理念下具体的教学方法进行评估,但尚未对理念本身的理解产生前提反思,这也进一步说明,教学实践性知识作为个人知识的一部分,在"逼向真理"的过程中是存在局限性的,需要不断补充与更新。相似地,旭冉在面对如何合理设置"本科生毕业生设计"的教学内容时,他通过网络搜索本科毕业设计相关资料、咨询相关教师获取教学资料之后,采取学生投票的方式进一步理解他们对课程教学内容的期望,从而最终确定课程模块。"我在课前制作了课堂微视频,把课程模块以一个个乐高积木的方式呈现,除固定模块外,像诺贝尔奖、元素周期表等化学中有意思的可选部分可根据学生的投票高低来安排"(旭冉)。他通过投票的方式,达成师生双方彼此对课程教学内容的共识,也取得了较为满意的学生反馈,"我听过其他课,大多数学生都低头,但我这门课抬头率很高,说明这样的内容设计学生很感兴趣"(旭冉)。

相较于本节其他受访教师,博文与邵央不仅关注沟通过程中理解他人,还重视自己被他人理解。例如,博文在解决因课业要求较高而导致学生向班主任告状的问题时,不仅与其所在班级的班主任进行沟通,还与学生进行沟通,意在使学生理解其教学理念,"我还跟他们聊了很久,我说:'我备一节1.5小时的课至少要花24个小时,这还不算我已经在这个领域的积累,所以我花的时间要比你们学习的时间多非常多。如果要保证学习质量,那你们每周课下就要花1.5小时的4倍,也就是6个小时来学习这门课程。'如果有老师不给你们布置作业,不要求你们看文献,也没有课外任务,只要来听课就行,我还跟他们说,请你们告诉我,哪位老师是这样上课的,我会跟他沟通。相反,如果哪位老师上课挑战性高,给你们更多的学习任务和交流讨论的机会,你们应该珍惜'"(博文)。博文旨在通过与学生及相关教师的沟通解决该问题,虽然体现了他对学生理解其自身教学理念的重视,但从某种程度上说,此时他站在授课教师的立场上与学生进行沟通,即隐含着教育者的权威地位,这样的沟通方式较难有效获得认同并达成共识,他也表示有些学生仍接受不了。

以上工具性学习与沟通性学习解决的问题焦点是课程教学实践,而根据对访谈资料分析的结果,有关教学发展实践中也蕴含了假设演绎逻辑的问题解决方式。例如,在任教初期,娅希为尽快解决教学经验不足的问题,她采用大量旁听同事课程、寻找网络资源、咨询请教同事等多种方法,认为"教学发展最主要的方式还是听课,因为自己讲课时,学生不会及时说,老师你哪里不好,或者哪里好之类的。但你在听课当学生的时候,就会直接地感受到对教师教学的喜恶"(娅希)。不同的是,旭冉、希文则表示,参与多种教师专业发展项目后,发现自我摸索式地寻找支持不仅耗费精力,且成效不佳,而更倾向组织提供有实效的活动,"我需要的不是专家告诉我这个课该怎样深入浅出,而是他告诉我如何变得深入浅出?怎样设计?为什么这样设计?授我以鱼,不如授我以渔"(希文)。

(二)解放性学习及其反思检验

当意义图式或意义视角因反思而获得转变时,这种反思就转变成解放性学习[①]。解放性学习的突出价值不在于学习的分类学层面,而在于突出批判性反思的学习维度,其对其他两种学习都有影响。在本节受访教师中,仅有旭冉谈及意义图式的转变。在其参加岗前培训期间,他被提供另一种不同于其自身的关于教学及PPT制作的理念与方式,即注重教学生动化。在后续教学实践中,他通过观摩获奖教师的优质示范课、咨询请教教学优秀教师及自身教学经历,证实文字内容讲解式的枯燥教学无法吸引学生,当在教学中采用丰富的图片、视频、动画与案例等素材时,教学会更显生动化,学生抬头率会相应提高。可见,旭冉关于教学生动化的新意义图式得以建立,但是在他既有意义视角下的其他意义图式并没有获得转变,故并未导致意义视角的转变。在他看来,学校教学专业化支持的不足是其教学未能更上一

[①] Cranton P. Understanding and Promoting Transformative Learning: A Guide to Theory and Practice[M]. San Francisco: Jossey-Bass Inc., 1994.

层楼的重要因素,"所有能利用的资源我都利用了,实在没有其他渠道帮助我改进教学。学校的专家讲座报告,在实际教学中都用不上"(旭冉)。

在质变学习理论中,反思行动涉及假设评估,而当假设被发现是扭曲的、不真实的或无效的,反思行动就会变得具有转化力。然而,通过对自主优化建构者的教学改进行动解析发现,虽有个别意义图式发生质变,但整体上以沟通性学习与工具性学习为主,教学实践性知识仅在既有的意义图式与意义视角基础上进行丰富与拓展。

三、教学实践性知识的修正结果

秉持着"教学是良心活"的信念,自主优化建构者对学习与发展教学具有一定的自我导向能力,即便周边同事不关注教学或教学投入意愿低,其也能够依照自己的步调逐渐完善与优化教学,教学反思较为多元且教学改进行动也较为努力,虽主体间存在差异,但他们在教学实践性知识的不同维度上均有不同程度的调整。

(一)教师自我知识的调整

作为教学科研岗教师,需同时接受教学、科研及社会服务等工作的多重考核,但自主优化建构者受"良心"指引,同时关注研究者与教师的双重身份,较为重视教学与学生。正因如此,他们更清晰、更多元地意识到并发展自身作为教学主体的角色定位。分析访谈资料发现,娅希、旭冉、博文、希荣等教师角色认知源于日常教学实践,虽然对课堂教学中角色身份的表达不一,如"服务者""分享者""支持者""享受者",但他们都强调学生在教学中的主体地位。

娅希向来自不同专业的学生教授公共课"毛泽东思想和中国特色社会主义理论体系概论",要达成理想的教学效果,挑战度较大,但她认为自身最重要的是根据学生的情况随机应变,做好"服务型"教师的角色,"我肯定要照顾到大多数学生的需求,而不是直接按照自己准备的进行教学。'服务型'教师就要随机应变,要让学生有所吸收,有所思考,有所互动,有所反馈"(娅希)。旭冉教授的课程是"本科生毕业设计",因往届出国留学毕业生反馈本科科研训练不够而设置,他自接手教授这门课程起就在思考如何帮助本科生走近科研并顺利完成毕业设计。正如其所言,这门课非专业性课程,更关键的是与学生分享毕业设计的相关环节并支持学生开展毕业设计,且鉴于自身海外的求学经历,可以与学生分享留学见闻,故"分享者"就是其对自身在课程教学中的定位。对于博文而言,"支持者"的角色身份不仅得益于学生时期的助教经历,更得益于任教期间的教学经历。秉持"高挑战、小组合作、高支持"的教学理念,他强调好的教学效果需要源源不断的支持,授课教师、助教团队、班主任与教学管理者都应强化共识,共同协作做好每一门课程的教学工作。从希荣的教学经历中,清晰可见"享受者"这一教师角色内涵的调整,"一开始我站在自己的角度,认为我上课,那我就要享受这门课,但后来我发现我享受的必要前提是学生也享受这门课程"(希荣)。

与上述四位教师不同的是在入职高校前就有丰富教学经历的邵央,在她看来,高校教师在课堂教学中的角色不能一概而论,会随着所教授课程的性质和自身对课程的熟悉度的不同而改变。她认为,针对"人力资源开发与人员测评"这类方法技能课,她在课程中所扮演的角色是辅助者,即主要在于课前的活动指导,而上课则由学生主导,教师重在点评反馈与总结;而针对"教育管理学"这类理论性课程,她自身对课程内容的熟悉度也不够,故此时更多的是传授知识的讲解者的身份。

(二)课程教学知识的调整

课程教学知识是高校教师围绕日常教学任务所具备的专业知识,可通过教学实践、专题培训、交流研讨等多种途径掌握与提高。在了解学生方面,本节受访教师通过问卷调研、课堂讨论、课下交流与带班管理等方式走进学生世界,并就不同年级间学生差异、本科生与研究生差异、本校学生的地方特点等方面进行了思考。娅希基于教学改革项目,每年在新学期下发学生问卷,以了解学生对思政类课程的教学风格偏好、学习需求与兴趣。基于此,她发现每个年龄段学生的学习需求明显不同,"我现在学生的跨度是从'95后'到'02后',你会发现按照'95后'的学生需求点去教'02后'的学生就是不行的,因为他们所经历的不一样,面对的压力不一样,未来的侧重点也不一样"(娅希),所以在她看来,每年更新对学生需求的了解并以此调整教学风格是非常必要的。

在设计教学方面,自主优化建构者大多能够结合自身的角色定位设计与课程内容相符合且教学效果较佳的教学方案。颜熙认为,生动化教学是他教学中的最大难点,也是他一直在着重调整改进的部分。在他看来,利用与学生生活世界相结合的案例贯穿教学知识点是较好的设计方式,"有一节课是讲实验设计,我用《甄嬛传》和《寻秦记》中的滴血验亲片段作为导入,并用以演示如何设计一组实验。结果学生反馈这个环节设计特别好、特别有意思"(颜熙)。

在评估学生学业情况方面,本节受访教师间差异比较大,一般公共课及选修课教师较少评估学生学习的实际接受度,而专业课教师较关注学生的学业发展。以娅希为例,虽其采用各种方式吸引学生使其投入参与课堂教学,但表示学生对知识的实际吸收度不在其把控范围内,而考试形式由教研组共同决定早已形成惯例。与之有明显差异的是专业课教师博文,无论是平时作业还是期末考试,他都将其视为学生学习表现的重要指标,并在反思中不断调整优化,"通过平时作业,可以看出学生的态度与投入。刚开始布置作业,学生有抄袭现象,那我就调整降低字数,但对作业质量提出了更高要求"(博文)。

在提供学习反馈方面,仅有个别教师谈及自己的思考与总结。邵央尤为注重学生作为成人学习者的学习需求挖掘与自我反思能力,并将提供学生学习反馈视为改进教学的重要方式。她在学生每次提交作业后的第二节课,都会针对作业或课程学习中的各种情况进行反馈,既包括考试中出现的集中性错误,也包括个别学生身上的代表性问题,"反正每一节课都有不同的状况,这节课这个问题解决了,下节课那个事就冒出来了,我就不停地去补,各种找补"(邵央)。

在激励学生方面,博文提及协同助教及其他教师为学生创造积极的学习环境,晟祥、邵央等教师强调运用过程性评价激励学生参与课堂互动、进行主动学习,"谁互动得多,谁回答得多,我会做记录并给学生反馈,他们自然就会主动互动"(晟祥)。而萧然则更关注自身教学风格的调整,"我更诙谐一些,学生更愿意表达自己"(萧然)。

在规划课程方面,无论是基于教研组或教学团队统一规定,还是教师结合专业理解与教学经验设定,多数教师的课程教学大纲基本依据学校统一规范模板结合教材撰写而成,在首次确定后基本未进行调整。究其原因,即此类教学文档提交多为事务性程序,学校并无修改建议或其他反馈,教学管理过程中基本无人问津,故课程规划似乎成了一劳永逸的常规工作。

(三)教学发展知识的调整

相较于前两类知识,教学发展知识的调整似乎更具有自主性,本节受访教师均表示如何学习与发展教学是自我摸索与成长的过程,不得不承认这与高校整体环境中教学文化的缺失极为相关。

根据本节第一部分内容可知,自主优化建构者大多能够较好地对教育场域中的各类事件进行内容反思与过程反思,并以此进一步改进教学,其中以邵央与博文为代表。而在寻求教学支持方面,本节受访教师大多通过参与专题培训或讲座活动、听取前辈教师经验、观摩优秀示范课等可获取的资源来发展教学,但不同教师对外在支持的需求与评估存有差异。例如,娅希认为,大量听课观摩是最有效的教学发展途径,包括听同事现场教学与听线上名师示范课;而旭冉、希文则认为,授之以渔的培训最有效,也是其最为渴求的。"刚开始工作这两年,我确实能够通过岗前培训和咨询其他老师来改进教学,但是我工作六年了,这两年我明显感觉比较闭塞,周边能够用的资源都利用了,没有办法和其他好的渠道获得新的建议或者支持"(旭冉)。相较于前两类教学发展知识,开展教学学术与参与教育管理似乎未受关注。值得一提的是,博文关于授课教师、助教团队、班主任与教学管理者等协同合作开展高质量课程教学的观点,暗含了其对教育管理的思考。

第二节 适应调整建构:循迹于底线标准与常态

适应调整建构者关于教学的理解偏保守,以达成外在的底线制度规范为先。他们在教育场域中的反思源于教学工作开展的客观需要,基于既有经验认知的非反思性行动及较低层次的沟通性学习是其改进教学的方式。相应地,教学实践性知识建构的结果也是较为孱弱的,虽课程教学知识略有调整,但其教师自我知识与教学发展知识基本处于未受关注的状态。

一、教学反思的影响因素分析

相较于自主优化建构者,本节受访教师的反思触发事件较少,以顺利开展教学工作为目的,包括日常课程教学任务、班主任工作与新课程建设等;再就反思类型而言,内容反思与过程反思的焦点单一,且几乎不涉及前提反思。这也间接表明其进一步建构与发展教学实践性知识的可能性极为有限。

(一)教学反思的触发

适应调整建构者对于自身教学的评价较为相似,即对课程内容越发熟悉、对教学重难点更为明确、对整体进程更有把握,但总体上教学实践整体变化不大。以此反观他们在高等教育场域中的教学经历,可发现其反思关注点也正是课程内容、教学重难点及进度安排等教学工作中的主要环节。例如,杰修认为,"线性代数"课程教学比较简单,教学课件集体共享、教学内容基本不变,虽然刚开始上课时对教学重难点有些把握不准,但后来将历年考试中频繁出现的题型与之关联，也就明确了教学的重难点。而对如何安排教学知识点与练习例子的先后顺序、如何使自身教学进度与其他教师相似、如何完善教学课件的数学公式编辑等方面的思考是他对教学过程反思的体现所在。相较于博士学习期间有讲课经验的杰修，睿渊、成颖等缺乏教学经验，刚开始任教时较为紧张，对如何备课、如何安排课程进度、如何选择教学内容、如何讲解延伸知识、如何布置作业、如何考勤等一系列教学基本环节存在疑问，这些内容反思与过程反思主要在与前辈教师的交流中予以解决。整体而言，他们对自我的教学评价比较满意，"我的教学处于缓慢改进之中，随着教授的循环次数增加，授课内容也会慢慢地积累起来"（睿渊）。

除日常教学工作中的经历外，本节受访教师因工作岗位需要，还参与班主任、教学导师、课程建设项目等其他教学工作。虽然他们未直接表达此类工作对其教学实践的直接作用，但依稀可见其基于这些活动而产生的反思。例如，睿渊因为与另一位老师合作建新课而申请了课程建设项目，该项目的实施使他对引入案例教学方法进行反思，"这个项目结项指标需完成一篇教学论文，我和同事就思考如何在课堂中融入工程应用案例，所以这篇论文针对案例教学进行了探讨"（睿渊）。而杰修则因职称晋升需要，承担班主任工作。正是在班主任工作中，他每年与学生交流他们的学习情况及未来计划，使他对学生的兴趣与特点有了更深入的认识，"基本保证每年每个学生聊一次，每次至少半小时，我就发现学生每年的兴趣方向有很明显变化，今年他想学这个，明年可能想学那个，那就意味着我要根据他们的想法给予相应的指导"（杰修）。

（二）教学反思的抑制

根据访谈数据，虽然适应调整建构者在高等教育场域中遇到困惑、差异、冲突等事件，但基本较少触发其反思教学，而表现出"寻常""没办法"的情感态度，教学改进行动也较为保守。在某种程度上，适应调整建构者这一行为逻辑与其所处次级社会化环境下的特定情境具有相似性。对比自主优化建构者与适应调整建构者,可以发现前者会将自身从具体情境中抽离出来进行反思,而后者则将他们对教学问题的理解与其对所处当下环境制度的解释交织在一起。适应调整建构者的反思或不反思都容易受更大范围背景的控制,而当该环境并不在意其是否做出教学改进时,教学反思的价值意义就愈发微乎其微。例如,杰修倾向根据整体制度环境的偏向定义自身的教师角色与职责,在他看来,研究者身份相较于教学者身份更为重要,"教学对职称晋升而言几乎只是一个附带品,在同等条件下会考虑一点,但总体上教学可以忽略不计。只有那些科研做不好只做教学的教师,才需要去思考教学或者去参加慕课比赛之类的活动"(杰修)。

他们认为自身教学实践符合高校教学主流,将既已熟悉的教学模式视为最佳的教学实践方式,这显然也存在意义视角上的习惯化问题。区别于自主优化建构者,适应调整建构者认为,他们的意义视角是主流意识形态下的意义视角,故与之不同的意义视角或意义图式被他们视为偏差,直接排除在他们的视线外。具体而言,这里的主流意识形态就是适应调整建构者所处环境中的相似群体。例如,杰修、睿渊都认为很难也没有必要在课堂教学中增加与学生的互动,杰修给出的解释是有关增加教学互动的建议是非数学专业教师提出的不符合数学课特点的说法,而其解释与周边承担同一课程的老教授的做法不谋而合,"有些老教授被听课时,这种有关互动的建议被他当场反驳回去,他们就觉得这种意见根本就不是意见,只有不懂数学的人才会提出这些意见"(杰修)。相似地,同为公共课数学教师的蔚祺(逆压重塑建构者)也指出,"非数学专业督导有时连课程核心在哪里也不知道,就要求加互动,真的是鸡同鸭讲"(蔚祺),但反感督导过程中的执行问题并不等于否定互动本身的价值。蔚祺认为,定向思维中知识传授与题海战术式的数学教学并不能让学生真正对数学产生兴趣,而是要发掘学生对数学可能会存在的敏感点进行互动,要走进学生学习数学的真实心态。

除上述情况外,适应调整建构者持有的扭曲的学生观并未在教学实践中受到挑战,而这在一定程度上导致反思的察觉范围较为局限固化。来自部属高校的杰修、驰易认为,大学生作为成年学习者,已具有学习的自主性并清晰知晓缺勤或不听课等的后果,故没有必要强调纪律,而要给予学生充分的自主权。与之相反,市属高校教师睿渊认为,针对所在学校学生的管理要相对较强,稍微带有高中课堂管理的元素,不能完全放开而要加强约束与督促。成颖则指出,"同事间交流比较少,即使交流也比较委婉,不会直接提意见"(成颖)。此处值得思考的是,高等教育场域中引发教师反思的困境问题究竟为何？从适应调整建构者的立场看,他们已针对教学实践中面临的问题冲突做出了反思性反应,但这或许是不够的,某些本该如此的教学惯例何尝不需要更为深刻而复杂的反思呢？

根据上述分析可知,适应调整建构者更多地将教学视为一项在不同阶段依据自身需求而需要完成的工作,具体包括日常教学工作、班主任工作、新课建设工作等,而该工作完成质量如何并未受到关注,因为他们往往认为自身教学已符合学校的制度性要求,而自身所要做的就是确保知识被准确无误地传递给学生,虽其也会改进教学,但其目的仅在于更好、更多地将知识推给学生。当谈及教学本身价值,他们更偏向自身作为研究者的身份,而将教学探究推给他者,比如教学岗教师。对适应调整建构者而言,他们周边持有与其相似观点的教师群体是其维持既有教学理解的保护色,而他们自身所存在的选择性感知扭曲则使其反思的察觉范围进一步受限,基本绝缘于与之相异的观点与看法。

二、教学改进行动中的学习与反思检验

鉴于适应调整建构者反思的察觉范围受限,触发其反思的事件相对较少,他们教学改进的意愿和意识相对于自主优化建构者明显较低,但凡其能顺利接手与应对教学工作,教学改进行动也就随之戛然而止。换言之,他们并不关心所面对教学问题解决的有效性评估情况,通过与周边个别教师沟

通交流即可满足其为完成教学工作的改进需要。

(一)沟通性学习及其反思检验

适应调整建构者的沟通性学习相较于自主优化建构者而言,发生的频率较低、涉及的主体较少、沟通的层次较浅。在任教初期,本节受访教师会咨询请教身边前辈教师关于课程教学进度的安排、教学内容的选择、课程框架的设定等事宜,旨在通过交流解决教学中的困惑,从而使自身教学工作可以顺利开展。但他们在咨询请教的过程中,更偏向不加批判性反思地接受,将他人观点及建议视为有效的主张,如认同前辈教师关于数学教学不需要增加互动、依据前辈教师教学思路进行教学等,这些不仅意味着他们自身意义视角与意义图式的扭曲,也代表着一种根深蒂固的体制约束。"我觉得最直接、最明显的就是听老教师的课和经验分享,因为你自己去摸索都属于探索性的,可能老教师已经实践很多年了,他们就是有经验的,然后直接借鉴过来,大家会节省时间"(睿渊)。虽涉及受访教师本人及相关教师等主体,彼此间交流具有主体间性,但从某种意义上而言,前辈教师在其解决类似教学问题中扮演重要角色,其所给出的建议或观点在适应调整建构者看来具有权威性。当然,他们也会涉及与学生的沟通,但其沟通交流的目的在于保证教学工作的正常进行,如当有学生反馈教学进度过快时,杰修也会与其他学生交流以了解整体的情况,并做出适当修改。显然,这样的沟通性学习存在缺陷,因为他们并未从平等参与者的角度对他人观点或做法提出批判性意见,或者说他们只愿意接受与自身相似的或喜欢的意义视角与意义图式,这也就可以理解为何他们的教学实践性知识仅限于局部修正式的建构。

(二)基于既有经验认知的非反思性行动

适应调整者虽受高等教育场域中各类事件影响而产生思考,但思考并不等同于反思。换言之,此类教学改进行动主要根据教师本身既有的经验、推理、概括及判断等深思熟虑地推进,并不涉及对反思本身进行有效性检验评估。例如,杰修基于学生期间的讲课经历,"轻车熟路"地开展教学,唯一需要关注的是面对日常教学中学生不重视课程的问题，他回顾班主任工作中对学生专业学习兴趣及特点的思考，认为专门强调课程与学生自身专业学科之间的关联会提高学生对课程的重视程度，"如果告诉学生线性代数在他们未来的专业里对应的应用场景，他们可能就会更重视这门课"（杰修）。然而，在采取下一步改进行动时，他仅仅依据既有的经验，在开课时增加对学生自身专业的关照以提高学生对课程的重视度，而并未涉及反思。在该行动中，他只是对自己的感受与体会进行思考，并未对行动本身进行有效性检验，这也使教学难以得到实质性的改进，"现在学生两极分化，考试成绩个位数的学生并不是基础不好，其实就是重视程度不够。以前这样，现在基本也都是这样"（杰修）。这类非反思性的教学改进行动常见于适应调整建构者，如睿渊基于课堂教学中对学生课堂表现的观察，意识到教学内容需根据学生兴趣做课外延伸，但是其并未对该教学改进行为进行评估，故实则并未从本质上解决该问题，"教学规定性内容可以完全按照书本上讲，但是要做一些创新去引入和丰富知识，不过引入内容合适与否、引入占课堂时间的比重等问题还是难点"（睿渊）。

与自主优化建构者相比，本节受访教师的教学改进行动相对较为保守与简化，体现在低层级的沟通性学习与基于既有经验认知的非反思性行动，而并未以假设演绎逻辑作为反思检验的工具性学习。这也就暗示着适应调整建构者的教学实践性知识主要局限于原有的意义视角，难以发生质变，且拓展丰富的可能性也相对较低。

三、教学实践性知识的修正结果

本节受访教师在教学实践性知识建构过程中，经底线教学制度的次级社会化洗礼，偏向将教学工作简化为自主性强、难度低的岗位任务，且其身边围着与其持有相似意义视角的稳固的群体关系，故他们的教师自我知识得以维护。再究其触发事件的反思维度分析，仅限于涉及教学工作基本环节的内容反思及过程反思，由此其教学实践性知识的调整主要表现为关于课程教学意义图式的丰富与扩展，即课程教学知识的调整。

（一）教师自我知识的维护

适应调整建构者基本将教师职业定位为传授专业知识的研究者，这与其持有"准确传授知识"的教学目标相一致，且在其任教以来的教学实践中并未进行反思审视及调整。"我觉得这个课既然是我自己开的，我肯定要讲最好的、最新的，但学生听不听、来不来也就不知道了。可能在这个班学生不爱听，到另外一个班学生又比较爱听"（驰易）。比较分析本节受访教师发现，来自部属高校的杰修、驰易较为一致地认为，自身作为教师所能做的就是尽最大的努力传授教学知识，而学生作为成年学习者有自己的判断与选择，其是否听课以及接受效果如何并不在授课教师的责任范围之内，可见其教学角色即"知识的传递者"。与此略有差异的是来自市属高校的睿渊，同样以传授更好、更广的教学内容为目标，但他认为，其所在学校学生的特点就是学习主动性不足，需要教师加强教学管理与约束。故他在课堂上针对睡觉的、玩手机的、没带书的还有各种低头的现象，除了严明课堂纪律、点名提问，还要根据学生的兴趣拓展教学内容以吸引学生，故睿渊更倾向将课堂教学中的自己视为"学生学习的引导者"。需要注意的是，这里的"引导"主要指向教学内容方面。

尽管存在细微差别，但他们作为高校教师的主要角色还是研究者，并表示在教学领域能做的较为有限。"我没有积极参加教学类活动，即使参与也就是应付一下，并没有认真准备。因为自己对这个不太看重"（杰修）。再反观适应调整建构者所处的关系环境，他们认为周边同事基本持有与其相似的观点，且同处于相似状态，"大家都会遇到学生不听课或逃课这样的问题，都是差不多各自在摸索，好像这是比较普遍的问题。但是我同事们跟我一样，如果发现有哪个学生一两次没来上课，就会立马通知学生的学业导师"（睿渊）。

（二）课程教学知识的调整

"逐步改进但整体变化不大"，这是此节受访者对自我课程教学的评价。"我感觉教学变化不大，最多就是对这个课程更熟悉了，对整体更有把握了"（杰修），在杰修看来，所教课程的内容与知识点较为简单且基本固定，此处的熟悉与把握主要针对教学的重难点及教学进度。而睿渊则表示，随着教龄的增加，其对教学内容越发熟悉，"青年教师不可能有那么多精力把所有教学内容全部覆盖到，但每年增加积累一些新的教学内容，慢慢地课程就会不断丰富"（睿渊）。

虽然其感受变化不大，但不可忽视其在课程教学中积累的变化。适应调整建构者通过课程教学、班主任等教学工作增进对学生的了解，并以此调整其对课程教学的设计。"社会热点一直在变化，以前是大数据，后来是人工智能，再后来又是互联网金融，每年热点都不一样，学生专业兴趣其实也是随着社会热点在转变"（杰修），基于对学生特点的理解，他进一步完善整门课程的引入方式以应对学生重视度不高的问题，"一开始纯粹讲内容，学生就会觉得干巴巴，会认为这个课没有用，那积极性就会不高，所以就要讲讲这个课跟他们专业学科之间的关系"（杰修）。成颖、睿渊等强调，要根据学生的兴趣与反馈，逐步调整与拓展教学内容。针对如何规划课程及评估学生学业状况，其基本按照现有制度规定下既有的教学惯习执行，主要包括平时作业的布置、期末考试的安排，并无变化调整。而关于激励学生学习与提供学习反馈的课程教学知识并未引起本节受访教师的关注。"学生学习不是我的事情，没必要管那些不上进的事情""没有反馈，考完就结束"（杉林）。

（三）教学发展知识的模糊

受制于既已达成的教学工作要求及研究者身份的角色定位，学习与发展教学的活动几乎与适应调整者绝缘。"有一些专门做教学的教师，他们可能会去参加慕课比赛，当然不是说我，就是那些不做科研的教师会去"（杰修),可见他们基本无暇参与教师专业发展相关活动,而其教学改进多基于既有经验执行教学或通过与前辈教师及学生的简易沟通进行调整。故对他们而言,教学发展知识基本处于无必要与无需求的自我满足状态。具体究其教学发展知识如何,根据本小节前两部分内容,他们的教学反思主要集中于任教初期关于教学工作基本环节的开展,寻求支持时也仅限于咨询周边个别相关教师,而开展教学学术、参与教学管理更是无从谈起。

第三节 自我超越建构:以追求卓越教学为志向

自我超越建构者出于自我对成就强化的需求或教学本身的兴趣,不断探索教学。相较于前两类教师,本节受访教师受更广泛与深刻的教学反思影响,基于假设演绎逻辑开展循证教学,批判性理解他人观点与周遭环境,最终使教师自我知识与课程教学知识发生质变,但遗憾的是,其教学发展知识仅是在已有基础上的丰富与拓展。

一、教学反思的影响因素分析

自我超越建构者在其整个教学实践过程中采取一种积极求进的策略方式,触发其反思自身教学的事件除了结构性因素,他们自身创造的反思机会更具有冲击力。虽自我超越建构者与自主优化建构者同受内在动机激发,但在反思的维度与程度上存在差异,且前者由成就感或热衷度指引着进行教学反思,显然较后者的"良心"更具有批判性,也相对更能抵制外界制度环境的负面影响。

(一)教学反思的触发

与前文分析的两类教师相似,日常工作环境中的教学经历依旧是触发自我超越建构者反思的关键,但差异在于本节受访教师的反思辐射面更广、思考角度更多且反思持续发生。以志远为例,教学所使用的教材、学生的学习情况、国家的新课标、常规的教学模式、不同的课程教学任务等日常教学实践点滴都是其反思教学的触发事件。在内容反思方面，具体表现为好的教材有什么特征、学生的学习特点及需求是什么、国家的新课标有什么要求、常规的教学方式是什么、不同课程的教学差异是什么、自身教学的不足与问题等多个维度。对应内容反思，志远进一步深入开展对教学过程的反思，包括如何寻找好的教材、如何调整教学以适应学生学情、如何依据国家新课标开展教学、如何区别于常规教学方式、如何根据不同课程特点开展教学、如何进一步改进教学等多个层面。

上述内容反思与过程反思在很大程度上促进了志远有关教学意义图式的改变，而真正促成其意义视角质变的关键是前提反思。以下访谈片段可以较完整地呈现志远教学经历中的前提反思，"有时候上课我就在想，这部分学生的基础真是太弱了，那我真正应该做的是什么？可能是重新再做一遍高中老师，这可能是对这部分学生最负责的事情，但我是大学老师，如果我仅仅是把高中冷饭炒一遍，那基础好的学生怎么办？他学不到任何新的东西。另外，我的职业发展怎么办？我的进步又在什么地方？这都是矛盾"（志远）。本节受访教师在教学经历中的前提反思还包括为什么课堂上不再讲笑话了、为什么要注重个性化教学、为什么师生互动反而产生依赖等方面。

自我超越建构者都带着批判性的视角反思周边同事的教学观点与做法，以此增进与坚定自身对教学的理解。例如，在适应调整建构者看来是理所当然的教学方式，却是本节受访教师批判反思的对象。艳文针对同事上课念PPT而缺乏互动的教学现象进行反思，"当时我就觉得这样的老师不负责任，教学需要教师思考、要动脑筋、要跟学生互动，然后再回过头来反思，再重新更新知识，这个过程要花费很多精力和时间"（艳文）。针对同事将参与答疑学生越发减少归因于学校招生质量下降的这一观点，志远也提出不同看法，"我觉得这个答案有点太廉价，我也不愿意相信我们学生水平真的差了,因为我能够感觉到这几届学生,至少在我这门课的表现是越来越好的,所以一定有别的原因,但我还在摸索"(志远)。同样,翊涛对同事直到学期期末考试才根据点名册熟悉学生姓名的现象表示诧异,并认为很多师生关系陷入矫情的处境,即学生不愿意向老师介绍自己而老师不屑于问学生姓名,便反思"在这样被动点名处境下的教学,谈何互动"(翊涛)。

关于教学支持环境的反思是自我超越建构者区别于前面两类教师的重要方面。虽与前面两类教师同处于教学支持度较低的工作环境中,但自我超越者能较为明晰地确认学校可提供的教学支持资源,并反思如何进一步寻求更优质的教学支持,"虽然同事之间会有交流,也会有教研活动,但是我感觉大家讨论的都是比较宽泛的共性问题,但我需要解决的主要问题不在这方面,所以我知道我要更多地从自己的角度来找资源和方向"(志远)。同样地,艳文虽遇到老教授拒绝听课请求、同事分享经验意愿低以及"好好先生"式的建议等问题,但其进一步反思道,"我觉得同事之间分享要建立在私交好的基础上,但即使这样也不是我想象中的那种聊法,我要听最亮点、最出彩的部分,这个是值得我学习的,并且我也会再权衡这个经验是否适合我的教学"(艳文)。正是在此类反思的基础上,自我超越建构者不断寻求外部支持,为自身创造反思机会,如志远参与教学论坛时,受人工智能的未来发展趋势触发,对自身作为人的独立性和价值尊严进行反思,"新技术发展会越来越好,如果我只把自己当成一个机械化教学程序或工具,那么就是非常容易被替代的"(志远)。

基于上述分析可以发现,自我超越建构者的前提反思明显较前两类教师丰富,其反思还往往聚焦学生与教师共同发展,且其善于在工作场所中见微知著,具有"见贤思齐焉,见不贤而内自省也"的气度。再以一例示之,志远在日常教学中注意到学生私底下会给另一位教师送小花、巧克力或者是小卡片等小礼物,但该教师的学生评教分数其实并不如他,此现象令他感到困惑并触发反思,"我觉得这是一个问题,任何节日都会有这样的情况,我一直在反思这个问题,我觉得原因可能是我教课的时候没有那么个性化(personalize),没有那么个性化地去和学生真正建立联结,这可能就是之前教学中一个很大的被我忽视的点"(志远)。

(二)教学反思的抑制

对于志远而言,无论是不断接新课备新课、同事劝其简化教学、学校资源平台匮乏,还是教师评价科研导向,都未影响其对教学实践的不断思考,他从教学中体验到快乐、收获到认可,不断精进教学技能,享受成功教学的快感,可见其处于学习教学的最佳状态。

与之不同的是艳文在访谈中明确表示偏爱科研,喜欢将研究中的思考方式带入教学实践,即喜欢观察不同教学方式下学生学习反馈的差异,并思考如何根据学生状态进一步调整教学风格、教学节奏、教学内容及教学难易度等。而当其自身职业发展阶段状态发生变化时,外界制度环境的不如意则会被加大扩散,从而产生对教师角色的自我否定,即在某种程度上可能会抑制教学反思的推进。例如,艳文谈及有次在疫情防控期间的授课经历,该课程正常下课是8:45,但学生特别有兴趣,一直讨论到12:00。按惯常做法,她会在第二次课时对学生讨论的问题进行反馈,但教务秘书则在学生讨论后第一时间催促她提供相关学习材料。"我就感觉制度不是在支持你,而是预设你就是'不好的老师',然后用条条框框来约束你监督你。而且就算是公司职员,下班后也有自己的时间,我也有科研生活各方面的压力"(艳文)。可见,当艳文处于职称晋升及组建家庭的关键期,而教学管理工作的细致化或规范化反而可能会引起其对教学创新与反思的"退出"。在她看来,整个教学改革过程中,教学工作方面的各种填表都是在层层加码,甚至教务秘书不是服务者(service)的角色,而是直接指挥、指导专业教师,"但教学是创造性过程,既然制度要求这样条条框框,那我顺应的方式就变成不需要创新和反思了"(艳文)。

总括之,自我超越建构者拥有强大的教学内驱力,或对教学本身感兴趣、无比热衷教学,或将教学水平视为自身专业能力的重要组成部分,因此他们对高等教育场域中各种事件都会给出积极且深刻的反思,并竭尽全力朝教学目标前进。同时他们对自身教学专业发展也提出了明确要求,教学目标的达成与教学发展的要求在某种程度上是同一过程的不同维度,可见教学作为一种志业的价值意义。正因为此,他们对教学目标的理解也随着教学的推进而改变。然而,虽自主超越建构者能够较为坚定地依据自身标准要求不断历练教学,但自身职业生涯发展阶段的变化可能是其教学反思发生变化的转折点,而教学管理制度等外在框架因素的约束则有可能加大对其教学反思的打击程度。

二、教学改进行动中的学习与反思检验

自我超越建构者基于对触发事件多维且深刻的反思,积极探索教学改进的行动策略,旨在更丰富地获得作为教师角色的专业知识与实践技能。与自主优化建构者相似,本节受访教师通过三种类型的学习活动接受教学中的新挑战和新尝试,但解放性学习占比明显较自主优化建构者有所提高,这也为其教学实践性知识质变提供了硬核武器。

(一)工具性学习、沟通性学习及其反思检验

本节受访教师在教学改进行动的方案执行上显然不输自主优化建构者,且更胜一筹。在沟通性学习方面,自我超越建构者不仅关注与周边教师及学生增进彼此交流以达成一致性理解,还在所在高校以外寻找同伴群体以探讨教学问题。志远积极参与各类教学研讨会,"2019 年,我参加了厦门大学的口译教学研讨会,不是那种发文章或者学术性的论坛,而是专门探讨如何上好口译课,大家互相交流经验,非常有意思,这对于拓宽视野很有用"(志远)。此外,他还极为关注行业企业中有关学科教学的交流活动,并认为社会中的行业企业往往走在思想与信息的前沿,"行业企业为我搭建了优质平台,有次我参加某集团的研讨活动,在那里我结交了顶尖高校关注教师专

业发展的专家同行,然后我们一起交流了很多前沿内容"(志远)。

对自我超越建构者的工具性学习进行细致考察,发现他们并不是盲目地采用某教学策略,而是会思考该教学策略产生成效的原因并充分发挥其作用,即采用循证教学实践的原则改进教学。以志远通过搜教材、读教材、学教材来理解学生与教学为例,他在沿用统一教材期间,尝试在自己的课程教学中引用其他教材内容作为辅助,结果教学反馈极佳。在第二轮教学中,他放弃既定教材,引进国外已再版了30年的经典英文写作教材,"在看了那本教材以后,我发现原来我以前教的内容都好乱、好没底气"(志远)。在大量搜索教材、阅读教材与比对教材的过程中,他越发明确好教材对于教学的重要价值。他认为,好的教材理解学生,知道如何引导学生与推进教学重难点,知道如何将学生学习进阶的每一级台阶做得更细致、更科学,所以直到现在,他每次备课第一步就是"找好教材",这显然不同于仅以编写课程教学大纲为目的而寻找教材。当然,在此例子中的工具性学习已俨然转向了解放性学习。

留学归国的艳文跳出常规教学模式,她超越既有制度框架,对标国际最顶尖学府,借鉴其课程设计和互动方式进行教学,获得学生积极反响,"学生很喜欢我,非常感谢我,这是我没有预想到的"(艳文)。在此之后,她进一步发展这种教学方式,反思知识传授与师生互动之间的关系,提出了"思考—互动—反思—更新知识—思考"循环发展的实践性教学方式。可见,艳文作为"反映性实践者"(reflective practitioner),不断反复检视自身的教学实践过程,以最佳实践策略进行教学,"教学过程需要不断地磨合与互动,学生之间也可能需求不一样、性格不一样、知识接收程度不一样,比如我教10分的内容,有的接收了8分,有些5分,有些甚至3分,这就需要我去关注学生的学习反馈,然后做相应调整"(艳文)。

当然,上文将工具性学习与沟通性学习分开阐述,旨在更清晰地阐明自我超越建构者与自主优化建构者的差异,真实情境中的教学改进行动往往同时融合这两类学习。例如,艳文在确定有效的师生互动方式时,也通过不断创造与优秀教师的交流机会而加以深化,"有一次我就特意跟一位非常受学生欢迎的老师聊,我问'为什么你的课这么受欢迎',他就告诉我'上课一定要调动学生的情绪,你不能平平地讲,最怕的就是学生跟你在一起,就感觉好像走马观花似的漫不经心,这种课堂其实基本上没有教学效果'"(艳文)。

(二)解放性学习及其反思检验

在前文也有提及解放性学习并非独立的学习类型,而是与沟通性学习、工具性学习均有关联,此处分开阐述意在强调呈现自我超越建构者的教学实践性知识质变线索。伴随着对学生与教学理解的加深,志远进一步对自身上课爱讲笑话的教学风格产生了自我怀疑,即其工具性学习转向了解放性学习,"因为教材换了,发现要教的内容好多,而且对学生的理解也加深了,我发现教这5个知识点是不够的,可能要教10个知识点,甚至15个知识点才能达到比较好的教学效果,所以后来我就不愿意讲笑话了"(志远)。在逐步调整教学风格之后,他评教分数一直在整个学院名列前茅,而且他明显感觉到所教学生在同样教学时段的水平一届比一届好。正是在这样一系列不断循证教学的过程中,他从原先以讲笑话吸引学生学习为教学目标,逐步演变为关注学生学习成效为教学目标,"刚开始我喜欢讲笑话,想当然地觉得这个任务简单,但后来我意识到我需要去给学生设计教学环节,包括各种任务和各种反馈,一步一步地把他们与教学目标中间的差距(gap)缩小"(志远)。

艳文关于师生互动意义视角的质变也并非一蹴而就,虽然自任教初期起她就十分重视与学生的互动,但依旧碰到学生极度依赖教师、学生上课不思考等诸多问题。对此,她质疑自己"学生只问其一而自己回应十"刻板互动方式的前提假设,她认为这样有问必答的回应方式受自己求学经历的影响,"我觉得自己每一次困惑时,没有一个这样的人直接对所有问题做出最系统、最深入的回应,可能就会特别期望出现这样的人,所以这种映射就变成学生有问题时,我做了这样的人来回应他,即使他没有这样的要求"(艳文)。她后来发现这种互动方式并不利于学生学习,而不断摸索学生学习中的反馈并基于此再调整教学及互动方式才是关键。在一次小组汇报中,艳文增加了学生互评打分环节,以此了解每位学生真实的学习反馈,并进一步调整教学进度与细致程度,这种灵活的师生互动关系使她感受到教学效果的明显提升。基于上述分析可以发现,志远和艳文的意义视角质变不是通过外在思想的灌输而获得解放的,而是通过更彻底、更充分的批判反思自身既有的意义图式与意义视角,重新界定问题情境及特定行动方案的方式达成的。

相较于前两类教师,自我超越建构者在开展沟通性学习的同时,积极查找与确定工具性学习中的证据与自身教学中各环节的关系,极为关注对教学实践中证据的反思,并不断质疑是否有更好的方式促进学生学习,从而使其在新的角色和关系中越发建立起专业自信,随即教学实践也逐步融入了新的意义视角。

三、教学实践性知识的重构结果

自我超越建构者在教学实践性知识建构中呈现重构的态势,他们将教学视为一项志业以满足自身发展或自我成就的需要,通过批判性地反思高等教育场域中各类事件及自我的教学实践,他们发现自己旧有的看待和理解教学的方式存在不足,或不能适用于特定的教学情境。而积极且带有解放性学习的教学改进行动为其反思假设提供了有力的专业支持与有效性评估检验,从而使其教师自我知识与课程教学知识的意义视角发生质变。

（一）教师自我知识的质变

本节受访教师在角色身份定位上极为肯定自身在教学中的主体作用,虽不同教师所表达的角色隐喻不同,但相似的是都是从"以教师为中心"转向"以学生为中心",且越发关注每一位学生个体的学习发展。"我不再是扮演课堂中的主角去更有效、更迅速地向学生灌输知识,而是转变为一名导演,鼓励每个学生成为课堂中的演员,提出并解决问题"(煜城)。以艳文为例,她的教师自我知识从"有问必答的知识权威者"转变为"基于评估反馈的引导者"。前者的身份认知除了前文提及的学生时代求学的期待映射,还包括源于长期学术训练后的学者思维,"上课过程中,我讲授的知识要有权威性,一定要有干货,我花下去了时间,我自己要有所得的,并且也要学生按照我的思维体系走"(艳文)。而当这样的身份定位在教学实践中遭遇学生依赖度暴增而学习效率低下时,艳文对此进行批判性反思,意识到对学生学习实际状况进行评估与反馈的重要性,以及答疑解惑的关键时间点。经过一次次教学实践中的试错探索及交流沟通,她更坚定对新角色的自信,"学习是一个痛苦的过程,需要有思维转变的,这就意味着教师在教学设计环节不能只是教,而是要看学生的不同吸收程度,要引导学生感受到学习痛苦的转变体验"(艳文)。

相较于艳文,志远的教师自我知识质变更为复杂,从"以讲笑话吸引学生的花"进阶为"以专业魅力吸引学生的花"后,转变为"搜寻猎物的狮子"。他入职任教前的经历是志远入职时的"教学底色",即喜欢讲笑话营造气氛及迷恋炫酷的信息技术,这便构成了其最初的教师自我认知。而伴随着教学岗位从公共课教师转为专业课教师,引进新教材加深对教学与学生的理解,他意识到了原先角色定位的局限与问题。通过探寻更广更前沿的优质资源,他不断精进专业、挑战更高更细致的教学设计,凸显自身的学科专业性,"我具有学科专业性,我通过对学科的热爱去感染他们,去吸引他们往我这边跑,但我一般是不太往他们那边跑"(志远)。虽然这个阶段的教学收获了学生的一致好评,但他敏锐地看到了其中的不足,学生给同事准备的节日小礼物便成了触发其前提反思的重要导火索,而他对人工智能与教学机器(teaching machine)新技术发展的思考,也进一步促成了他对专业性角色的批判性思考,"在之前老的框架里,我是一朵要漂亮要去吸引学生的花,我散发出的是对学科的热爱与专业魅力,我并不主动找学生。但现在我要做狮子。花可以吸引学生,但花没有眼睛,但我得长一双眼睛去更多地关注我的学生"(志远)。

值得注意的是,上述教师自我知识的阐述是就狭义的教学工作而言,但从更广义上看,自我超越建构者往往能够较好地将教育者身份与研究者身份互融共通,将自身专业发展与教学能力提升有机结合,从而为教师自我知识的质变提供了条件。在宇丹看来,教学与科研是双向互动的,不是只有科研反哺教学,教学也能促进科研,"我感觉每一次上课,其实都有新的灵感,我会认真反思今天讲课中的增量是什么,日积月累就可以写一篇论文"(宇丹)。

(二)课程教学知识的质变

意义视角的三种分类方式并非指向三种不同的解释意义系统,认识的意义视角、社会语言的意义视角、心理的意义视角三者之间实则是相互重叠的①。自我超越建构者的教师自我知识意义视角质变在很大程度上指引了其课程教学知识意义的质变,故此处不再对课程教学知识做解体式的分析。

艳文在访谈中提到,其在任教初期便引进国外顶尖高校的课程设计与互动方式进行教学,虽外在形式化互动的达成获得了学生的肯定,但正如其自我反思时所说的,"我在最开始最有热情的时候,对学生们有问必答,并且很耐心地去倾听去解惑"(艳文),可见当时依旧持有其最初教师角色身份下的旧课程教学知识,即努力查找不同国家、不同体系的相关书籍,提取出核心体系,梳理出自己的逻辑思路,然后全方位以问答互动的方式激发学生的兴趣。而随着教学实践中问题情境一次次出现后的反思与探索改进,在其教师自我知识意义视角发生质变的同时,课程教学知识也不断调整进而达

---

① Cranton P. Understanding and Promoting Transformative Learning:A Guide to Theory and Practice[M]. San Francisco:Jossey-Bass Inc. ,1994.

成质变,"我经历过那个被学生依赖、付出很多但收效不佳的阶段,我觉得老师在调整,学生在调整,然后课堂各个方面带给我的影响也会调整"(艳文)。艳文的课程教学知识质变可以概括为在依旧做好知识权威性的基础上关注学生的学情分析,在明确其知识点吸收程度之后再提供相应的学习反馈。对志远而言,其课程教学知识的旧意义视角可描述为利用教学技巧及专业学识吸引学生参与课堂教学,质变后的则为根据学生发展需要、国家新课标要求及行业发展背景规划课程,设计教学活动,感受学生针对某个知识点的反馈与困难,并让学生自己真正体验理解或运用这个知识点的难处,尔后再对这个知识点进行讲解,对不同学生的问题进行回应,而不是按照之前所设想的去教。可见两位教师虽起点不同,但质变后的课程教学知识较为相似,即服务学生学业发展的课程教学,强调学生与知识点之间的互动关系,而不是仅仅关注如何在丰富原有教学内容的基础上使用多种多样的技巧和方法以提升学生对所教授知识的兴趣。"如果形形色色的教学钩子仅仅作为一种教学手段,不能和学生真正感兴趣的东西相结合,那么这些教学技巧只是一些'漂亮'但不'实用'的'花拳绣腿'"(煜城)。

(三)教学发展知识的调整

有别于作为课堂教学中教学主体的课程教学知识质变,教学发展知识的建构相对更受制于高校青年教师所处的微观情境与宏观环境,即对自我超越建构者而言,当外部条件不够理想的情况下,教学反思与改进只需满足个体发展需求便可,而并无动力深入探究或扩大影响。例如,志远指出,他在国外求学时的导师不以发表"灌水"的学术论文为业,而专心投入教学,根据学生需求及特点不断修订并再版教材,然而这一做法似乎难以在国内使用。"我认为这是很有价值的科研,但是在我们当下的评价体系里面,即使我也出一个很有价值的教材,然后体现了非常更新的、与时俱进的教学思想,可能我并不能把它用于评职称或者其他的用途"(志远)。而艳文则直接表示,"我不是教学为主岗位的老师,所以研究性的教学发展项目其实对我来说只是锦上添花,考核上没有特别的指向"(艳文)。此外,她还认为教学研究类项目申请结题过程相当烦琐,极为耗时耗精力,且费用难以报销,故她基本处于以各种借口推辞的状态。

故本节受访教师与前两类教师相似,对开展教学学术与参与教育管理并不感兴趣,但不同的是,自我超越建构者对如何有效进行教学反思与如何寻求优质教学支持有更为深刻的理解。例如,志远的教学反思越来越关注元认知层面的反思,即对教学问题前提的反思。基于此,他对教学实践进行了更好的自我监控与自我纠正,"我觉得我会避免跟学生发展师生以外的个人关系,可能一是不擅于沟通交流,二是太专业,有点书呆子,所以我会把专业作为套子,自己钻在里面。但是在专业的舒适区里面待久了其实是有问题的,虽然说所有的学生评教、所有的教学效果都感觉很好,但我还是在不断反思这个问题"(志远)。针对国内很多本土的前辈教师及同事的"好好先生"状态,在能获得的真正建议指导少之又少的情况,艳文认为,国内学者交流分享的氛围不浓厚,学到真正核心精华的教学经验需要建立在私交好的基础上,再选定上佳的时机咨询请教,"在我们学校,一些前辈摸索了好多年,一路弯弯折折,问了一堆人,再自己反思实践,最后整合出来的经验,他怎么可能会把自己的经验轻易告诉别人,除非他认可你这个人"(艳文)。

第四节 逆压重塑建构:脱胎换骨逆行力证自我

逆压重塑建构者在遇到关键性触发事件之前,他们对教学工作未抱有明确的发展志向,基本处于自主优化建构者或适应调整建构者的教学状态。但在经历该触发事件之后,他们对自我教学实践的前提假设进行批判性反思,重要他人的可信结构在此过程中发挥了核心作用,最终收获教师自我知识与课程教学知识的质变,甚至启动了教学发展知识质变的转向。

一、教学反思的影响因素分析

对于逆压重塑建构者而言,高等教育场域中所遇到的事件不仅触发其浅层次的反思,更关键的是冲突性事件促成其深刻地批判性反思问题的前提,而当他们进行前提反思时,他们的意义视角也随之发生了质变。在抑制反思的因素方面,既有的相关制度规则及领导的重视程度等外界环境因素可能会成为其教学反思与发展的障碍。

(一)教学反思的触发

与上述三类教师一样,逆压重塑建构者在高等教育场域中同样受自身教学经历、教学竞赛等因素的影响。但不同的是,促成逆压重塑建构者意义视角质变的关键性触发事件较为明显,而不同于由一系列促使意义图式改变的触发事件积累而质变的自我超越建构者。以轩妍、竹婷及威海为例,这一关键性触发事件分别是领导同事对自身教学的否定、学生因严重抑郁休学一年、参加青年教师教学竞赛。这些事件都直接导致他们进行批判性自我反思:"为什么他们质疑我的教学?""为什么学生会产生严重抑郁?""为什么要重视教学设计?"进一步将其与自我超越建构者比较可以发现,此类促成意义视角质变的反思主要来自外部刺激,而后者的刺激主要来自自我的压力。

对于参与教学竞赛而发生意义视角重组的教师而言,赛事中的竞争压力与专家犀利点评是触发其前提反思的关键事件。于末在"被参加"教学竞赛之前,不关注教学设计及教学PPT,唯一关注的就是每节课之前15000字的讲稿,即内容维度是其教学实践中的重点,但教学竞赛中的压力使她对既有的前提假设进行反思,"经历了这一次又一次的比赛,我发现教学最重要的是整门课的设计,包括每一节课的设计、每一个教学环节的设计,还有每个知识点的设计,这些都需要有整体的思考,而不是写讲稿熟悉内容就够了"(于末)。同样,歌沫、蔚祺等也表示,正是教学竞赛倒逼他们重新思考课程的结构逻辑、思考教学设计的亮点、思考教学对学生的长远影响。当然，触发反思的事件并非只有教学竞赛，他们在参赛之前同样存有其他形式的教学反思，如歌沫还指出，其研究生导师对其教学反思产生了重要影响，"我导师听我说上课情况后，反对意见非常大，他认为文科应该去鸡汤化，要有对现当代的关怀，要让学生在经典作品中寻找人生价值"（歌沫）。

（二）教学反思的抑制

与自我超越建构者相似，逆压重塑建构者的教学反思也会受自身职业生涯发展阶段重心变化的影响，但外在制度的禁锢对教学反思的负面影响可能更为深远，比如教学改革项目的隐性制度、传统教学模式中的考试制度等问题。随着自身教学意义视角的逐步转变，轩妍对于教学改革项目的看法也发生转变，但受隐性制度规则的限制，而这一限制具有抑制其反思的潜在风险。"我想把自己的教学理念分享给其他教师，我申请了学校重点教改项目，但结果是学校不仅没有促成我的教改项目，还不给我答辩机会。对别的老师而言，这可能就是毁灭性的打击"（轩妍）。但目前而言，轩妍并没放弃，还是继续在做教学改革方面的探究，继续在写教学方面的论文，继续在看教学类的专业书籍。此外，既有教学中的考试惯常则使轩妍意识到实际执行中可能存在的障碍，而这也在一定程度上导致其放弃进一步思考和发展教学的努力。她所在专业的期末考试为统一出卷，虽然考试形式为主观题，但在题库公开、学生背题的情况下，主观题早已变味，她认为无力改变，"看着好像是主观题，但学生一背不就是客观题吗？其实就是打擦边球，但是我也没啥话语权，我能说我觉得主观题该怎么考吗"（轩妍）。

与轩妍不同，竹婷所面对的是领导对其教学的不关心、不重视，她最为突出的重复用语是"心寒"，而这种体验最直接的反映就是其对教学目标、教学标准及教学价值全方位的自我怀疑。竹婷所在专业并不受领导重视，但她依旧努力地希望引导学生成长，但有次她接到系主任的电话，"他直接给我打电话说，'竹老师，你不需要把每个学生都培养出来'，我听到这话我都傻了。我在想我都不努力了,那谁还努力?我觉得挺心寒的。这种心寒的事情挺多的,有的时候就会形成不好的心态"(竹婷)。

综上分析,逆压重塑建构者在高等教育场域中的关键性触发事件之前,基本处于自主优化建构者或适应调整建构者的状态,触发其反思的事件类型也基本相似,但显著差异就在于之后某些关键性事件促成其对教学进行深刻批判性反思,从而加快了其对教学目标的理解与转变,并提升了教学本身的价值意义。一般情况下,由于逆压重塑建构者主要基于外部推力而开展的教学发展,故其较自我超越者更易受外在因素的影响而阻碍更进一步的教学反思,除了制度性约束,还包括领导对其教学的重视程度。

二、教学改进行动中的学习与反思检验

在遇到使其批判性反思问题的关键性事件之前,逆压重塑建构者的学习方式各异,有的偏向自主优化建构者,有的偏向适应调整建构者,但当关键性事件发生之时便触发了其解放性学习,从而使旧的意义图式与意义视角被否定、被取代,故本部分将重点围绕解放性学习展开论述。

(一)工具性学习、沟通性学习及其反思检验

本节受访教师在入职任教后多处于自主优化建构者或适应调整建构者的状态,即教学实践性知识多为局部修正式的建构。于末表示,在应领导要求参加教学竞赛之前,自己并未刻意学习教学,"我很少有时间去反思上课效果,可能考虑更多的是一些实际教学工作层面的问题,我相信很多年轻老师也没有刻意地去学"(于末)。从本质上而言,如何更好地站稳讲台这一问题那时并不在她的思考范围内。竹婷则明确表示,除了与合作教学的钢琴伴奏教师交流教学曲目选择等日常教学工作,自己从未与其他教师探讨任何教学问题。在她看来,不同声乐教师的专业基础不同,这也意味着相异的教学训练方式也势必存在差异,而声乐教学是一对一师傅带徒弟式教学,在此背景下讨论或交流教学便异常敏感,且易造成问题。"每个老师都有每个

老师自己的见解,不仅是教法问题,还有本身专业对待这个'声音'概念的理解,那讨论这个问题,就很敏感,就会得罪人"(竹婷)。所以对于竹婷而言,教学改进就是在一次次不断尝试、反思与调整中自我摸索。与该两位老师不同,轩妍自入职任教就因被质疑而进入解放性学习,故较难探讨其在关键事件之前的教学改进状态。

(二)解放性学习及其反思检验

与自我超越建构者相似,本节受访教师同样受益于反思行动的解放性学习,但差异在于后者解放学习中既有通过意义图式的质变积累而导致意义视角的质变,也有通过批判性反思意识到自身意义视角的扭曲或不完整,从而通过意义视角重组而发生的质变。

通过意义图式的质变积累来进行解放学习的方式,类同于自我超越建构者。对于轩妍而言,自入职任教以后,"我最大的问题就是被人质疑,他们说我不会上课,那我就花大力气备课,我每天晚上6点回家备课,一直备到10点多甚至更晚"(轩妍)。为应对否定声,她看大量的名师教学视频、咨询请教同事、与学生交流、积极报名各种教师专业发展项目。在此类教学改进行动的背后,她有关教学的意义图式发生质变,并不断积累导致意义视角发生了质变。例如,通过学生上课窃窃私语或缺课的现象,她意识到自己"仅关注学生是否听懂的讲课式教学"的效果不佳,并反思"如何吸引学生注意力"。她认为,将学生生活案例与临床教学相结合的方式有助于吸引学生注意力,这一假设确实在之后的教学实践中得到进一步证实,"比如在讲白虎汤方剂的时候,我会说'我们生活中也有天然白虎汤,就是夏天家里的那只西瓜,天气热一回家,冰箱一开西瓜一吃,什么感觉?我的汗止了,热也止了,所以我们白虎汤的作用是什么?就是治疗大热大渴大汗脉红的这一类热肾者'"(轩妍)。这样引入学生生活案例的教学方式,不仅对教学内容讲解清晰,而且也获得学生的积极反馈。此外,她还尤为喜欢与学生交流,"我经常下课跟学生聊天,他们就告诉我,'老师,其实我们今后毕业不一定从事中医药行业,我们觉得生活压力大,应该多赚钱,比如说做保险、做销售卖药的'"(轩妍)。对此,她就反思该课程的教学目标以更好地影响学生今后的职业规划。上述关于意义图式质变的反思例子,经常性地出现在轩妍的日常教学实践中,比如:"我在课堂上如何将中医的文化元素融合进课程教学中?""我应该把学科领域中最前沿的知识告诉学生。""上课不是看滑稽戏!""大学课堂与高中课堂的区别是什么?"

通过意义视角的质变来进行解放性学习,即通过批判性反思,意识到既有意义视角扭曲或不完整,进而通过意义重组而引发质变。例如,竹婷在经历学生严重抑郁休学事件之后饱受打击,她意识到原先只注重专业训练的机械的教学方式过于简化,而未考虑学生个体所面临的问题或困难,"一对一教学跟大课教学不一样,我们要想尽办法让他变得好,想尽办法让他不断扩大他的优势,而每个学生的优势都是不一样的"(竹婷)。对此,她通过将开课后的第一节课调整为师生沟通交流、增进彼此了解的会谈,投入个人时间给即将要开音乐会的学生加练,把学习状态不稳定的学生邀到自己家中深入交流等一系列方式努力改进教学,与学生建立起非常亲密的关系,同时也更深刻地领悟到师傅带徒弟式教学的内在意涵。正是在此类不断调整教师角色定位的循证式教学实践中,竹婷的教学实践性知识发生质变。与竹婷相似,于末参加青年教师教学竞赛之后,重新审视自身教学,发现了上课脱不了讲稿、不跟学生交流、不重视教学设计、不注重教学PPT等诸多问题。"我参加院赛的时候,我还是背了20分钟讲稿,但是那种感觉真的非常难受。我第一次参加校赛之后,突然发现自己可以脱稿了,这种感觉真的是非常新鲜、非常轻松。然后我参加市赛的一轮轮比赛,到最后参加完整个比赛之后,我觉得整个人就跟脱胎换骨一样了"(于末)。从参赛前注重内容教学的看稿讲课式教学,到参赛后注重教学整体设计与学生学习体验的脱稿交互式教学,显见于末的意义视角发生了质变。然而需要注意的是,此类逆压重塑者在经历关键性触发事件而意义视角得到重组之后,主动寻求支持以继续发展教学的内在动力可能并不足。

三、教学实践性知识的重构结果

逆压重塑建构者与自我超越建构者在教学实践性知识建构的动机来源上存在差异，前者更关注外部环境中领导、同事及评审专家等重要人物的评价与认可，后者则强调教师的自身内驱力。故在遇到关键性触发事件之前，本节受访教师停留在适应调整建构者或自主优化建构者的局部调整阶段，而在该事件发生之后，他们启动批判性自我反思与解放性学习，并最终收获教师自我知识与课程教学知识的质变，甚至引发了教学发展知识的转向。

（一）教师自我知识的质变

受外力形塑的作用，本节受访教师极为重视作为教学主体的教师身份，或为证明自身能力，或为重建自我名誉，或为获奖争光。虽外力不同，但他们都在某种程度上使其原先的身份认同转化为一种更与学生产生直接双向关联的新角色，或从"分享者"转化为"能力引导者"，或从"机械专业训练者"转化为"犹如父母的师傅"，或从"知识讲解者"转化为"学习指引者"。

因任教学科与博士所学专业不同，自入职起就处于领导同事否定声中的轩妍在教学实践中一直在寻觅黑暗中的那束光。而现已获得国家级教学竞赛大奖的她在回首那条不同寻常的来路时，并未直接袒露起初的角色状态，但从访谈侧面我们可以推断出"分享者"占据要位。"一开始我给夜大上课，每次上课前我要看25小时的材料，最后就讲3小时内容。我有个习惯，就是今天可能要讲几个知识点就一张纸列好，然后讲讲翻翻"（轩妍）。正是脱口秀似的教学方式使其一开始未遇到学生上课不听走神的情况，自我感觉较好。但这一关键性触发事件中的否定声始终萦绕耳边，使其深刻意识到原先意义图式的局限，如督导的一句话、学生对心目中好教师的评价、同事的提醒、专家的建议等，而这种质变的意义图式积累最终导致了意义视角的质变。她认为自己所拥有的知识肯定远远少于网络,而学生依托网络能查到的知识也远远多于她,那她所能教学生的不应该是信息本身,而要着眼于培养学生搜索信息、辨别信息、合并信息、总结信息与创新信息的能力,"我们作为教师,不仅仅是教学生这个杯子怎么造成就好,而是要告诉他一个造的过程,这样学生就可以自己造碗、造出其他更多的东西"(轩妍)。基于国赛奖项成绩,她获得的不仅是一份荣誉,也是对自身新角色的认可,更是将新角色融入实践的笃定,比如对原先常规小组汇报进行改造,转变为依据不同学生需求点与发展方向进行任务驱动的升级版小组汇报。

相较于轩妍,竹婷的教师自我知识质变显得较为明晰。对于竹婷而言,虽在学生期间接受师傅带徒弟式训练而得到专业成长,但在实际任教初期,机械严格的专业训练主导着其日常教学,而学生严重抑郁休学事件给她造成巨大打击,使她重新定义了自我的角色定位,"这件事情之后我发现不是这样的,我们要想尽办法让他变得好,感觉有的时候像父母,有的时候像姐姐、哥哥、叔叔、阿姨,就会觉得有点复杂,感觉真的就是养了好多孩子"(竹婷)。此外,参与青年教师教学竞赛的于末、威海、岳亦等的教师角色定位较为相似地从"以教师为中心"的"知识讲解者"转向关注"以学生为中心"的"学习指引者",显见教学竞赛所带来的脱胎换骨式变化。

(二)课程教学知识的质变

与自我超越建构者相似,发生教师自我知识意义视角质变的同时,本节受访教师课程教学知识也发生了质变。从走进学生生活世界去吸引其上课,转变为解析学生专业兴趣及职业规划从而引导学生学习;从应试知识性目标,转变为能力提升性目标;从刻板拘泥于教材,转变为引入学科前沿及行业发展动态;从深入浅出,转变为浅入深出。这一系列的变化足以显见轩妍课程教学知识的质变。在对既有的平时作业进行改进时,她不仅重新思考了平时作业作为学业评估方式的目标、价值与功能,还注意到学生对作业的反馈以及自己对学生作业的反馈,"我要教他们学中药方子的方法,并不只是熟悉方子本身。在布置作业之后我还给学生留了两个问题,一是对这门课的改进建议,二是报告完成这份作业所用的时间。另外第二节课,我梳理了作业中出现的集中性问题,比如药用植物图和影片的拉丁名区别,以及参考文献的规范格式等"(轩妍)。

威海、岳亦、于末等在经历一次次教学竞赛的历练后,其课程教学知识的表达更具有凝练性与相似性。相较于参赛前枯燥乏味的课堂,威海现在把教学过程分为提出问题、分析问题与解决问题三个阶段,且更强调课程内容的精准、组织架构的紧凑、讲解的浅入深出、课程思政的融入。岳亦表示在参赛后,他意识到之前教学中没有关注学生对知识点的理解程度以及学生在课堂中的情感体验,而改进后的课堂更关注教学的"有趣、有料与留白",即教学要让学生觉得有趣而不走神、教学要与多种资料相关联而丰富、教学要给学生留有发挥想象的创作空间。值得一提的是,蔚祺在激励学生学习的过程中,尤其关注对学生隐私的保护,使不同学业层次的学生都可在安全的学习环境中得以发展,"平时习题课时,我会以匿名的方式让学生在小纸条上反馈觉得有难度的题,这样学生的压力就会小很多,可以打消被同学嘲笑的顾虑"(蔚祺)。

(三)教学发展知识的调整或转向质变

纵观逆压重塑建构者的访谈资料发现,除竹婷外,轩妍和于末等均获教学竞赛荣誉奖项,并经常受邀参与教学沙龙分享活动,而其教学发展知识也存在转向质变的迹象。轩妍在访谈中明确表示,虽然之前申报教学改革项目是为了职称评审或考核,但国赛之后回到教学岗位真切地想申请教改项目,"但现在我是真的想申请教改项目,我想申请一个好的教改,就是把我这种思想给体现出去",同时她开始热衷于阅读教学类专著,"我国赛得奖完了以后,我一直没想明白为啥我得奖,我想知道我到底比别人好在哪里。于是,我就特别想读教学类的书"(轩妍)。自国赛结束后,她天天在上班的地铁上看《深度教学》《学会教学》等教学类书籍,并越发感受到教育理论与教学实践之间的关联。同样,蔚祺表示,在参加教学竞赛前,他作为青年在教研团队中并无话语权,但在获奖后,"他们更加认可我在教学竞赛中的理念与方法,并将其融入新编教材"(蔚祺)。

此外,于末、蔚祺、歌沫等都提到,在参与教学沙龙等分享活动中鼓励其他青年教师积极报名参加教学竞赛,"我当时就建议大家尽可能参加这样的比赛,每一次比赛都是一次超越自己的过程,不断打磨、不断蜕变的过程"(于末)。可见,探究教学、研究教学可能将成为他们的全新发展领域,从而影响更多青年教师的教学发展。从某种程度上而言,经由组织干预而发生教学实践性知识质变的受访教师,能较好地从关注课程教学知识建构到转向关注教学发展知识建构,从而为组织的青年教师队伍建设提供强大支持。

本章追随教学实践性知识建构的四种不同类型,分述了各自的影响因素、教学改进行动中的学习与反思以及教学实践性知识建构的结果,旨在呈现不同的实践发展逻辑:第一类为自主优化建构类型的青年教师,其基于本身的"教学良心"承诺而逐步调整与完善教学,主要通过沟通性学习与工具性学习的方式改进教学,其教师自我知识、课程教学知识、教学发展知识三个维度都进一步得到调整更新。第二类为适应调整建构类型的青年教师,他们对教学的理解偏保守,以达成外在的底线制度规范为先,基于既有经验认知的非反思性行动及较低层次的沟通性学习是其改进教学的方式。其教学实践性知识建构的结果显然也是较为孱弱的,虽课程教学知识略有调整,但其教师自我知识维持现状,而教学发展知识处于未受关注的状态。第三类为自我超越建构类型的青年教师,这类教师出于自我对成就强化的需求或教学本身的兴趣不断探索教学,主要以解放性学习对自身既有的教学观点与理解不妥之处进行批判性反思,从而使其教师自我知识与课程教学知识均发生质变,但遗憾的是教学发展知识仅是在已有基础上的丰富与拓展。第四类为逆压重塑建构类型的青年教师,他们虽对教学工作未抱有明确的发展志向,但在经历了对其影响巨大的关键性触发事件之后,受益于反思行动的解放性学习,并最终收获教师自我知识与课程教学知识的质变,甚至启动了教学发展知识的质变转向。

第五章　教学实践性知识建构的质变分析

本章将尝试分析教学实践性知识建构在时间维度走向的可能性，并从"环境结构"与"主体能动"双重维度建构教学实践性知识质变框架，以期回答高校青年教师教学实践性知识建构难以发生质变的原因以及促进教学实践性知识质变的策略。

第一节　教学实践性知识建构走向的可能性

扎根于访谈资料，笔者发现，高校青年教师教学实践性知识建构并非具有清晰阶段过程的线性发展，且极为复杂多变。下面将从建构意愿与建构程度两个方面分别阐述教学实践性知识建构走向的可能性。

一、非单一走向的建构意愿

高校青年教师教学实践性知识并不总是主动建构的，也存在被动建构，而这两种建构意愿可能发生在同一位青年教师的不同阶段。轩妍在访谈中明确表示，起初申报教学改革项目是为了职称晋升或职称考核，但获得国家级教学比赛奖项回到教学岗位之后，其发自内心真切地想申请教改项目，"我想申请一个好的教改，就是把我这种（教学）思想给体现出去"（轩妍）。这类从被动建构转变为主动建构的现象，尤其集中体现在参与教学类竞争性项目并获得较好奖项的青年教师身上,因为他们比其他青年教师更有意愿持续分享与投入教学。

但这也意味着高校青年教师主动建构教学实践性知识并非能够持续永久保持主动建构,也有可能从主动建构转化为被动建构。随着教学实践性知识的不断积累,青年教师会逐渐形成较为稳定的教学风格,相应地改进与创新教学的意愿会减弱。尤其当所处教学工作环境持续性出现冲突性问题时,他们对于教学实践性知识建构的意愿可能大打折扣。"我就感觉制度不是在支持你,而是预设你就是'不好的老师',然后用条条框框来约束你监督你。而且就算是公司职员,下班后也有自己的时间,我也有科研生活各方面的压力"(艳文)。以上反映了在艳文处于职称晋升及组建家庭的重要时期,各种填表层层加码"烦琐而强制"的教学管理方式或许会对其教学实践性知识建构的意愿起到反向作用,正如她所言,"如果用条条框框锁住,那我顺应的方式就变成不需要创新和反思了"(艳文)。

二、非线性走向的建构程度

高校青年教师教学实践性知识的建构程度分为修正与重构两个维度,具体而言,在某一特定长时段里,教学实践性知识建构程度的走向可从局部修正变为整体重构,也可在整体重构的基础上继续局部修正,或者始终处于局部修正中。以逆压重塑建构的受访教师为例,他们在入职初期主要处于适应调整建构的修正阶段。"我很少有时间去反思上课效果,可能考虑更多的是一些实际教学工作层面的问题,我相信很多年轻老师也没有刻意地去学(教学)"(于末)。而使于末进入脱胎换骨式的重构阶段,使其从注重内容教学的看稿讲授式教学转变为注重教学设计与学生学习体验的脱稿交互式教学,期间的关键性事件是被领导要求参加一轮轮教学竞赛。但显然参加教学竞赛这一事件并不能促使所有参赛青年教师均发生重构,重构与否在于其教学反思的类型,以及其既有教学实践性知识的导向。"我参加过(教学竞赛），但是往往都是带着重在参与这种心态，其实没有认真去准备。因为自己对这个不太看重，另外也觉得讲不出比别人更好的东西"（杰修）。对于同样属于适应调整建构类型的杰修而言，教学内容本身是其反思关注点，而并无意愿对教学内容选择背后的学生学习与发展进行前提反思。

在高校青年教师教学实践性知识发生重构从"以教师为中心"转变为"以学生为中心"之后，一部分受访教师在此基础上进一步修正以丰富教学实践性知识，更加热衷于教改课题申报、教学名著阅读与教学沙龙分享等，但也有个别教师对自身形成的教学实践性知识产生了困惑与否定。竹婷所在专业不受领导重视，但她依旧努力地希望引导学生成长，"然而系主任竟然电话说'竹老师，你不需要把每个学生都培养出来'，我听到这话都傻了。我在想我都不努力了，那谁还努力？我觉得挺心寒的。这种心寒的事情挺多的，有的时候就会产生不好的心态"（竹婷）。显然，这种现象暗含了教学实践性知识"反向重构"的潜在风险，尤其是在以上情境不断重复刺激导致教师产生绝对的自我否定时。

第二节　教学实践性知识建构中的"能动—结构"

教师中心、教材中心的传统教学实践性知识仍"适用于"当下教学情境，且不断地在教师个体与组织集体之间转化流动，这就使高校青年教师教学实践性知识代代相传，较难发生真正的质变，出现持久困境。自2012年教育部启动国家级教师教学发展示范中心建设工作以来，已有越来越多的专业学者、资深教师、专职人员投身于教学发展促进事业，然而大多数中心"对教师教学发展更为广泛的需要关注较少，重视不够，在提供教学咨询、发展教学研究能力、开展职业生涯发展规划等方面较为欠缺"[①]。现行的社会结构

---

① 杨洁.我国高校教师教学发展中心：现状、问题与突破[J].教育发展研究，2018(9)：23-27.

和文化制度使高校青年教师教学实践性知识整体上处于"久攻不破"的境况,即大部分高校教师满足于当前的传统教学实践水平,缺少投入教学与研究教学的意愿,或寄期望于其他教师或教学发展促进者直接提供操作性强的教学策略。个人与集体处于"自动平衡"的社会系统之中,在这个系统中,环境结构建构着具体主体的行动,又反过来被后者所建构[①]。若要打破当前僵局,须从教师主体的"能动"与组织环境的"结构"双重维度思考高校青年教师教学实践性知识建构这一能动行为背后的现存问题。

根据麦基罗的质变学习理论,学习者的意义图示或意义视角发生质变的过程往往由"迷惘困境"(disorienting dilemma)触发,经批判性的自我反思、参与反思性的对话、制订行动计划并付诸实施三个环节得以完成[②]。有效的高校教师专业发展项目可通过自我意识过程、冲突过程、获取替代性概念、承诺与巩固新概念四个步骤帮助教师改变教学观念[③]。可见,高校青年教师教学实践性知识质变的关键在于迷惘困境矛盾的触发,而教师对矛盾的认知以及矛盾本身的冲突频率与程度直接影响教学实践性知识质变的可能性。

一、教师主体的"能动"维度:矛盾被选择性处理

"行动中反思"(reflection in action)是反思性实践者实践的核心,是其作为实践脉络研究者不依赖现存理论或技术开展行动,主动建构新的实践理论以解释困境的过程[④]。根据舍恩的观点,教学实践性知识建构有赖作为教

[①] 吉登斯.社会学方法的新规则——一种对解释社会学的建设性批判[M].田佑中,等译.北京:社会科学文献出版社,2003:221-231.

[②] Mezirow J. Learning as Transformation: Critical Perspectives on a Theory in Progress[M]. San Francisco: Jossey-Bass Inc., 2000:3-33.

[③] Ho A S P. A conceptual change approach to staff development: A model for programme design[J]. International Journal for Academic Development, 2000(1):30-41.

[④] 舍恩.反映的实践者——专业工作者如何在行动中思考[M].夏林清,译.北京:北京师范大学出版社,2018:51-58.

学实践主体的教师对不确定或独特性的矛盾情境进行探究以形成反思,而非囿于既有的教学实践性知识。杜威在结合自然主义理论的基础上指出,"每当我们的探寻所导致的结论解决了促使我们从事探究的问题时,我们便有知识"[①]。面对日常教学工作中的矛盾冲突,理想的假设是高校教师积极应对矛盾、解决问题,然而现实中更多的是消极应对矛盾、缓解问题,这主要受教师作为"理性人"视角的影响。具体而言,高校教师教学工作的非排他性与弱转化力易导致教师选择性处理教学实践中的矛盾,即选择更为便捷的应对性方案,而非更有效的改进性方案。

宏观现象由集体行动的逻辑造成,而集体行动又受制于个体行为,个体行为则经过成本—收益计算而成[②]。高校教师教学属于非排他性利益,即教师在某种程度上将教学课堂视为"自留地",其教学成效与其他教师之间并未形成排他性利益,且收入水平极少受教学成效的影响。为避免某些教师出现无法胜任教学岗位要求的情况,教育行政部门及高校要求教师必须持有高等学校教师资格证、参与岗前培训项目且达到教学考核评价标准。然而,当前高等学校教师资格证获取方式基本为申请免考制,岗前培训项目注重走流程形式,教学考核评价关注达标底线,故此类举措很难促成教师积极应对课堂教学的矛盾,不能有效规避教师个体"搭便车"行为的发生,这也使作为集体行动的高校教学改革越发难以达成理想效果。

体制化生存与发展需求正驱使着高校教师行为带有明显的理性化与合理化取向[③]。资本需要时间积累且具有潜在能力,既能获取利益,也能再生产资本本身。高等教育场域中的核心文化资本是学术资本,学术资本能进行自身再生产,且可在某些条件下转换为经济资本或社会资本。学术资本

---

① 杜威.确定性的寻求——关于知行关系的研究[M].傅统先,译.上海:华东师范大学出版社,2019:185.
② 奥尔森.集体行动的逻辑:公共物品与集团理论[M].陈郁,郭宇峰,李崇新,译.上海:上海人民出版社,2020:4.
③ 阎光才.大学教师行为背后的制度与文化归因——立足于偏好的研究视角[J].高等教育研究,2022(1):56-68.

与专业技术职务获取资格紧密关联,具有合法保障与恒定的价值,这使得高校教师在特定时间内有效占有学术资本的能动性相对较强。相比之下,根据获取收益所需投入的时间长度进行衡量,教学资本处于文化资本的边缘,且转换为其他资本的能力较弱。这就使得高校教师在其所处教学情境中易倾向保持其带有结构性特点的教学惯习而呈现出弱能动性,即选择性地处理矛盾。

二、组织环境的"结构"维度:矛盾较少打破既有实践逻辑

现实的社会建构由外化、客体化、内化三个步骤构成,分别对应着社会世界的三个根本特征,即社会是人的产物、社会是客观现实、人是社会的产物①。我国高等教育制度建设经历了从移植别国制度到构建中国特色高等教育制度体系的过程,深入推进高等教育制度变革已成为促进高等教育现代化的重要内容,为实现高等教育教学模式的转变与创新开辟了广阔前景。然而,教育政策从制定到执行再到"再创造"需要大量实践的时间,其成效显现具有滞后性,在此环境背景下,高校教师所建构的教学实践知识仍带有"以教为中心"的传统教学色彩。

高校青年教师教学实践性知识建构是客体化外在制度的内化。在该次级社会化过程中,教师主要通过与环境中的同事、领导、学生、导师等其他主体的互动,实现对制度化现实社会的内化。以制度变革引领教学范式突破的前提是使教师"以教为中心"的惯有教学过程不再适用于现实,进而使其既有的教学实践性知识出现裂痕。但当作为被社会化个体的"重要他人"仍受过往制度的形塑而未发生新的转向时,被社会化个体就很难进入再社会化的过程②。即当作为高校一线教师"重要他人"的前辈资深教师、学科带头

---

① 伯格,卢克曼.现实的社会建构——知识社会学论纲[M].吴肃然,译.北京:北京大学出版社,2019:77-79,180-194.
② 伯格,卢克曼.现实的社会建构——知识社会学论纲[M].吴肃然,译.北京:北京大学出版社,2019:77-79,180-194.

人、学院相关领导仍停滞于"以教为中心"的教学范式时,其很难为一线教师提供"以学为中心"再社会化的支持。基于此,高校青年教师"边缘性参与"共同体活动的过程在很大程度是对"重要他人"既有教学范式的传承与再现,这就使青年教师所持有的传统教学实践逻辑很难被打破。"有些老教授上课就是念PPT,学生都不愿意上这类课,他们可能会把青年教师带到'沟'里去"(邵央)。"有些老教授就觉得增加互动的建议往往是那些根本不懂学科特点的老师提出的,我也觉得这是一种张冠李戴的做法"(杰修)。

高校规章制度建设唯有统筹规划,才可能发挥出有效的治理功能[①]。高校教师教学发展中心大多挂靠其他行政部门,与教务处、人事处存在职能上的交叉,出现挂靠缺乏独立性、独立又难以统筹的现象[②]。高校教师教学发展中心建设无疑有益于促进教师教学实践性知识的发展,但在仅依赖中心单维度的功能建设而缺乏相配套的保障制度、激励制度和督导制度时,很难触发高校教师对既有教学实践逻辑进行批判性反思。而高校规章制度间的低匹配度甚至可能导致高校教师能动行为的延迟、断裂甚至倒退。

第三节 教学实践性知识质变框架的建构

高校青年教师教学实践性知识建构不是高校教师被动接受外在的、客观的教师知识地图的结果,而是在日常教学工作的真实环境中,外在结构刺激与内在自主驱动交互作用的学习过程。"实践—反思"取向强调技术理性的专业知识难以应对教师个体所面对的具有不确定性或独特性的矛盾困境,作为专业实践者的教师要主动地对教学实践进行反思,以建构兼具"严谨性与适切性"的教学实践性知识。"社会—互动"取向主张教学实践性知

---

① 李威.透视制度化水平:大学成文规则体系研究[M].上海:上海三联书店,2020:93.
② 权灵通,何红中.我国高校教师发展中心的建设历程与评价[J].高教探索,2016(5):118-123.

识是由教师个体与社会环境相互建构的,瓦解教师个体所持有的主观现实就要呈现矛盾分歧,并为其提供相应的制度条件与支持环境。以上两种取向分别突出了从教师主体的能动性与组织环境的结构性视角建构高校青年教师教学实践性知识质变框架的思路。

迈向双重革新的质变框架强调同时着眼于主体能动与环境结构两个维度,组织环境结构不能脱离教师主体的能动,反之,教师主体的能动也有赖于其所在的组织环境结构。以此为基本出发点,要进一步聚焦高校教师在矛盾叠加的教学工作情境中有关教学的专业学习过程与专业学习成效,其中矛盾叠加不仅指矛盾本身的冲突,更主要的是,其体现为教师主体与环境结构性要求之间的冲突以及不同主体对环境结构性要求持有不同意见所产生的冲突。当诸多矛盾正向叠加之时,便可能驱动教师深刻反思当前教学实践逻辑,转而探索"以学为中心"的教学范式,从根本上改变教学实践性知识建构的前提假设。唯有通过"能动—结构"双重革新实现教学实践性知识从"以教为中心"向"以学为中心"质变,才能让原本沉浸于传统教学实践逻辑的高校教师获得应对高等教育高质量发展挑战的重要利器。

一、基于教学学术推动教师主体的动力革新

强烈的教学改进动力是亟待被正视的促进教学实践性知识质变的重要因素。通常而言,不同教师主体间及同一教师主体不同职业发展阶段的教学实践性知识均有可能存在差异,但教师投入教学改进的能动意愿越强,其对教学实践的见解越深,教学实践性知识质变的可能性就越大。教师的文化资本拥有量直接决定其在高等教育场域中的位置及开展实践的方式。基于教学学术(the scholarship of teaching and learning)这一理念提供文化资本中教学资本的合法性与客观化,有利于增强教师改进教学的根本动力,有利于推动组织环境结构更深层次的改变。

高校教师教学学术发展是对教学经验和教育理论进行反思形成实践智

慧的知识建构过程①。教学学术不同于教育研究，虽两者探究对象均以学生学习为主，但目的不同，前者为行动理论，旨在改变和影响教学实践，后者聚焦证实和生产理论②。随着不同视角研究的深入，教学学术术语经历了从"教的学术"向"教与学的学术"的演变，越发强调学生的主体需求，其基本逻辑可表述为：高校教师对教学进行研究，进而将研究成果应用于教学实践，由此改善教学效果并对学生学习产生影响。基于教学学术理念，高校教师要反思自身教学实践的前提假设，加强从"以教为中心"向"以学为中心"质变的意识。

教学学术强调高校教师要以批判性反思与学术性态度开展日常教学及持续改进教学，其本身除了对高校教师的教学投入方式及教学成效做出明确要求，还为教学资本成为体制所承认的文化资本提供了更多可能性。国外部分高校已调整终身教职及职称评聘系统以扩大对高校教师学术工作内涵的理解，如美国宾夕法尼亚州立大学（The Pennsylvania State University）将评判教师晋升与终身教职的核心标准分为教学学术，研究学术与创造性成就，有关大学、社会与专业的服务学术三类③。高校要明确将教学上升为与科研具有同等重要地位的学术事业，保证教学资本的合法价值，提高教学资本与其他资本类型的转换率，从而驱动高校教师自主而持续地研究教学问题并改进教学实践。当前我国高等教育教学改革已开始注重"提高教学

---

① Kreber C. Developing the scholarship of teaching through transformative learning[J]. Journal of Scholarship of Teaching and Learning, 2006(1):88-109.

② Larsson M., Mårtensson K., Price L., et al. Constructive friction? Charting the relation between educational research and the scholarship of teaching and learning[J]. Teaching & Learning Inquiry, 2020(1):61-75.

③ The Pennsylvania State University. ACADEMIC POLICIES-Promotion and Tenure Procedures and Regulations[EB/OL]. (2021-12-14)[2022-02-13]. https://policy.psu.edu/policies/ac23.

业绩和教学研究在评审中的比重"①"支持建设高质量教学研究类学术期刊"②,呈现出基于教学学术探索教师职务聘任改革,增加高校教师教学学术志趣的政策导向。通过制度创新加强教学学术理念在教育场域的渗透,能够从原生驱动力上减弱高校教师对改进教学的忽视与抵制,从而使其走向对自身固有教学实践逻辑的否定。

二、基于拓展性学习推动教师工作的环境革新

教学学术理念的引入尝试基于教师主体的微观视角探索高校青年教师教学实践性知识质变的能动性,然而教学实践性知识建构于高校教师与所处真实环境的互动中,具有赋能性的组织环境结构能为教学改进行动提供实现的条件。结合高校教师学习教学的真实情景,教学实践性知识建构过程实则为教师个体从"合法的边缘性参与"转向"中心参与"的过程,体现了教师个体在参与实践共同体活动中由"新手"转变为"熟手"的历程。在此过程中,实践共同体占据优势地位,当实践共同体共享"以学为中心"的规则和资源时,其能为教师个体改进教学提供更多的力量,而避免陷入"集体行动的困境"。

青年,同时也需要整个教学活动系统都迈向新阶段以开启一场集体智慧的跨越之旅。拓展性学习(expansive learning)以集体创新学习为核心,强调通过集体实践活动,将对活动客体的当前认知拓展为新认知,从而形成新的实践活动以破解现实困境③。不同于日常教学工作中或培训项目中的专业学习方式,基于拓展性学习的变革实验室(change laboratory)以突破组织

---

① 人力资源社会保障部、教育部关于深化高等学校教师职称制度改革的指导意见[EB/OL]. (2020-12-31)[2021-07-30]. http://www.moe.gov.cn/jyb_xwfb/gzdt_gzdt/s5987/202101/t20210126_511106.html.

② 中共中央、国务院印发《深化新时代教育评价改革总体方案》[EB/OL]. (2020-10-13)[2021-07-30]. http://www.moe.gov.cn/jyb_xxgk/moe_1777/moe_1778/202010/t20201013_494381.html.

③ 吴刚,马颂歌.工作场所中拓展性学习的研究[M].北京:清华大学出版社,2016:96-99.

在教育教学改革中的困境为需求,以教师个体的教学实践问题或矛盾为起点,以形成性干预为促动手段,以形成教师集体关于教学的新概念或新实践为"阶段性"终点,可以最大限度地使教学实践性知识从"个体""私人"流向"集体""公共",并发生创造性质变。

借由拓展性学习理论,高校可通过组建变革实验室进一步改变教师教学工作的组织环境,比如将教学活动系统视为基本分析单元,尽可能选择具有代表性且覆盖不同职务岗位、拥有不同职称级别、承担不同课程类型教学任务的教师作为被干预者,彻底分析教学系统内不同要素间的矛盾关系及其发展脉络,以建构出新的教学实践模式与制度规范工具,帮助组织环境结构的"再生产"。通过对传统教学实践逻辑内在系统矛盾的透视以及"重要他人"对新现实认知的更新,将新建构的教学实践模式以制度化、正当化的方式进行客体化,有利于教师顺利进入再社会化阶段,进而实现教师教学实践性知识从"以教为中心"向"以学为中心"质变。

本章从时间维度对高校青年教师教学实践性知识建构走向进行分析,发现教学实践性知识建构始终处于动态变化中,并非按部就班地从一个阶段走向另一个阶段或止步在某一阶段,而其建构意愿与建构程度主要取决于高等教育场域中青年教师主体与所处真实环境的互动模式。而矛盾被选择性处理的教师主体"能动"维度与矛盾较少打破既有实践逻辑的组织环境"结构"维度的互动结果,这使高校青年教师教学实践性知识的质变越发遥不可及,故亟须迈向"能动—结构"双重革新。

第六章 结 语

　　高校青年教师是高校师资建设的重要生力军,关系到高校本科教育教学改革的落地,关系到国家人才培养发展战略的推进,关系到高等教育事业的未来。虽然这一群体的教师专业发展受到国家和高校层面的高度重视,但不同高校青年教师间教学实践性知识建构存在较大差距。尽管自2012年教育部等六部门印发《关于加强高等学校青年教师队伍建设的意见》以来,越来越多的研究者开始关注高校青年教师的教学能力提升及教师专业发展途径等问题,但并未有研究者系统探究高校青年教师如何在当前的宏观制度环境及微观学校情境中逐步建构起教学实践性知识,更缺少对教学实践性知识建构中变化的关注。

　　本章将分研究结论、研究启示、研究反思三个部分展开。首先对研究结论做理论上的概括与提升,回应本研究的核心问题,将研究发现与既有研究进行比较,展现本研究的新意与亮点,并尝试建构高校青年教师教学实践性知识建构的理论模型。其次基于研究结果进一步阐述对理论拓展、政策建议及实践对策方面的启示。最后再反思研究者以自身为研究工具,在研究调研与写作过程中出现的困惑及应对方式。

第一节 研究结论

一、研究发现

从文献综述中可以发现,高校教师教学实践性知识近年来才被国内学者所关注,更多的研究以"反思"为核心探讨其建构途径,且针对高校青年教师群体的教学实践性知识建构研究更少。本研究探讨的主要问题是当前我国本科教育教学改革背景下,高校青年教师如何建构其教学实践性知识,这显然涉及"主体能动"与"环境结构"之间的关系辩证。研究不囿于大多数教学实践性知识建构研究所采用的假设演绎逻辑分析方式,转而考察高校青年教师身处的工作环境,基于伯格和卢克曼的次级社会化视角考察了教学实践性知识建构的影响因素,借助麦基罗的质变学习理论探讨了教师在教学实践性知识建构过程中的主体能动性,并尝试梳理不同类别教学实践性知识建构的发展逻辑。研究结论的发现部分将按照研究问题逐一深入阐释。

(一)影响因素的双重作用机制

研究从高校青年教师的教师职业储备、制度背景下的岗位基本要求、在高等教育场域中的教学经历及工作关系、教师专业发展项目这四大方面探讨了影响高校青年教师教学实践性知识建构的结构性因素,其具体发挥着预判作用、规范作用、导向作用、反馈作用、诊断作用、激励作用以及制约作用。预判作用主要是指教师入职前的教师角色知识储备,为青年教师教学实践性知识建构提供基础指向;规范作用主要是指学校组织制度关于岗位入职、职称晋升等方面的岗位角色要求,对青年教师教学实践性知识建构的内容与标准进行监督与规定;导向作用主要是指政策指引下的学校教学改革与发展趋势,促使青年教师相应调整建构自身教学实践性知识;反馈作用主要是指教师教学经历与工作关系等,为教师判定自身教学实践性知识建构状况提供反馈信息;诊断作用主要是指教师专业发展项目等,帮助青年教师判断教学实践性知识建构是否合理;激励作用主要是指教师教学经历、工作关系与教师专业发展项目等,增进教师建构教学实践性知识的信心与动力;制约作用主要是指制度下的岗位角色要求、教学经历及工作关系等,在特定情境中阻碍与制约教学实践性知识的建构。

本研究认为,影响高校青年教师教学实践性知识建构的因素,同时存在于以制度为基础的现实社会内化以及主观世界的维护与转变,这也就意味着,这些影响因素不能简化为单重作用,而是要关注其在教学实践性知识建构过程中的双重作用。例如,博文本身抱有"教学是良心活"的信念,对于身边同事不关注学生、不投入教学的态度与做法表示不满,这就意味着这一与同事存在教学差异的体验并没有对其教学实践性知识产生反馈或激励作用。但是,当他遇到学生因课业要求较高而向班主任告状的问题时,其随即与该班主任沟通,对如何进一步激励学生主动学习达成共识,较顺利地解决了这次突发事件并对相应教学环节进行调整。显然,在问题解决中,该班主任对他的教学理念与实践给予积极反馈,肯定了他对学生学习的理解及激励策略的使用,并促使他进一步思考不同教学主体间协同教学对于提高教学质量的重要性。再如,旭冉经岗前培训,对如何让学生更关注课堂、如何使教学PPT更生动化等问题有了深刻理解,显然该教师专业发展项目触发了他对自身教学实践的反思。然而,在其后的教学改进中,这一因素作用发生了反转,他表示,为加快求取经验、改善教学生动化的难题,自己曾多次参加由所在学校组织的教师培训及讲座分享类教师专业发展项目,但结果基本失望而归,或是赛事技巧策略难以适用于日常实践,或是"授之以鱼"的示范课未将教学设计思路予以剖析,故对于这时的他而言,此类教师专业发展项目并未产生实质成效,反而制约了教学实践性知识的建构与发展。

当然,在现实教学工作中,较难彻底划分外在现实社会的内化与内在主观世界的改变两个环节,但区别影响因素的双重作用,意在强调对青年教师学习与发展教学过程提供支持的重要性。既有研究较为简化地将影响因素的作用归于促进或抑制教师教学实践性知识的建构,而并未将教师改进教学过程中的影响因素分析从整体的作用机制中剥离出来,这在一定程度上忽视了对那些有意愿改进与投身教学的教师可能造成的影响。

(二)理性反思并不总是教学实践知识建构的常态

依据研究综述可知,既有研究关于高校青年教师教学实践性知识建构的论述主要聚焦建构逻辑与建构渠道两个方面。前者可概括为"问题情境—以反思为核心的教学改进行动—问题解决—教学实践性知识建构"的特点,后者包括"向院系教师请教""工作坊或研讨中的对话传播""真切反思""改进教学实践""参加教师专业发展活动"等方式。然而,研究者更感兴趣的是建构逻辑与建构途径之间的现实关联,即后者在前者的逻辑框架中扮演何种角色,显然既有研究并没能很好地回答这个问题。换言之,即便是同样的影响因素,其对不同的高校青年教师发挥的作用也是不一样的。这也就是为何同样参加某类活动,有些高校教师始终没有受到影响,有些教师却受到反思触发并促成教学改进行动,而既有的研究并未重视这类差异现象。

不同于传统的理性反思模型,本研究对受访教师在其教学实践知识建构中的能动主体性进行分析,以教学改进行动为探究切入点,剖析教师在回顾所处情境时的情感体验以及对教师自我概念的确认。研究发现,由教学目标、教学标准、教学价值三个维度构成的"教师自我概念",在高校青年教师教学实践性知识建构过程中发挥着核心作用,主要表现在以下两个方面:一是"教师自我概念"的改变会导致教学改进行为的变化,如当高校青年教师教学目标从"准确传授知识"转变为"促进学生成长"时,他就会更注重对学生学业成效进行评估与反思;二是"教师自我概念"的改变会引发情感体验的变化,如当教师对教学价值意义的理解从"意义不大"转变为"很有意义"时，他就可能对教学经历中遇到的冲突与挑战表现出更积极的情感态度。

借助质变学习理论，高校青年教师教学实践性知识建构从"以教师为中心"质变为"以学生为中心"须满足三大必要前提，即自我反思、有效反思、利用反思，即发现教学实践过程中的真问题、通过多种途径检验教学假设、将教学反思落地为教学行为。首先，教学反思不等同于教学困境的自省，因为教学真问题也可能存在于戏剧性的偶然事件或被认可时的恍然顿悟，教学实践性知识建构也是教学机智与实践智慧的体现。其次，教学反思不等同于教学思考，因为教学反思涉及有效性检验，而局限于脑力思辨的教学思考难以有效证实原有意义图示或意义视角合理与否，这就易导致教学实践性知识建构的指向迷失。最后，教学反思不等同于教学行为的落实，因为教学反思假设的实际执行受制于具体教学情境，倘若所处情境不允许或不支持，则教学实践性知识建构过程可能被中止。

（三）教学实践性知识建构的不均衡

关注高校青年教师教学实践性知识建构的变化是本研究目的之一，也是研究新意所在。研究发现，变化主要表现为"不均衡"，具体包括教师主体间教学实践性知识建构的不均衡以及教师个体内教学实践性知识不同维度间的不均衡两个方面。

一方面，教师主体间教学实践性知识建构的不均衡，即高校青年教师教学实践性知识建构表现为自主优化建构、适应调整建构、自我超越建构、逆压重塑建构四种不同的类型。研究在对不同类型教学实践性知识建构探讨中，借鉴质变学习中工具性学习、沟通性学习与解放性学习的概念进行分析。研究发现，以"批判性自我反思"为特点的解放性学习是教学实践性知识建构的关键途径，而以"假设演绎逻辑"为特点的工具性学习与以"对话讨论"为特点的沟通性学习均是教学实践性知识建构的基本途径。自我超越建构者与逆压重塑建构者的教学实践性知识发生质变的关键就是否定了既有的意义图式与意义视角,开启了解放性学习。然而正如前文所指出的,解放性学习并非一种与工具性学习与沟通性学习相分离的学习类别,从某种程度上而言,解放性学习基于后两者的推进得以形成。

本研究认为,当教师不满足于简单的工具性学习或低层级的沟通性学习时,解放性学习发生的可能性更高。为更清晰地阐述观点,下面就工具性学习与沟通性学习进行分述。简单的工具性学习强调以提出假设与检验有效性的方式解决教学问题,常见于自主优化建构者,而对于自我超越建构者而言,往往并不满足于此,他们不仅考虑某种常见假设的有效性,还对其他的备选方案进行有效性检验,旨在选择最佳的教学方案,采取了复杂的工具性学习,即"循证教学实践法"。再就沟通性学习而言,受访教师更倾向于与前辈教师、与教授相似课程的教师、与督导专家以及与学生等进行交流,有多位教师直接表达希望得到优秀教师及教学专家的建议与指点。再反观当下青年教师所采用的沟通性学习虽有诸多可取之处,但也不乏可改进的地方,如适应调整建构者的沟通性学习表现为不假思索地接受其他教师的观点或建议并直接模仿实施。沟通性学习是否有效取决于交流主体间共识达成的情境条件,如与前辈教师或与学生等交流对话的关系是否平等、是否对各种不同的观点意见持有开放的态度、是否对有争议的观点或看法进行批判性的思考、是否掌握充分完整的信息等。

另一方面,教师个体内教学实践性知识不同维度间的不均衡,即教师自我知识、课程教学知识、教学发展知识三类知识的建构不均衡。比较分析不同受访教师的不同类型教学实践性知识建构,发现教师自我知识、课程教学知识、教学发展知识三类知识的建构不均衡,且在总体上表现为课程教学知识建构水平较高,教学自我知识次之,教学发展知识再次之。对于本研究受访教师而言,课程教学知识建构的实际需求在工作中尤为明显,教师自我知识更多取决于教师自身的意愿与动机,而教学发展知识基本处于被忽略的状态。多数受访教师表示,学习与发展教学的兴趣意愿不大,且工作环境并未提供相应专业支持与指引,更无从谈起促成其为"成为教师"而做出努力。以开展教学学术为例,受访教师中不乏主持或参与教学改革、课程建设等教学研究项目的教师,然而在谈及如何开展教学研究及如何使其教学研究反哺教学实践的相关问题时,基本处于不知从何谈起的模糊认知状态,甚至有教师直接表达完成一篇教学论文等同于完成教改项目的观点。

当然,正如本研究所主张的,要以发展的眼光看待教学实践性知识的动态建构,而不能拘泥于"好的""优秀的"这类积极正面性的教学实践性知识,因此,教学发展知识虽发展相对较弱,但这绝不意味着可以不加以重视。研究发现,多数受访教师表示,教师专业发展是自我摸索式的过程,虽然有带教导师的制度设计、有优秀教师的经验分享、有教学专题的讲座培训,但是很少有教师提及对"如何学习与发展教学"的思考与交流。这也从侧面反映了导致教学发展知识发展最为薄弱的潜在原因。

二、理论模型

基于访谈资料分析及文献梳理,笔者构建了高校青年教师教学实践性知识建构机制模型,即高校青年教师在其课堂教学中使用教学实践性知识 X_1,其所持有的教学标准、所身处的工作关系与个人发展阶段、学校所提供的教师专业发展项目等中介条件相互作用,促进或抑制其对课堂教学体验进行反思,通过参照模仿、寻求支持、创新探索对反思假设进行检验,并付诸实施,建构起教学实践性知识 X_2(见图 6-1)。

解读高校青年教师教学实践性知识建构机制模型尤需关注以下两点:一是在教学实践性知识 X_2 建构过程中,中介条件直接或间接影响教师发现教学问题、检验教学假设与诉诸教学行为,三重刺激环环相扣,其间教师主体越遵循内在高层级教学实践标准,则其所建构的教学实践性知识越具教育性意义。二是教学实践性知识 X_2 建构后践行于真实课堂教学中,并进入新一轮建构,而中介条件的新变化则可能会导致教学实践性知识的建构意愿与建构程度发生变化,需警惕教学工作关系中强烈冲突感与权力差距所产生的负向作用。

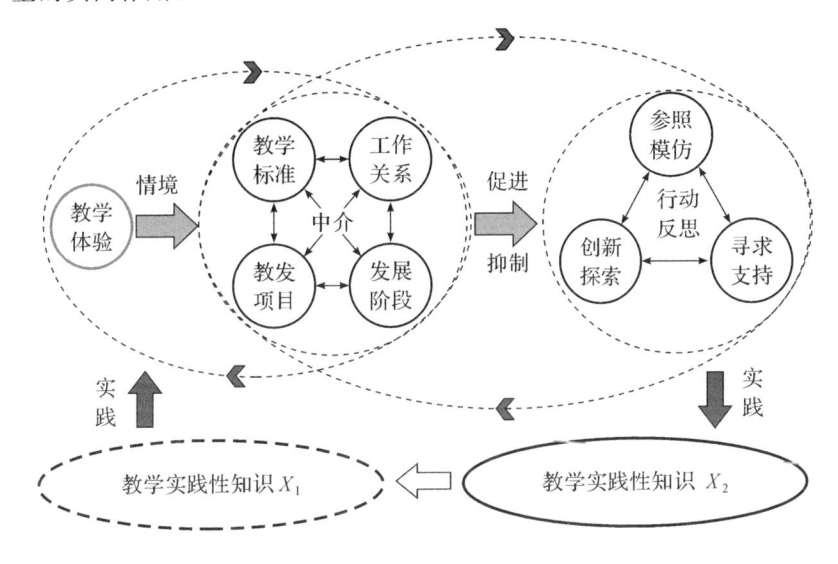

图 6-1　高校青年教师教学实践性知识建构机制模型

当前高校教学效果仍未得到实质性的提高,推进课堂革命刻不容缓。在变化剧烈的现代社会中,个体学会带着批判性反思与他人进行沟通已变得至关重要,而不是被动不加思考地接受他人所定义的社会现实。高校青年教师作为对课堂教学进行革命性改造的生力军,学校要立足于青年教师的主体性视角,全力为其提供专业力强、支持力强、创新力强的教学工作环境,以保证其主动发现教学问题、主动检验教学假设、主动诉诸教学行为的发展过程不被延迟或中断,并引导其转被动为主动,"促使教师主体性浮现",实现其教学实践性知识建构从"以教师为中心"质变为"以学生为中心"并持续地不断修正。

该高校青年教师教学实践性知识建构机制模型试图回答两个问题。第一个问题是如何理解高校青年教师教学实践性知识是不断发展与变化的。教学实践性知识建构的过程即是高校教师"作为教师角色"经历次级社会化的过程,他们在高等教育场域中会不断遇到新的冲突与挑战,为此不同程度地修正主观现实,或例行维护与危机维护主观现实。"由于社会化永远不可能完成,因此其所内化的内容的主观现实性会受到持续的威胁。"[①]可见,一旦高等教育场域中的制度要求、教学经历、工作关系与支持项目发生变化,或高校青年教师个体的情感体验及核心动机发生变化,他们的教学实践性知识也会相应调整或重构,即在教学实践性知识建构的不同类别间进行转化(见图6-2)。

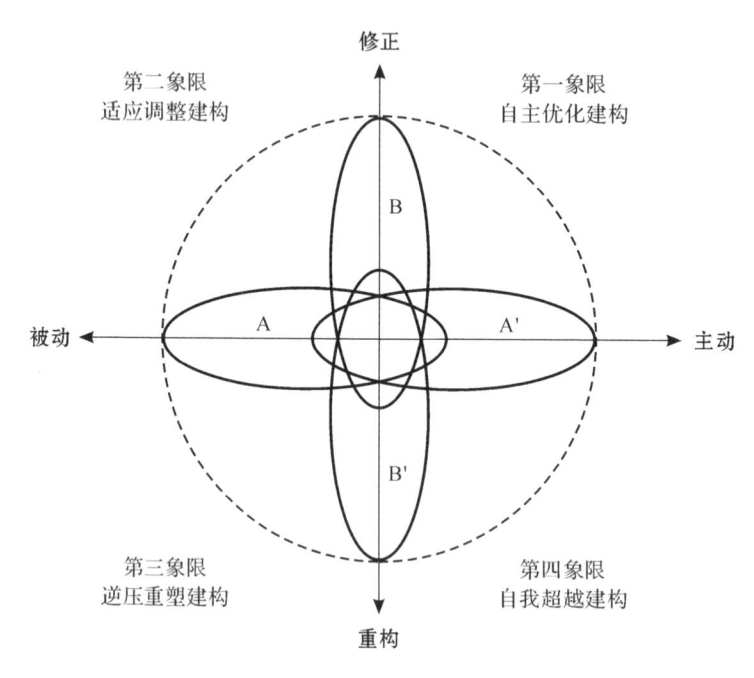

图 6-2 高校青年教师教学实践性知识建构的类型象限

例如,在特定时间区间内,当某位青年教师教学实践性知识建构的动机意愿从被动(A)转变为主动(A′),且变化程度由修正(B)发展为重构(B′)时,则意味着其教学实践性建构类型从适应调整建构(第二象限)转向自我超越建构(第四象限)。教学实践性知识无时无刻不在青年教师自身与其所处的真实环境互动中进行着建构,对于教师专业发展促进机构或专门人员而言,

---

① 伯格,卢克曼.现实的社会建构——知识社会学论纲[M].吴肃然,译.北京:北京大学出版社,2019:182.

如何在这样的建构过程中进行引导及干涉进而发挥积极作用是尤为值得思考与关注的。

第二个问题是如何理解不同高校青年教师的教学实践性知识存在差异。"问题情境—以反思为核心的教学改进行动—问题解决—教学实践性知识建构",毫无疑问这一建构逻辑反映了既有研究中教学实践性知识建构的基本视角,但是高校青年教师真实工作情境中的反思实践触发条件及问题解决的有效评估并未受到重视,而这恰恰就是使教学实践性知识建构出不同结果的关键。本研究认为,高校青年教师的教学实践性知识可分为一般的教学实践性知识与反思的教学实践性知识两类,前者表现为对制度背景下的岗位角色要求及教学工作中的基本任务与常见问题的内化,后者则在一般的教学实践性知识基础上,针对特定情境中的反思实践而获得。每位青年教师都具有这两类教学实践性知识,只是在整体表现程度上存在差异,如适应调整建构者的教学实践性知识多为一般的教学实践性知识,而自我超越建构者则多为反思的教学实践性知识。再进一步而言,反思的教学实践性知识是个体间差异存在的关键,这就需要从"主体能动"与"环境结构"两个维度对教学改进行动进行把握。不仅要关注高校青年教师所处高等教育场域的特点,更要突破环境结构的限制、超越制度限制的框架,抓住高校青年教师个体的情感体验与核心动机,从而引导教学实践性知识的建构方向。

第二节 研究启示

研究源于现实,也需回归现实。本研究的研究启示部分将分为理论拓展、政策建议与实践对策三个部分。在理论拓展部分,重在呼应既有的研究范式与成果,进而思考未来的研究方向;在政策建议部分,旨在为高校青年教师专业发展创建更为友好与向阳的成长空间环境;在实践对策部分,意在为当前教师教学发展中心等专门机构的职能工作以及教师个体的教学专业化发展提供意见与建议。

一、理论拓展

(一)关注非理性分析导向的教学实践性知识建构

本研究在分析高校青年教师教学实践性知识建构的影响因素之外,重点在于考察其教学实践性知识建构的过程机制。无论在既有研究成果中,还是在本研究中,"反思"作为高校青年教师教学实践性知识建构过程的核心要素均尤为强调。然而正如本研究所呈现的,高校青年教师教学实践性知识建构并非总是处于理性反思的框架之下,而这前提条件便是高校青年教师对高等教育场域中的各种经历抱有积极的态度并对教师自我概念有正确的认识,进而激发教学改进行动并建构教学实践性知识。因此,本研究以创新视角应用了麦基罗的质变学习理论,并不局限于其对批判性反思的强调,而是将转向质变学习过程中的非理性反思部分予以呈现,这使本研究较好地脱离了传统教学实践性知识建构研究的"实践—反思"范式。因此,研究建议未来有志于在教师教学实践性知识跨领域深耕的学者将研究与教师的教学实践相关联,关注教师真实的个体感受,而非被束缚于对理性反思导向的探究。

(二)探究"能动—结构"视角下的教学实践性知识建构

高校青年教师教学实践性知识并非教师主体单维度的能动建构,势必处于特定环境情境之中,本研究所提出的高校青年教师教学实践性知识建构类型,同时考虑了外在结构性与内部能动性两个环节,即基于次级社会化视角阐述了高校青年教师在职前受教育、教育教学经历、面对工作中各种关系等环节情境中的结构性部分,同时借助质变学习理论呈现高校青年教师情感体验、动机激发及教学改进行动的能动性部分。换言之,本研究逻辑从影响高校青年教师教学实践性知识的结构性因素入手,以高校青年教师应对外界影响的情感、动机与行动的能动性表现为落脚点,凸显"能动—结构"在高校青年教师教学实践性知识建构中的互动交汇,从既往研究中的平面式思维转向立体动态的建构逻辑。故本研究建议,教师实践性知识探究者要系统考虑教师所处的社会文化环境以及教师个体的特征,而不只是聚焦局部情境或特定群体。

二、政策建议

(一)引导高校青年教师专业发展项目走向日常教学反思

自国家关注高校青年教师队伍建设与启动国家级教师教学发展示范中心建设工作以来,高校青年教师专业发展已逐步受到诸多高校教师教学发展中心的关注,但重视程度与落地情况依旧不够理想。大多数受访教师表示政策执行表面化,对青年教师日常教学实践的实质影响微弱,甚至是政策执行缺损,使青年教师产生反感甚至抵触的情绪。这都是有关高校教师专业发展的政策导向方面值得注意的。本研究建议各高校的高校教师专业发展项目走下讲坛、走进日常,走下权威、走向实践,识别与对接青年教师既有的教学实践性知识,改变传统常见的"补缺式"讲座培训模式,以青年教师日常教学实践的实际问题与需求为导向,将青年教师教学能力提升与教学工作实践相融合,而并非人为地将教师学习教学与教师教学工作隔离开。唯有这样的教师专业发展项目,才能引起青年教师对自身教学实践的反思,才能促成青年教师教学实践逻辑的突破与超越,才能最终助力高校青年教师队伍的持续发展。

(二)加强青年教师教学评价改革对教学改进行动的关注

沿着日常教学反思的高校青年教师专业发展项目继续思考,达成引导实现目标的重要前提依旧离不开"评价"鞭策。根据受访教师对教师教学评价与考核制度的反馈,"红色""底线""框架"是当前评价的核心关键词,显然这不足以应对高等教育已实现普及化的今天,更难以面对高等教育国际化发展战略的未来。本研究认为,可以在高校青年教师教学评价指标中,增加对他们日常教学改进行动的关注,以考察教学实践性知识的建构过程。针对如何在青年教师教学评价与考核中真实呈现教学改进行动以反映教学实践性知识建构情况,本研究建议可以教学档案袋为载体工具。在该教学档案袋中,不仅包括教学相关文档资料,还要涵盖教师日常教学实践中的反思、相应的教学改进行动及反思检验结果,使反思常态化,而非阶段化。这就为教师教学实践性知识建构的变化历程提供了丰富生动的有力证明,并可辅之督导听课进行综合评判,以此提高对高校青年教师教学情况评价的科学性与真实性,反之也可为高校青年教师专业发展项目提供研发与优化的思考方向。基于教学档案袋的教学实践性知识建构情况评估,高校可将对青年教师的教学评价真正回归教学质量,而非止步于对教学工作的量化考核。

三、实践对策

(一)增进对不同类型青年教师的尊重与引导

既往对高校青年教师专业发展的研究中,对于青年教师群体的差异性探究显得较为不足,本研究依据受访教师教学实践性知识建构的程度与意愿两个维度,将高校青年教师教学实践性知识建构自主优化建构、适应调整建构、自我超越建构、逆压重塑建构四种类型,可较好地帮助高校教师专业发展促进者加深对青年教师教学状态的判断,提高教师专业发展工作的针对性与有效性。本研究建议高校要增进对不同类型高校青年教师的理解与尊重,可通过中期学生反馈等教学咨询服务的个性化方案,了解他们对教学目标的理解、对教学标准的判断以及对教学工作的态度。在隐私保护安全的前提条件下,为不同类型的青年教师提供定制化的引导与支持,尤其是关注青年教师教学中的实际需求与问题困惑。此外,高校要重视与嘉奖日常教学中表现优异、学生公认的"好教师",持续营造尊重教学型人才的良好校园文化,使青年教师意识到教学实践性知识的发展价值,真正做到擅教、乐教、爱教。

(二)搭建关于教师学习与持续发展教学的交流平台

当前高校青年教师培训较多集中于对如何开展教学与如何优化教学的指导,即以强化课程教学知识为重点,但本研究发现,高校青年教师的教师自我知识与教学发展知识相对发展较慢,具体表现为青年教师对自我教师角色定位的反思及对如何学习与发展教学的反思较为薄弱。本研究建议高校要重新审视青年教师教学实践性知识各维度的建构情况,通过多种渠道加强对"教师学习与持续发展教学"的关注。在教师专业发展项目落实中,要着眼于青年教师的终身学习视角,依据青年教师普遍的成长阶段规律进行设计研发,在交流与探讨中帮助青年教师建立起对学习教学与发展教学的良好认知,学会评估教学策略有效性的方法,形成运用教学反思结果改进教学的基本功,思考本科教育教学改革与教学质量保障的难点与攻克重点,知晓教学研究与教学学术的价值与实施路径,掌握分阶段、有侧重、系统化促进自身教学能力持续发展的途径与方法。在教学基层组织建设中,要将促进青年教师教学反思与教学交流作为核心工作,使青年教师与前辈教师、助理教师与主讲教师、学科专业教师与教育专家等不同教师群体之间能够打破"舒适圈",真正开展有益而有效的平等理性对话,真正为青年教师教学实践性知识建构提供优质资源与源源动力。

(三)建立青年教师的进阶式培养与激励机制

高校初任教师岗前培训项目与高校青年教师教学竞赛项目作为青年教师教学专业化发展的重要举措,广受高校支持与认可。本研究也证实了该类教师专业发展项目对高校青年教师教学实践性知识建构的积极影响,但是仅此为支点并无法撬起高校青年教师整个职业生涯发展,这也就意味着对高校青年教师专业发展的长效机制建设极为紧迫。培养一支具有崇高教育理念、教师专业知识、教学实践智慧与教学持续发展力的高校青年教师队伍无法一蹴而就,涉及一整套教育体制机制的设计与思考,从职前的研究生助教制度,到入职初期的初任教师岗前培训、青年教师导师制度,再到职后的青年骨干教师培养体系、青年拔尖种子教师激励计划等。本研究建议高校要健全青年教师的进阶式培养与激励机制,探究不同阶段青年教师教学实践性知识建构的共性特征,挖掘教学实践问题背后的根源,最大可能性地调动内外部资源,缩小教学与科研之间的付出收益差距,为青年教师搭建教学成长的阶梯。

(四)不断检视与批判反思日常教学实践

上述三项实践对策以高校为主体,但教学实践性知识建构的主体是青年教师本身,青年教师个体无疑需要加强对教学实践性知识建构中具有自主导向性的反思能力。反思是美丽的痛苦过程,是人性复苏的根基。本研究呼吁高校青年教师首先要审视教学实践性知识建构的实际情况,清晰认识作为教学主体"自我"与运用"自我"所开展的教学实践,厘清教学实践中存在的问题与不足;其次要对不同教学观点持有开放态度,积极寻求多种途径的教学专业化支持并进行批判性反思,探寻真正适合自身特定教学情境的教学策略与方法;再次要基于反思结果大胆改进教学,不囿于既有的固化的教学模式,努力建构丰富而有效的教学实践性知识;最后在开展日常教学工作或参与教师专业发展项目中,要不断捕捉教学实践性知识建构中的变化,及时总结并乐于交流。

第三节 研究反思

我国高等教育已步入普及化阶段,高校教师队伍建设,尤其是高校青年教师队伍建设,显然是本科教育教学改革的重要推力。虽在此背景下,高校对青年教师专业发展的重视程度较高,但对青年教师专业发展的实际促进作用欠缺①。进一步而言,高校青年教师教学实践性知识并未得到有效建构,其教学实践行为还无法满足国家推进高等教育教学改革的要求,也不能很好地适应新时期高等教育国际化战略的挑战。

本书研究者长期从事有关高校教师专业发展的研究工作,对高校青年教师这一群体的教师专业发展具有浓厚兴趣。而伴随着工作阅历的增加,在感受教师专业发展项目带给青年教师专业化引导与支持的同时,感受更多的是普通高校青年教师在其工作环境中对如何发展教学的无力感。这种无力感来自提升的无力,也来自想提升的无力。"我急需提升自己的专业水平,如有教学类相关培训请您一定提供学习机会,请您多多支持我"(旭冉),这一在结束访谈后的一周收到的留言信息,使研究者更坚定选择这一研究主题的意义与价值。

本节首先对研究期间作为研究工具的研究者本身进行反思,对于质性研究而言,研究者本身的再反思可能直接影响研究的可靠性。其次就研究实地调研过程中的经历进行反思,并呈现了即时性的研究调整。最后对研究写作过程中的矛盾点、疑惑点进行剖析,以澄清研究行文的最终意图。

一、研究者作为研究工具的反思

诚如上文所言,长期从事高校教师专业发展工作不仅使研究者对本研究主题充满兴趣,也使研究者更能走近、更能理解受访青年教师在实际工作中的经历与感受。对于高校青年教师而言,岗前培训时光是难忘的,是眼睛里还闪着星星的,而入职任教后的岁月是紧张的,是充满职业竞争的。在与部分高校青年教师教学竞赛获得者的接触与交流中,可以感受到其所在单位给予的教师专业发展支持,有教学团队的协作,有赛事教练的引导,还有教学专业发展中心等专门机构的组织协调,而其教学实践的改变是突破性

---

① 徐彦红.大学青年教师专业发展影响因素研究[D].北京:首都经济贸易大学,2017:51.

的。再观广大一线高校青年教师,其中也不乏教学技能精进而有质变性发展的,也有逐步摸索而体会到教学快乐的,当然也存在乏善可陈的情况。记得在和几位青年教师的一次非正式交流中,有位老师提到,"岗前培训中有很多先进的教育教学理念及做法,但在实际教学中是不需要的",这样的反馈使研究者记忆犹新。可以肯定的是,高校青年教师群体在所处环境中建构教学实践性知识是必然的,但变化程度可能是各异的。研究也进一步证实了教学实践性知识建构的不同水平。正如在研究样本选取中所指出的,研究者认为,高校青年教师教学实践性知识研究应以青年教师群体本身划定研究范围,而拒绝仅仅着眼于对教学成绩优异青年教师的代表性窥视,唯有这样才能真正了解高校青年教师教学实践知识的建构过程及其背后的故事。

二、研究调研过程的反思

长期从事高校教师专业发展的研究工作,这一角色身份是把双刃剑,带来调研对象寻觅便利的同时,也带来若利用不妥可能造成调研数据偏差的风险。正如希荣在访谈开始就表达了积极配合的意愿,"您说聊一聊教学,我就特别特别有兴趣,因为我觉得这对我来说是个很好的学习机会"(希荣)。他在整个访谈中回顾剖析了自己自入职任教以来的自得其乐、尴尬、郁闷的种种经历。但从其他个别受访教师的言语间可以发现,其对参与访谈存在些许顾虑或犹豫。这也从侧面反映了高校青年教师教学实践性知识建构中作为主体行动者的教师自身因素的重要作用。

为此,在整个访谈调研中,研究者尝试调研了身边熟悉的符合条件的青年教师、请熟人及已参加访谈的教师介绍、邮件至往届岗前培训项目参训教师个人邮箱进行招募等多种方式,以确保受访教师有意愿卸下自我防御的保护色而吐露其教学实践性知识建构中真实的心路历程。此外,当受访教师表达出其教学实践性知识建构过程中的无力感时,研究者则会传递出,"我接触过很多相似背景的青年教师,能理解您的观点和做法",并鼓励其继续叙述信息量更丰富的故事。正如博文在访谈中说起其与同事的交流,"平时大家没怎么聊教学,我发现有时候自己跟其他教师的理念不一致,有时候他们不太关注学生,不太想教学生,我跟他们也就聊不到一起,所谓道不同不相为谋"(博文)。透过该叙述可以看出,他之所以不愿与这些同事聊天,是因为他们之间对教学工作所持有的情感与动机以及所采取的教学改进行动不同。换言之,研究者在访谈调研中也尤为在意受访教师所表达的个人态度与看法,并尽可能予以尊重与隐私保护。

三、研究写作的反思

本研究第一章资料整理分析部分就依据三级编码结果将高校青年教师教学实践性知识建构类型区分为四种类别,即自主优化建构、适应调整建构、自我超越建构与逆压重塑建构。然而,再仔细探究访谈资料中的线索会发现,某种程度上而言,教学实践性知识建构的不同类型,更多反映的可能是教学实践性知识在不同阶段的建构与发展状态。而在本研究中,所涉及的四种类别划分的时间起点是入职任教,截止点即接受访谈的当下。

以逆压重塑建构者于末为例,在访谈中其直接表达了在参与教学竞赛之前对教学所持有的基本观点,即很少反思教学与学习教学,每次上课都写15000字的讲稿以解决实际层面的教学任务即可,基本不需要评估教学实践本身的效果,可见其该阶段的教学实践性知识建构状态更符合适应调整建构者。而在接受参与高压力、高挑战的教学竞赛指令后,于末接触到很多全新的理念视角,并对自身原有的意义视角进行批判性反思,从而开启了解放性学习的蜕变过程。对比此刻与任教初期的于末,可以发现其教学实践性知识建构程度的前后差异,即从适应调整建构走向逆压重塑建构。

此外,从受访教师自身的理解中,也可以看到高校青年教师在不同职业阶段可能会出现不同的建构状态。"我的感觉就是各方压力在层层加码,但从我自己的角度来说,到目前为止,我还是会有条不紊地教学。但是我觉得如果整个环节的系统性过程一直如此,不是所有的教师都会有非常强的意愿把教学当成学术志业,或者是对自己的这份教学工作进行职业生涯规划。其实,我慢慢反而能够理解那些最开始我不能理解的、我认为不负责任'过日子'的老师。现在我就觉得作为人本身,我能理解他们,因为大学教师是份工作,教学也是一份工作,只是它是一份有良心、有技术要求、有知识底气的工作"(艳文)。从这段长长的叙述中,可以看到艳文在当前教学实践性知识建构过程中陷入不如意的处境,而一旦这一状态长期持续,就可能会导致其从自我超越建构转向自主优化建构,甚至是适应调整建构,呈现出一种"倒退"的态势。这也就意味着探究和重视这种不如意处境的具体发生机制及影响,对于促成高校青年教师教学实践性知识的积极建构具有重要意义。

再者,就自身缺乏强大内驱动力的青年教师而言,他们的教学实践性知识也同样处于动态建构之中。"我觉得可能90%以上的'青椒'至少前三年还是会认真花心思教学。毕竟开始的时候,若没有建立好的基础跟口碑,日后也很难扭转。所以开始时把口碑建好,后面即使重心转了,至少在领导跟同行眼里,依然是有既定印象的。三年之后,'青椒'如果有负面的想法,那就稍微吃点老本,少花点心思,少去跟学生交流,因为要忙评教授之类的事情,我觉得也很好理解"(娅希)。诚然,高校青年教师的教学实践性知识建构会随着外部环境的变化或自身职业发展需求的变化等诸多因素发生改变。若将长时段中的教学实践性知识建构进行短时段的切割,可能会在同一位青年教师身上呈现出自主优化建构、适应调整建构、自我超越建构、逆压重塑建构的不同类型。当然此类现象并不是青年教师教学实践性知识建构的主流趋势,但对此做出反思可以使研究更严谨,同时也呈现高校青年教师教学实践性知识建构理论模型搭建的部分灵感来源。基于此考虑,本研究将受访教师任教以来至当下的整个时段作为考察范围,以该时段内他们教学实践性知识建构的动机意愿及变化程度为划分依据,旨在更好地反映青年教师教学实践性知识建构的发展历程。

参考文献

2010年全国教育事业发展统计公报[EB/OL].(2012-03-21)[2020-10-10]. http://www.moe.gov.cn/srcsite/A03/s180/moe_633/201203/t20120321_132634.html.

2019年全国教育事业发展统计公报[EB/OL].(2020-05-20)[2021-09-20]. http://www.moe.gov.cn/jyb_sjzl/sjzl_fztjgb/202005/t20200520_456751.html.

柏拉图.柏拉图全集(第二卷)[M].王晓朝,译.北京:人民出版社,2018.

比格斯,唐.卓越的大学教学——建构教与学的一致性[M].王颖,丁妍,高洁,译.上海:复旦大学出版社,2019.

别敦荣,易梦春.普及化趋势与世界高等教育发展格局——基于联合国教科文组织统计研究所相关数据的分析[J].教育研究,2018(4):135-143,149.

波兰尼.个人知识——朝向后批判哲学[M].徐陶,译.上海:上海人民出版社,2017.

波伊曼.知识论导论——我们能知道什么[M].洪汉鼎,译.北京:中国人民大学出版社,2008.

伯格,卢克曼.现实的社会建构——知识社会学论纲[M].吴肃然,译.北京:北京大学出版社,2019.

布迪厄.实践感[M].蒋梓骅,译.南京:译林出版社,2012.

布罗克曼.那些让你更聪明的科学新概念[M].李慧中,译.杭州:浙江人民出版社,2017.

步社民.高校基层教学组织的重构[J].教育发展研究,2010(17):69-73.

陈洪捷.关于教师实践性知识研究的三点疑问[J].北京大学教育评论,2018(4):11-18,183.

陈静静.教师实践性知识及其生成机制研究——中日比较的视角[D].上海:华东师范大学,2009.

陈睿,雷万鹏.高校教师专业自主发展的价值意蕴与实践路径[J].湖北大学学报(哲学社会科学版),2021(4):166-173.

陈向明,等.搭建实践与理论之桥——教师实践性知识研究[M].北京:教育科学出版社,2011.

陈向明.从教师"专业发展"到教师"专业学习"[J].教育发展研究,2013(8):1-7.

陈向明.教师实践性知识再审视——对若干疑问的回应[J].北京大学教育评论,2018(4):19-33,184.

陈向明.实践性知识:教师专业发展的知识基础[J].北京大学教育评论,2003(1):104-112.

陈向明.质的研究方法与社会科学研究[M].北京:教育科学出版社,2000.

戴维斯.教学方法手册[M].严慧仙,译.杭州:浙江大学出版社,2006.

丁立群,等.实践哲学:传统与超越[M].北京:北京师范大学出版社,2012.

杜威.确定性的寻求——关于知行关系的研究[M].傅统先,译.上海:华东师范大学出版社,2019.

范梅南.教育机智——教育智慧的意蕴[M].李树英,译.北京:教育科学出版社,2014.

范梅南.教育敏感性和教师行动中的实践性知识[J].北京大学教育评论,2008(1):2-20,188.

费尔巴哈.费尔巴哈哲学著作选集(下卷)[M].荣震华,王太庆,刘磊,译.北京:商务印书馆,1984.

费尔德曼.知识论[M].文学平,盈俐,译.北京:中国人民大学出版社,2019.

顾明远.教育大辞典[M].上海:上海教育出版社,1992.

胡军.知识论[M].北京:北京大学出版社,2006.

吉登斯,萨顿.社会学基本概念[M].王修晓,译.北京:北京大学出版社,2019.

吉登斯.社会的构成:结构化理论纲要[M].李康,李猛,译.北京:中国人民大学出版社,2016.

教育部、财政部关于"十二五"期间实施"高等学校本科教学质量 与教学改革工程"的意见[EB/OL].(2011-07-01)[2021-09-22].http://www.moe.gov.cn/srcsite/A08/s7056/201107/t20110701_125202.html.

教育部关于进一步加强高等学校本科教学工作的若干意见 [EB/OL].(2005-01-07)[2021-07-30].http://www.moe.gov.cn/jyb_sjzl/moe_364/moe_1588/moe_1615/tnull_25595.html.

康世宁.中美高校教师发展中心建设的比较研究——以美国密歇根大学学习与教学研究中心为例[J].现代教育技术,2019(11):60-66.

李礼.从"助学"到"培养"看我国高校研究生助教制度的转变[J].大学教育,2020(9):176-178.

李立国.中国高等教育大众化发展模式的转变[J].清华大学教育研究,2014(1):17-27.

李永刚.以教学为业:大学教学型教师发展的理据与制度构想[J].高教探索,2019(5):107-112.

林小英.分析归纳法和连续比较法:质性研究的路径探析[J].北京大学教育评论,2015(1):16-39,188.

刘奉越.职业学校教师质变学习研究[D].天津:天津大学,2013.

刘清华.教师知识的模型建构研究[D].重庆:西南师范大学,2004.

刘生全.论教育场域[J].北京大学教育评论,2006(1):78-91.

刘旭东,吴永胜.论大学教师实践性知识的结构与提升途径[J].大学教育科学,2014(1):68-72.

陆国栋,孙健,孟琛,等.高校最基本的教师教学共同体:基层教学组织[J].高等工程教育研究,2014(1):58-65,91.

马克思恩格斯全集[M].中共中央马克思恩格斯列宁斯大林著作编译局,译.北京:人民出版社,1972.

马克思恩格斯选集(第一卷)[M].中共中央马克思恩格斯列宁斯大林著作编译局,译.北京:人民出版社,2013.

马廷奇.关于大学本科教学改革的理性思考[J].中国高教研究,2016(1):55-56.

梅里安.成人学习理论的新进展[M].黄健,等译.北京:中国人民大学出版社,2006.

牛亏环.大学生学习过程评价的现状、问题及对策——基于全国16所本科高校的调研[J].大学教育科学,2017(6):42-49,121.

帕尔默.教学勇气:漫步教师心灵[M].吴国珍,等译.上海:华东师范大学出版社,2014.

培根.新工具[M].许宝骙,译.北京:商务印书馆,1984.

裴光钢,颜奕.中国大学外语教师实践性知识元表征探究[J].广西师范大学学报(哲学社会科学版),2015(3):159-164.

人力资源社会保障部、教育部关于深化高等学校教师职称制度改革的指导意见[EB/OL].(2020-12-31)[2021-07-30].http://www.moe.gov.cn/jyb_xwfb/gzdt_gzdt/s5987/202101/t20210126_511106.html.

瑞泽尔.现代社会学理论(双语第7版)[M].北京:北京联合出版公司,2018.

舍恩.反映的实践者——专业工作者如何在行动中思考[M].夏林清,译.北京:北京师范大学出版社,2018.

斯通普夫,菲泽.西方哲学史——从苏格拉底到萨特及其后[M].匡宏,邓晓芒,等译.北京:世界图书出版公司,2009.

孙元涛,李侠.走出"教学科研化"陷阱——兼论"教学学术"的本义与异化[J].教育发展研究,2020(5):62-68.

唐玉生.高校青年教师培养:挑战、任务与策略[J].现代教育管理,2020(1):101-106.

陶伟.高校青年英语教师"转化性学习"案例研究[D].苏州:苏州大学,2016.

汪阳,刘宏达.我国高校班主任制度建设的历程、经验与启示[J].思想教育研究,2021(5):134-139.

王怀勇.高校教学基层组织建设的改革与实践[J].高教探索,2015(2):75-79.

王南湜.追寻哲学的精神:走向实践哲学之路[M].北京:北京师范大学出版社,2006.

魏戈,陈向明.叙事探究及其在教师知识研究中的运用——与美国休斯敦大学谢丽尔·克雷格教授对话[J].教师教育论坛,2016(1):12-16.

魏戈.教师实践性知识的生成[M].北京:教育科学出版社,2020.

吴静.高校青年教师行为方式研究[D].北京:北京交通大学,2017.

吴庆华.地方高校青年教师发展研究[D].武汉:华中科技大学,2013.

吴卫东.教师个人知识研究——以小学数学教师为例[D].上海:华东师范大学,2007.

吴义昌.国内教师实践性知识研究综述[J].上海教育科研,2007(11):15-19.

西蒙.人类活动中的理性[M].胡怀国,冯科,译.桂林:广西师范大学出版社,2021.

希尔贝克,伊耶.西方哲学史——从古希腊到二十世纪[M].童世骏,郁振华,刘进,译.上海:上海译文出版社,2006.

肖立,黄嘉莉."知识创生的双层螺旋":一项美国高校教师实践性知识发展的叙事研究[J].大学教育科学,2020(1):66-72.

谢雯,沈洁.大学优秀教师的教学哲学——基于7位"教学名师"的质性研究[J].高教探索,2021(1):63-69.

谢喆平,刘惠琴.经验生成与逻辑推演:高等教育理论的两种构建路径[J].清华大学教育研究,2020(6):18-24.

徐彦红.大学青年教师专业发展影响因素研究[D].北京:首都经济贸易大学,2017.

薛国凤.从"局外"走向"局内"——高校教学督导理论与实践问题的探讨[J].高等教育研究,2014(6):86-90.

亚里士多德.尼各马可伦理学[M].廖申白,译.北京:商务印书馆,2019.

亚里士多德.形而上学[M].廖申白,译.北京:商务印书馆,2019.

杨洁.我国高校教师教学发展中心:现状、问题与突破[J].教育发展研究,2018(9):23-27.

杨信礼.重读《实践论》《矛盾论》[M].北京:人民出版社,2014.

伊列雷斯.我们如何学习——全视角学习理论[M].孙玫璐,译.北京:教育科学出版社,2014.

俞福丽,凌云志.如何从实践层面提升高校教师的教学能力[J].中国高等教育,2018(24):50-51.

张立新.教师实践性知识形成机制研究——基于教师生活史的视角[D].上海:上海师范大学,2008.

张立忠.课堂教学视域下的教师实践性知识研究[D].长春:东北师范大学,2011.

赵林.西方哲学史讲演录[M].北京:高等教育出版社,2009.

中共中央、国务院关于全面深化新时代教师队伍建设改革的意见[EB/OL].

(2018-01-31)［2020-10-25］. https://www. gov. cn/zhengce/2018-01/31/content_5262659. htm.

中共中央、国务院印发《深化新时代教育评价改革总体方案》［EB/OL］. (2020-10-13)［2021-07-30］. http://www. moe. gov. cn/jyb_xxgk/moe_1777/moe_1778/202010/t20201013_494381. html.

周峰. 主体的实践——马克思《关于费尔巴哈的提纲》如是说［M］. 广州:广东人民出版社,2016.

周杨. 高校教师专业发展中的实践性知识传承——以"精品课程师资培训"项目为例［J］. 中国高教研究,2010(2):86-87.

朱炎军. 大学教学学术的理论审视:价值、困境与走向［J］. 高校教育管理,2021(1):107-116.

Allas R.，Leijen Ä.，Toom A. Supporting the construction of teacher's practical knowledge through different interactive formats of oral reflection and written reflection［J］. Scandinavian Journal of Educational Research,2017(5):600-615.

Beijaard D.，Meijer P. C.，Verloop N. Reconsidering research on teachers' professional identity［J］. Teaching and Teacher Education,2004(2):107-128.

Benbow R. J.，Lee C. Teaching-focused social networks among college faculty：Exploring conditions for the development of social capital［J］. Higher Education,2018(1):67-89.

Bergquist W. H.，Phillips S. R. Components of an effective faculty development program［J］. The Journal of Higher Education,1975(2):177-211.

Boyd R. D. Facilitating personal transformations in small groups：Part I［J］. Small Group Research,1989(4):459-474.

Boyer E. L. Scholarship Reconsidered: Priorities of the Professoriate[M]. San Francisco: Jossey-Bass Inc. ,1990.

Bruner J. Frames for thinking: Ways of making meaning[M]//Olsen D. R. , Torrance N. Modes of Thought: Explorations in Culture and Cognition. New York: Cambridge University Press,1996:93-105.

Chaharbashloo H. , Gholami K. , Aliasgari M. , et al. Analytical reflection on teachers' practical knowledge: A case study of exemplary teachers in an educational reform context[J]. Teaching and Teacher Education, 2020,87:102931.

Chen X. , Wei G. , Jiang S. The ethical dimension of teacher practical knowledge: A narrative inquiry into Chinese teachers' thinking and actions in dilemmatic spaces[J]. Journal of Curriculum Studies,2017 (4):518-541.

Chickering A. W. , Gamson Z. F. Seven principles for good practice in undergraduate education[J]. AAHE Bulletin,1987:3-7.

Connelly F. M. , Clandinin D. J. , He M. F. Teachers' personal practical knowledge on the professional knowledge landscape[J]. Teaching and Teacher Education,1997(7):665-674.

Cranton P. Understanding and Promoting Transformative Learning: A Guide to Theory and Practice [M]. San Francisco: Jossey-Bass Inc. ,1994.

Criteria for Academic Performance Policy[EB/OL]. (2019-08-26) [2021-03-29]. https://ppl. app. uq. edu. au/content/5. 70. 17-criteria-academic-performance.

Culyer L. M. , Jatulis L. L. , Cannistraci P. , et al. Evidenced-based teaching strategies that facilitate transfer of knowledge between theory and practice: What are nursing faculty using?[J]. Teaching and Learning in Nursing,2018(3):174-179.

Elbaz F. The teacher's "practical knowledge": Report of a case study[J]. Curriculum Inquiry,1981(1):43-71.

Ericsson K. A., Hoffman R. R., Kozbelt A., et al. The Cambridge Handbook of Expertise and Expert Performance. 2nd ed. New York: Cambridge University Press,2018.

Fenstermacher G. D. Chapter 1: The knower and the known: The nature of knowledge in research on teaching[J]. Review of Research in Education,1994(1):3-56.

Fletcher J. A. Peer observation of teaching: A practical tool in higher education[J]. The Journal of Faculty Development,2018(1):51-64.

Gaff J. G., Simpson R. D. Faculty development in the United States[J]. Innovative Higher Education,1994(3):167-176.

Glassick C. E., Huber M. T., Maeroff G. I. Scholarship Assessed: Evaluation of the Professoriate[M]. San Francisco: Jossey-Bass Inc., 1997.

Grimmett P. P., MacKinnon A. M. Chapter 9: Craft knowledge and the education of teachers[J]. Review of Research in Education,1992(1): 385-456.

Grossman P. L. Learning to teach without teacher education[J]. Teachers College Record,1989(2):191-208.

Hativa N. Teaching in a research university: Professors' conceptions, practices, and disciplinary differences[C]. Annual Meeting of the American Educational Research Association,1997:1-34.

Healey M., Matthews K. E., Cook-Sather A. Writing scholarship of teaching and learning articles for peer-reviewed journals[J]. Teaching & Learning Inquiry,2019(2):28-50.

Hebenstreit J. J. Nurse educator perceptions of structural empowerment and innovative behavior[J]. Nursing Education Perspectives,2012(5):297-301.

Hutchings P., Huber M. T., Ciccone A. The Scholarship of Teaching and Learning Reconsidered: Institutional Integration and Impact[M]. San Francisco: John Wiley & Sons,2011.

Hutchings P., Shulman L. S. The scholarship of teaching: New elaborations, new developments[J]. Change: The Magazine of Higher Learning,1999(5):10-15.

Jang S. J. Assessing college students' perceptions of a case teacher's pedagogical content knowledge using a newly developed instrument [J]. Higher Education,2011(6):663-678.

Jang S. J., Guan S. Y., Hsieh H. F. Developing an instrument for assessing college students' perceptions of teachers' pedagogical content knowledge[J]. Procedia-Social and Behavioral Sciences,2009(1):596-606.

Jansz J. Person, Self, and Moral Demands: Individualism Contested by Collectivism[M]. Leiden:DSWO Press,1991.

Kezar A. Higher education change and social networks: A review of research[J]. The Journal of Higher Education,2014(1):91-125.

Knight P. Being a Teacher in Higher Education[M]Philadelphia: SRHE and Open University Press,2002.

Kohut G. F., Burnap C., Yon M. G. Peer observation of teaching: Perceptions of the observer and the observed[J]. College Teaching,

2007(1):19-25.

Korthagen F. Inconvenient truths about teacher learning: Towards professional development 3.0[J]. Teachers and Teaching,2017(4):387-405.

Kreber C. Developing the scholarship of teaching through transformative learning[J]. Journal of Scholarship of Teaching and Learning, 2006(1):88-109.

Kreber C., Cranton P. A. Exploring the scholarship of teaching[J]. The Journal of Higher Education,2000(4):476-495.

Lampley S. A., Gardner G. E., Barlow A. T. Exploring pedagogical content knowledge of biology graduate teaching assistants through their participation in lesson study[J]. Teaching in Higher Education, 2018(4):468-487.

Lane A. K., Skvoretz J., Ziker J. P., et al. Investigating how faculty social networks and peer influence relate to knowledge and use of evidence-based teaching practices[J]. International Journal of STEM Education,2019(1):1-14.

Larsson M., Mårtensson K., Price L., et al. Constructive Friction? Charting the relation between educational research and the scholarship of teaching and learning[J]. Teaching & Learning Inquiry,2020(1):61-75.

Lee K., Brett C. Dialogic understanding of teachers' online transformative learning: A qualitative case study of teacher discussions in a graduate-level online course[J]. Teaching and Teacher Education,2015,46:72-83.

Magnusson S., Krajcik J., Borko H. S. Nature, sources, and

development of pedagogical knowledge for science teaching[M]//Gess-Newsome J., Lederman N. G. Examining Pedagogical Content Knowledge. Dordrecht:Springer,1999:95-132.

Major C. H., Palmer B. Reshaping teaching and learning: The transformation of faculty pedagogical content knowledge[J]. Higher Education,2006(4):619-647.

Martin L. M., Scribner S. Laboratory for cognitive studies of work: A case study of the intellectual implications of a new technology[J]. Teachers College Record,1991(4):582-602.

Mazur E. Farewell, lecture?[J]. Science,2009(5910):50-51.

McAlpine L., Weston C. Reflection: Issues related to improving professors' teaching and students' learning[J]. Instructional Science, 2000(5/6):363-385.

Mena J., García M., Clarke A., et al. An analysis of three different approaches to student teacher mentoring and their impact on knowledge generation in practicum settings[J]. European Journal of Teacher Education,2016(1):53-76.

Mezirow J. Learning as Transformation: Critical Perspectives on a Theory in Progress[M]. San Francisco:Jossey-Bass Inc., 2000.

Mezirow J. Transformative Dimensions of Adult Learning[M]. San Francisco:Jossey-Bass Inc.,1991.

Nespor J. The role of beliefs in the practice of teaching[J]. Journal of Curriculum Studies,1987(4):317-328.

Oermann M. H. Approaches to gathering evidence for educational practices in nursing[J]. The Journal of Continuing Education in Nursing,2007 (6):250-255.

Oleson A., Hora M. T. Teaching the way they were taught? Revisiting the sources of teaching knowledge and the role of prior experience in shaping faculty teaching practices[J]. Higher Education,2013(1):29-45.

Patterson B. J., Klein J. M. Evidence for teaching: What are faculty using?[J]. Nursing Education Perspectives,2012(4):240-245.

Promotion and Tenure Criteria for Penn State Harrisburg, The Capital College[EB/OL].(2019-09-21)[2021-03-29]. https://harrisburg.psu.edu/policy/promotion-tenure-capital-college.

Roxå T., Mårtensson K. Significant conversations and significant networks-Exploring the backstage of the teaching arena[J]. Studies in Higher Education,2009(5):547-559.

Schofer E., Meyer J. W. The worldwide expansion of higher education in the twentieth century[J]. American Sociological Review,2005(6):898-920.

Shulman L. S. Those who understand: Knowledge growth in teaching[J]. Educational Researcher,1986(2):4-14.

Shulman L. S. Knowledge and teaching: Foundations of the new reform [J]. Harvard Educational Review,1987(1):1-23.

Strauss A., Corbin J. Basics of Qualitative Research: Ground Theory Procedures and Techniques[M]. London: Sage Publications Inc., 1990.

Taylor E. Fostering Mezirow's transformative learning theory in the adult education classroom: A critical review[J]. Canadian Journal for the Study of Adult Education,2000(2):1-28.

The Higher Education Academy. UK Professional Standards Framework

(PFS)[EB/OL].(2021-02-20)[2021-02-20]. https://www.advance-he.ac.uk/fellowship#categories.

Trigwell K., Shale S. Student learning and the scholarship of university teaching[J]. Studies in Higher Education,2004(4):523-536.

Van Dijk E. E., Van Tartwijk J., Van der Schaaf M. F., et al. What makes an expert university teacher? A systematic review and synthesis of frameworks for teacher expertise in higher education[J]. Educational Research Review,2020,31:100365.

Vilppu H., Södervik I., Postareff L., et al. The effect of short online pedagogical training on university teachers' interpretations of teaching-learning situations[J]. Instructional Science,2019(6):679-709.

Warhurst R. P. "Cigars on the flight-deck": New lecturers' participatory learning within workplace communities of practice[J]. Studies in Higher Education,2008(4):453-467.

Weston C. B., McAlpine L. Making explicit the development toward the scholarship of teaching[J]. New Directions for Teaching and Learning,2001(86):89-97.

Young S., Shaw D. G. Profiles of effective college and university teachers[J]. The Journal of Higher Education,1999(6):670-686.

Zeng L M. Peer review of teaching in higher education: A systematic review of its impact on the professional development of university teachers from the teaching expertise perspective[J]. Educational Research Review, 2020,31: 1-16.

附　录

附录一　受访者招募书

尊敬的老师：

　　您好！我是上海师范大学的研究人员，正在进行一项关于高校青年教师教学的研究，希望有机会跟您聊一聊教学经历。如果您有意愿参与本项研究，我将安排一次线下访谈，访谈时间为60—90分钟。访谈内容仅用于本研究。若有任何疑问，您可随时联系我，手机号码：＿＿＿＿＿＿＿，电子邮箱：＿＿＿＿＿＿＿。

研究者：＿＿＿＿＿＿＿

招募日期：＿＿＿＿＿＿＿

附录二　知情同意书

1. 我已阅读《受访者招募书》相关内容,有意愿参与关于高校青年教师教学的学术研究。

2. 我知道访谈过程中,若有问题,我有权终止访谈。

3. 我知道研究者会对访谈过程进行录音,并转录文本用于学术研究。

4. 我知道研究者会对研究结果中任何有关我个人身份信息采取匿名化处理。

5. 我知道访谈结束后,研究者会提供一定的访谈被试费。

我_____(姓名)已经阅读并理解上述内容,并有意愿参与本项研究。

受访者姓名:_____

受访日期:_____

附录三　访谈工具

第一部分　教师个人基本信息

姓名：_____　　所在单位：_____　　性别：_____

出生年份：_____　　高校教龄：_____　　职称：_____

最高学历：_____　　毕业高校：_____　　学科专业：_____

1. 研究生期间助教经历：

   (1)无　　　　(2)临时性辅助教学　　(3)1学期

   (4)2学期　　(5)3学期及以上

2. 研究生期间海外学习经历：

   (1)无　　　　(2)1年以下　　　　(3)1—3年

   (4)4—6年　　(5)7年及以上

3. 高等学校教师资格证获取方式：

   (1)通过能力合格认定　　　　　　(2)通过资格考试认定

4. 平均每年的周课时数：

   (1)4课时及以下　　　　　　　　(2)5—7课时

   (3)8—10课时　　　　　　　　　(4)11课时及以上

5. 平均每年接受的教学督导次数：

   (1)0次　　　　　　　　　　　　(2)1次

   (3)2次　　　　　　　　　　　　(4)3次以上

6. 平均每年工作时间如何分配(合计100％)：

   (1)教学__%　(2)科研__%　(3)社会服务__%

7. 所在单位税前月收入：

   (1)8000 元及以下　　　　　　　　(2)8001—11000 元

   (3)11001—14000 元　　　　　　　(4)14001 元以上

8. 是否参与上海市高校初任教师岗前培训项目：

   (1)是　　　　　(2)否

9. 自入职以来,参与教学类专题培训____次;参与教学沙龙分享活动____次;参与教学论坛或会议____次;参与教学竞赛____次;参与教改项目____项;参与课程建设项目____项;发表教研论文____篇;编写出版教材____本;获得教学类奖项____项。

第二部分　教师教学工作情况(近两年)

序号	课程名称	课程类型 (公必/公选/ 专必/专选)	课程性质 (理论/实践)	授课对象	班级规模	授课轮次	是否为新开课程	是否有教研组

第三部分 教师教学实践性知识建构现状

一、建构过程

1. 请介绍您现在教学工作的基本情况。

2. 请您描述从入职以来在教学中遇到过的印象深刻的事件,既可以是您认为棘手的事件,也可以是对您有启发的事件,请详细描述这些事件的开始、发展及结果。

二、建构因素

1. 请您回忆初上讲台的情境,以及入职培训及相关支持。

2. 入职以前,您是否有过助教或相关教学经历?请具体描述经历。

3. 您所教学生有怎样的特点?您平时与学生有哪些互动的方式?

4. 您与同事的教学有哪些异同?平时与同事怎样进行交流?

5. 您参加过哪些教学专业发展活动?在实际教学中如何应用?

6. 您是否参与过教学改革类项目或教学竞赛?为什么?

7. 您了解学校教学发展中心的相关活动信息吗?有怎样的感受?

8. 您是否属于某个教研组或教学团队?其具体开展的活动内容及形式是怎样的?

9. 学校对您的日常教学有哪些具体的要求或规定?有过怎样的变化?

10. 学校怎样评价与考核教师的教学工作?您对此是如何看待的?

11. 您是否了解职称晋升中有关教学的要求?您对此是如何看待的?

12. 您会如何评价自己的教学?您认为哪些因素对您现在的教学产生了影响?

三、自我评价

1. 您如何理解大学教师的职业?怎样理解自己在课堂教学中的作用?

2. 与入职初期相比,您觉得自己在课程规划、教学设计、教学方法使用、课堂管理、作业布置与反馈等方面发生了怎样的变化？为什么？

　　3.您如何看待自己的教学发展过程？与其他同事相比有哪些异同？

　　4.您认为现实中评判一名高校教师教学"好"的标准是什么？而您的标准又是什么？在今后有怎样的规划？

四、其他

　　1.目前您在教学工作开展中还存在怎样的困惑？需要怎样的支持？

　　2.关于教学工作，您还有想要分享的内容吗？

附录四　受访者化名及建构类型

序号	受访者化名	教学实践性知识建构类型
1	萧然	自主优化建构
2	芝颖	
3	希文	
4	晟祥	
5	颜熙	
6	博文	
7	邵央	
8	芸汐	
9	希荣	
10	明泽	
11	旭冉	
12	娅希	
13	明姿	
14	驰易	适应调整建构
15	杰修	
16	睿渊	
17	昊桦	
18	成颖	
19	杉林	
20	艳文	自我超越建构
21	宇丹	
22	翊涛	
23	煜城	
24	肖虹	
25	志远	

续表

序号	受访者化名	教学实践性知识建构类型
26	蔚祺	逆压重塑建构
27	威海	
28	歌沫	
29	于末	
30	岳亦	
31	轩妍	
32	竹婷	